Detlef K.H. Würth

Wir waren alle viele!

Band 3: Bodan Caswell Anno 1518 - 1576

tredition®
www.tredition.de

© 2021 Detlef K.H. Würth

Verlag und Druck:
tredition GmbH, Halenreie 40-44, 22359 Hamburg

ISBN
Paperback: 978-3-347-37440-9
Hardcover: 978-3-347-37441-6
e-Book: 978-3-347-37442-3

Index

Vorwort

Liebe Leserinnen und Leser, ich möchte die ersten Zeilen dieses Buches mit einer Frage beginnen. Es ist eine Frage, die wir uns im Alltag kaum stellen, jedoch mit jeder weiteren Publikation über Frau B´s Vorleben umso bedeutungsvoller wird: Was ist Glaube und was ist Wissen? Im Grunde könnte man sagen, dass es zwei unterschiedliche Aspekte sind, aber ist das wirklich so? Lassen Sie uns hierzu einmal die Definitionen etwas näher betrachten. Für den Glauben steht geschrieben: *„Von einer Person oder Sache überzeugt sein"* und für das Wissen: *„Ein höchstmöglicher Grad an Gewissheit, sodass von ihrer Wahrheit ausgegangen werden kann"*. So fand ich die gültigen Begriffserklärungen im Internet, die ich mir dort entliehen habe. Also bezeichnen wir etwas als wahr und demnach wissend, wenn wir ausreichend Material an Daten und Fakten zusammengetragen haben und leiten dadurch für uns den höchstmöglichen Grad an Gewissheit ab. Und wir glauben per Definition, wenn wir eine ausreichende Überzeugung in uns tragen. Nun mal ehrlich, das klingt doch, als wäre es ein und dasselbe. Der höchstmögliche Grad an Gewissheit führt doch letztendlich zu dem Grad der Überzeugung, dass es sich um Wissen handelt. Verzeihen Sie mir bitte dieses kleine Gedankenspiel, ich wollte Sie nicht verwirren. Vielmehr möchte ich damit ausdrücken, dass unser Wissen ebenso mit einer gehörigen Portion an Glauben verbunden ist, denn wissen wir wirklich, was wir zu glauben wissen?

Dank Frau B., erhalten wir etwas Einzigartiges! Etwas, dass es vom jetzigen Stand der Wissenschaft überhaupt nicht geben dürfte. Drei Publikationen sind bereits erschienen, eine Weitere halten Sie nun in Ihren Händen. Vielleicht sollte ich noch erwähnen, dass es bis zum heutigen Tage keine einzige vergleichbare Publikation über die Wiedergeburt gibt, die sich mit dem Detailgrad von Frau B. messen ließe. Es ist schlicht und ergreifend pures Erleben! Das allein genommen würde wohl nur unsere Überzeugung stärken, die ja letztendlich unseren Glauben bestimmt. Aber nehmen wir noch die unzähligen Daten und Fakten, die wir aus völlig unterschiedlichen Epochen von Frau B. erhielten, dann müssten wir doch so allmählich von einem Wissen ausgehen oder nicht?

>> *Egal wie wir es drehen oder wenden, wir werden wohl immer nur das als bewiesen ansehen, was wir selbst zu unserer Wahrheit kreiert haben!* <<

So überlasse ich nun Ihnen herauszufinden, für was Sie sich entscheiden mögen.

Detlef K.H. Würth

Einleitung

Es ist wieder so weit und ich freue mich sehr darüber, Ihnen nun den dritten Teil der Buchreihe vorstellen zu dürfen. Dieses weitere Vorleben von Frau B., wird uns in eine Zeit mitnehmen, in der die ersten Auswanderer das englische Festland verließen, um die >>Neue Welt im Norden Amerikas<< zu besiedeln. Ein absoluter Glücksfall, wie ich finde, denn im Grunde weiß man heute nicht wirklich viel darüber! Das allerdings erschloss sich mir auch erst in den späteren Recherchen. So wird dieses Buch nicht nur die Lebensgeschichte eines damaligen Siedlers aufzeigen können, sondern gleichzeitig auch für historische Irritationen sorgen. Die gängige Geschichtsschreibung lässt uns nämlich wissen, dass man die *erste dauerhafte englische Siedlung* mit der Bezeichnung Jamestown 1607 n. Chr. an Nordamerikas Ostküste (Virginia) gründete. Die Aussagen von Frau B., weisen jedoch auf eine viel frühere Besiedlung hin, die bereits schon *vor* 1524(!) n. Chr. begonnen hatte. So erhielt ich von ihr immer wieder die Bezeichnung >> **San-Mo-ral** <<, die für eine bereits bestehende Ansiedlung stand. Ohne Zweifel trägt der Höhenzug der kanadischen Stadt *Montreal* genau diesen Namen „**sainte montagne royale**" und war auch letztendlich ihr Namensgeber. Der Überlieferung zufolge spricht man aber von einer viel späteren Gründung, die erst 1642 n. Chr. stattgefunden hatte, also über hundert Jahre Unterschied!

Egal wie oft ich mich in den Sitzungen nach den Jahreszahlen erkundigte, ich erhielt immer die gleichen Angaben, die praktisch einen Zeitraum von 1524 bis 1576 n. Chr. aufzeigten. Dazu fand sich eine glasklare Beschreibung einer wachsenden englischen Siedlung mit dem Namen „**Cantuck**", den ich hier ganz bewusst so schreibe, um eine Verwechslung mit dem bekannten nordamerikanischen Bundesstaat Kentucky zu vermeiden. Natürlich ist es nicht die Aufgabe des Buches, historische Überlieferungen anzuzweifeln oder diese auf den Kopf zu stellen. Vielmehr soll es ein weiterer Baustein für die Enzyklopädie eines

Menschen sein und gleichwohl den Beweis für eine Wiedergeburt anstreben. Denn erneut liegt eine unglaubliche Fülle an Daten einer längst vergangenen Epoche vor, die uns bereits zum vierten Mal zu ein und derselben Frage führt: Woher besitzt Frau B. ein derartig explizites Insiderwissen, welches in der Lage ist, etliche Bücher zu füllen? Auf eine natürliche Art und Weise lässt sich so etwas nicht nachvollziehen! Nur die Wiedergeburt und der damit im Unbewussten gespeicherten Informationen würden eine plausible Erklärung für den immer fortlaufenden Fluss all dieser wunderbaren Lebensereignisse geben. Und weil es so ist, wie es ist, entstand eine weitere einzigartige Rekonstruktion eines vorherigen Lebens von Frau B., welches uns erneut tiefe Erkenntnisse einer längst vergangenen Zeit beschert und vielleicht sogar eine geschichtliche Überlieferungslücke zu füllen vermag.

So werden wir jetzt erfahren, weshalb man überhaupt solch ein Risiko auf sich nahm, eine gewohnte, sichere Umgebung zu verlassen, um in ein fremdes, wildes und unerforschtes Land zu reisen. Denn genau solch eine Entscheidung trafen vor gut 500 Jahren die Eltern eines kleinen sechsjährigen Jungen. Sein Name war Bodan Caswell, geboren ca. 1518 n. Chr. in einer englischen Hafenstadt mit dem Namen Bristol.

Kapitel 1.

Ein kleiner Rückblick

Es war ein kalter grauer Sonntag im Winter 2015 und es regnete wie aus Eimern. Stürmisch prasselten die Tropfen gegen die Fensterscheiben und man hatte den Eindruck, die Welt ginge unter. Zum Glück herrschte im Inneren meines Hauses pure Gemütlichkeit. Das Feuer des Kamins knisterte und strahlte eine behagliche Wärme aus. Soeben hatte ich meine erste Publikation fertiggestellt und das Manuskript zur Überarbeitung an eine sogenannte „Expertin" geschickt. Noch heute ärgere ich mich darüber, denn diese *tiefgläubige Dame* (das stellte sich 2017 heraus), wollte mir nichts Gutes! So erschien dann im Januar 2016 mein erstes Buch „Wir kommen alle wieder!", durch gezielte Satz- und Rechtschreibmanipulation, de facto schlimmer als Manuskriptstatus. Mit dem Gedanken an eine Wiedergeburt kann sich nun mal nicht jeder anfreunden und so hatte ich schon meine erste Lehre daraus gezogen. Zum Glück liegt seit 2020 eine Neufassung vor, über die ich mich sehr freue, denn es nagte über die vergangenen Jahre schwer an mir. Aber von all dem wussten wir zu diesem Zeitpunkt noch nichts. Frau B. befand sich bei mir, denn wir wollten unsere getane Arbeit ein wenig feiern. Bis in die späten Stunden saßen wir lachend und erzählend zusammen. Dieser Abend war entscheidend für die sich bereits auf dem Markt befindlichen Publikationen, denn sie waren, wie ich es bereits schon mal erwähnte, nie so geplant gewesen! Schon während der Sitzungen für „Katharina" hatte ich festgestellt, dass Frau B. viele weitere Vorleben besaß, und wollte diese, zusammengefasst in kurzen Auszügen in einem letzten Buch veröffentlichen. Hier und da hatte ich mir die Sterbevorgänge angeschaut, aber noch kein anderes Vorleben wirklich tiefer verfolgt. Und genau das sollte sich an diesem Abend ändern. Somit war der eigentliche Nachfolger meines ersten Buches genau das hier. Aber aufgrund der Entscheidung, die Zyklen einzuführen, rückte es zeitlich gesehen etwas nach hinten. An diesem Abend jedoch waren diese Dinge noch nicht in meinem Kopf und so versetzte ich Frau B. wieder in eine tiefe Trance und Sekunden später, zeigte sich ein zartes Lächeln in ihrem Gesicht ...

F: wo bist Du?
A: ...ich sehe...einen Wald!
F: bist Du eine Frau oder ein Mann?
A: ein Mann!
F: wie ist Dein Name?
A: Bodan!
F: und Dein Nachname?
A: ..Caswell...
F: und wo lebst Du?
A: ...in Cantuck!

Das waren die ersten Worte, die ich vernahm. Die Bezeichnung ließ mich sofort an die Region Kentucky in Amerika denken. Mit dem Kontinent sollte ich noch recht behalten, aber mit der Region lag ich völlig falsch, was mir letztendlich Wochen irreführender Recherchen einbrachte. Somit entschied ich mich für die Schreibweise „Cantuck", worauf ich schon in der Einleitung hingewiesen hatte.

F: und in welchem Land lebst Du?
A: ...wir sind die Cantucker!
F: wie alt bist Du?
A: ..23!
F: in welchem Jahr lebst Du?
A: ....fünfzehn...hundert (unverständlich)...
F: wie noch mal bitte?
A: ..fünfzehnhundert....vier...drei...
F: 1543?
A: ..ja!

Ich erinnere mich noch gut daran, dass diese Zahl so einige Zweifel in mir weckte. Zwar vermutete ich den amerikanischen Kontinent, aber die Jahreszahl schien mir von geschichtlicher Seite her einfach nicht passend zu sein.

F: gibt es in eurem Land auch Menschen, die anders sprechen?

A: ...ja! Sind so kleine Völker....wir sind ja so ein Dorf miteinander und da gibt es...welche...die sind ein bisschen anders!....Ich weiß nicht genau, wie sie leben, aber man sieht sie als...in den Wäldern!

F: kannst Du mal beschreiben, wie sie aussehen?

A: ...meistens lange Haare.....sehen fast alle gleich aus....so lange dunkle Haare!

Trotz all meiner Zweifel wiesen die Aussagen immer deutlicher auf ein recht *frühes Amerika* hin.

F: beschreib mal, wie Du aussiehst?

A: ...normal!.....Braune Haare!

F: lang oder kurz?

A: bisschen gewellt...lang...nach hinten gebunden...etwas Bart!

F: einen langen Bart?

A: ..ist so ein bisschen kurz! Hm...ja...

F: noch was?

A: .....ich hab eine Knollennase!

F: und wie kannst Du das nun sehen?

A: ..dort am See! Das Wasser ist ganz ruhig!

F: eine Knollennase?

A: ja! Die ist etwas knollig!

(Zeichnung Frau B.) Bodan Caswell im mittleren Alter.

F: wie bist Du denn gekleidet?

A: ....ich trage eine...graue Hose...schwer....die ist schwer!...Die ist oben gebunden um die Taille!.....Dann....ein Hemd....es wird über den Leib gebunden!.....Dann hab ich....Leder....die Schuhe sind....aus Leder gefasst!

So zeigte sich mir ein erster Einblick in etwas, was ich an diesem Tag noch gar nicht richtig erfassen konnte. Eine Siedlung mit dem Namen Cantuck und ein Bodan Caswell mit einer Knollennase und das alles anno Domino 1543! Eher belustigt darüber ließen wir den Abend noch gemütlich bei einem Glas Wein ausklingen. Aber schon ein paar Tage später sollte es mir die Sprache verschlagen, denn mir wurde allmählich bewusst, was sich mir hier offenbarte ...

Kapitel 2.
Geboren 1518 anno Domino

Ausblutend mit zuckendem Körper, sowie einem letzten Blick zum Himmel, verstarb Frau B´s materielle Hülle durch drei tödlich zugeführte Stichwunden 1478 n. Chr. in England. Buckles hatte man ihn genannt, aber das war nun nicht mehr wichtig, denn der Körper war verlassen und der abgespaltene Teil (Ur-Bewusstsein) befand sich wieder im „Zwischenzustand", bereit für eine erneute Inkarnation. Und diese sollte gar nicht mal so lange auf sich warten lassen. Denn ca. 1518, gerade mal 40 Jahre später, erblickte Frau B. erneut das Licht der Welt. Unmittelbar in der Nähe einer schmutzigen, stinkenden Hafensiedlung fand sich eine kleine unbedeutende Holzhütte mit marodem Dach. Dort vernahm man die Schreie eines Neugeborenen ...

A: ...es ist so eng......es ist so ein Druck (klingt etwas nervös, verzieht das Gesicht)......es drückt mich ahmmm..(wirkt unruhiger)....
F: beschreib alles!
A: ..es wird immer enger um mich herum.....etwas....drückt mich (verzieht das Gesicht)...ich muss da irgendwie....da......irgendwie ....ich muss da durch......ich muss....dahin....(klingt sehr belastet, Gesicht verkrampft)....da muss ich jetzt...da muss ich jetzt runter.... dahin...
F: wohin?
A: da!.....Hinein!....Ohhh....ahhhhmmm...
F: was passiert? Beschreib alles!
A: es drückt...ich (wirkt sehr belastet)...ich ahhh.....ich ohhhh......geh da mit!!....Ahhhh....da den....ohhhhhmm....nach vorne........ich rutsche durch!!...Nach vorne!!..Dahin....(atmet plötzlich laut tief und schnell ein)....(dann ganz lange aus).........ahhhhhhh....
F: was ist?
A: es ist so hell!!.......Es ist so hell!!.....Es ist...es ist kalt!!!........Ahh es ist kalt! (wirkt ruhiger)....Es dreht sich alles....(atmet tief ein und aus)...
F: weißt Du jetzt, wo Du bist?
A: ......ahhh nein..(atmet entspannter)...

F: weiter, erzähl alles?
A: ....bin in einem hellen Raum...
F: ja? Kannst Du jetzt sehen?
A: ja!
F: was siehst Du denn?
A: ..es ist ein Zimmer....das ist ganz hell.......oben....durch die Decke fällt viel Licht...
F: durch die Decke?
A: ja...ein Fenster....alles ist hell!

Es handelte sich nicht um ein Fenster, sondern um einen Spalt im Dach der Hütte, wie wir noch erfahren werden. Behalten Sie sich dieses Ereignis im Kopf, denn als Kind wird er uns noch darüber berichten und ebenso im erwachsenen Alter! Interessanterweise lebte man in Bodans Familie mit diesem Umstand, bis man eines Tages das Haus für immer verließ. Genau das lässt eine gewisse Authentizität erkennen, denn wie wir noch erfahren werden, sparte man Geld für etwas weit Wichtigeres. Ich komme später noch darauf zurück.

F: ist jemand bei Dir?
A: ja...
F: wer denn?
A: ..meine Mutter....ist meine Mutter, ich kenne ihre Stimme...
F: und Dein Vater?
A: ..nein...meine Mutter...und noch eine...eine Frau...
F: was sagen sie denn?
A: ....ich verstehe sie nicht....die reden so schnell.....sie........sie reibt an mir.......ich schreie (Augen rollen unter den Lidern)...
F: warum schreist Du?
A: es ist kalt!!..Es fehlt alles um mich herum....das alles fehlt mir...
F: was fehlt Dir?
A: diese Wärme...dieser.....dieser Schutz um mich herum.....ist nicht mehr da...es ist alles so kalt und.....es ist so hell...
F: war es davor schöner?

A: jaaa!!
F: möchtest Du wieder zurück?
A: ja!
F: und was passiert jetzt?
A: ...man....man legt so Tücher....um mich......jetzt bin ich bei meiner Mutter......es ist besser....so wird´s besser (wirkt beruhigt)...
F: nennt man Deinen Namen?
A: ....sie streiten sich mit dem Namen...
F: was sagen sie denn?
A: ...Bo...dan......nicht Brandon..........Bodan...

Und so befand sich Frau B. ein weiteres Mal auf dieser Erde, ohne Information darüber, was etliche Jahre zuvor in einem anderen Leben geschehen war! Sie war nun *wieder jemand anderes*, ausgestattet mit neuer Bewusst- und Persönlichkeitsstruktur, dennoch mit dem Unterbewusstsein, welches seit der Urzeit schon in ihr existierte.

Kapitel 3.

Aufgewachsen an einem Hafen

Eine gewisse Abenteuerlichkeit könnte man der Kindheit von Bodan bescheinigen, denn was er in seinen jungen Jahren erleben durfte, blieb den meisten seiner Zeit verwehrt. Im Vergleich zu den bereits publizierten Persönlichkeiten Katharina, Samuel und Buckles, nimmt der junge Bodan eine gewisse Sonderstellung ein. Er verbrachte seine ersten Kindheitsjahre auf britischem Boden und den Rest davon in einer nordamerikanischen Region, welche heute zu Kanada zählt. Erfreulicherweise gelingt genau dadurch ein wunderbarer Einblick, wie sehr unsere Entwicklung von äußerlichen Einflüssen abhängig ist. Was ich für absolut sicher halte, ist, dass Bodan niemals die Person hätte werden können, die sich später in der Neuen Welt zu entwickeln begann. Anfänglich konnte ich es fast nicht glauben, aber man schien in England die Kinderarbeit weit früher betrieben zu haben, als man es heute vermuten würde! Glücklicherweise konnte der kleine Bodan dieser Sache entkommen. Er wuchs zunächst in ärmlich schmutzigen Verhältnissen auf, unweit eines nahe gelegenen Hafens, in einer recht großen Stadt mit dem Namen: *Bristol!*

Bereits ab dem 12. Jahrhundert zählte sie zu einer der wichtigsten Hafenstädte von England. Da dort reger Schiffsverkehr herrschte, erhalten wir ein paar wunderbare Einblicke in das damalige Hafentreiben. Von ihr startete auch der Seefahrer John Cabot, der 1497, *fünf Jahre nach Kolumbus* bereits auf Entdeckungsreise nach Nordamerika ging! *Siebenundzwanzig Jahre später*, also 1524, und das ist im Sinne von Entwicklung schon eine Nummer, stand Bodan als sechsjähriger Junge vermutlich genau dort, wo einst Cabot's Schiff vor Anker lag. Und so schreiten wir nun wieder gemeinsam durch das Tor der Vergangenheit, welches uns erneut einen unvergleichlichen Einblick in eine längst vergangene Epoche gewährt. Somit betrachten wir nun diese Welt zunächst aus den Augen eines Kindes ...

F: mit was spielst Du am liebsten?

A: ...ich bin gerne auf der Weide!

F: und was machst Du dort?

A: da ist ein Zaun, da sind Schafe!...Das ist dort, wenn man hinter unserem Haus....durch diese Wiese geht...und dann an den Zaun...klettert!....Dort sind dann..die Schafe....und dann kommt so ein großer Stall....und da ist so ein (unverständlich) dem gehören die Schafe!

F: und Du spielst mit den Schafen?

A: ja! (kindlich gesprochen)

F: gut weiter! Erzähl mal ein wenig von Deinem Heimatland, was gibt es denn dort?

A: ..bei uns zu Hause regnet es immer rein!

F: wie meinst Du das?

A: da ist so ein Spalt oben......da ist nicht zu!

Hier erhielt ich ein weiteres Mal den Hinweis auf die Undichtigkeit, die am Dach des elterlichen Hauses bestanden hatte. Dieser Spalt mag ein kleiner Hinweis für die ärmlichen Lebensverhältnisse gewesen sein, aber die Zustände, die in seiner Umgebung geherrscht hatten, zeichneten noch ein weit dramatischeres Bild.

F: ihr habt Ratten?

A: ..ja!...ja!! (verzieht das Gesicht, wirkt plötzlich angespannt)

F: wo denn?

A: manchmal werden Schafe geschlachtet und die hängen dann dort......und dann läuft das Blut raus...und dort sind immer die Ratten! (verzieht sehr stark das Gesicht)

F: wo hängen diese Schafe?

A: vor den Häusern!...Wenn man Tiere schlachtet, dann läuft dort das ganze Blut raus...und das läuft dann so....am Weg vorbei...

F: auf den Weg?

A: vom Haus auf den Weg...am Rand vorbei......und da sind dann oft die Ratten! (verzieht ganz stark das Gesicht)

F: hast Du Angst vor den Ratten?

A: ..nein!

F: findest Du sie ekelig?

A: jaa!! (verzieht das Gesicht)

F: und warum?

A: ...die haben das Blut an sich....die sind dann rot...rotbraun!!...Das riecht nicht gut!! (verzieht wieder stark das Gesicht)

F: aber wenn sich das Blut auf dem Weg befindet, dann läuft doch jeder dort hinein?

A: ja!

F: dann werden doch Deine Schuhe schmutzig?

A: ...ich habe keine Schuhe...ich hab die Füße rot! (presst die Lippen aufeinander)

F: ach Du hast gar keine Schuhe?

A: nein!

F: und Deine Füße sind jetzt rot?

A: ..meine M'am ist da mit mir vorbei....und über die Straße ist das Blut gelaufen und ich.....bin da drin gestanden...da waren meine Füße rot!...(verzieht sehr stark das Gesicht, Augen rollen unter den Lidern, wirkt angespannt)...

Der Ekel, den der kleine Bodan empfunden haben musste, war deutlich in den Gesichtszügen von Frau B. zu sehen.

F: hast Du Geschwister?

A: habe keine!

F: also ein Einzelkind?

A: ich bin Bodan!!..(energisch)...Aber mein Onkel hat auch...Kinder.....der Thomas...mein Onkel!

Dieser Onkel schien eine gewisse Rolle für die spätere Überfahrt in die Neue Welt gespielt zu haben. Er war bereits ausgewandert und lebte in der englischen Siedlung Cantuck. Wie lange er sich schon dort befunden hatte, bleibt Spekulation, aber er schien mit Bodans Vater in Verbindung

zu stehen. Vermutlich wurde die Auswanderung schon recht früh geplant, denn hierfür spricht zumindest das über die Jahre nicht reparierte
Dach des Elternhauses und die noch fehlenden Kinder. Bodan war mit
sechs Jahren immer noch ein Einzelkind, was für seine Zeit völlig unty-
pisch war! Genau das, lässt jedoch eine frühe Planung erkennen, um die
Kosten einer Auswanderung möglichst gering zu halten. Aber aus welchen Gründen, wollte man das eigene Land überhaupt verlassen? Nun,
wie es sich in den Sitzungen zeigte, waren es die stets schlechter werdenden Lebensbedingungen, die sogar zu einer landesweiten Revolution geführt hatten. Ich werde in einem späteren Kapitel noch etwas genauer darauf eingehen. Begleiten wir nun Bodan zum Hafen, denn er
wird uns nun von einem ganz besonderen Schiff berichten ...

A: ..bin am Hafen...
F: wo denn?
A: da wo wir leben!
F: wo lebst Du denn?
A: ...zu Hause...wo ich geboren bin!
F: wie heißt denn der Ort, in dem Du lebst?
A: ..Bri...Bic....Bricto....Bricstorn...

Diese Aussage sollte mir bei den Recherchen noch eine Gänsehaut ver-
passen. Denn nachdem ich gezielt auf den Seiten von Wikipedia nach
Einträgen ältester englischer Hafenstädte gesucht hatte, fand ich eine
Seite, die auf die Stadt Bristol hinwies und ich staunte nicht schlecht,
denn dort steht wortwörtlich:

Die Stadt >> _**Brycgstow**_ << (**Altenglisch**, der Ort an der Brücke)

Die Ähnlichkeit beider Namen _Bricstorn_ und _Brycgstow_, ist nicht zu über-
sehen! Das erste Wort steht für meine Schreibweise, so wie ich es von
Frau B. verstanden hatte. Spricht man sie aus, sind sie nahezu identisch.
Das Faszinierende daran ist, dass Frau B. nicht den heutigen Namen

Bristol nannte, sondern tatsächlich eine Bezeichnung, die dem Jahrhundert von Bodan entsprach!

F: weißt Du, wie alt Du bist?
A: ...eine Hand voll...
F: erzähl mal alles, was passiert!
A: ..wir sind an dem Hafen...ein Schiff ist eingelaufen! Es kommt...zweimal im Jahr!
F: weißt Du, wie das Schiff genannt wird?
A: ..man nennt es das „Cloak boat"!

Ich schrieb es so auf, wie ich es vernahm. Die Aussprache von Frau B. war relativ deutlich, sodass man tatsächlich von dem Wort „Cloak" ausgehen kann. Es ist die englische Bezeichnung für den „Umhang" und das letztgenannte natürlich für „Boot". Also ein „Umhang-Boot"! Völlig sinnlos, dachte ich mir, denn wer vergibt für ein normales Schiff eine derartige Bezeichnung?

Nun, so *normal* war es auch gar nicht ...

F: und was ist mit diesem Schiff?
A: das ist ein Schiff...mit vielen...Sachen!....Der Kapitän...möchte die verkaufen!....Es sieht so....geschmückt aus!
F: was siehst Du denn?
A: ...es hängen überall...Krüge...und Töpfe....an den Seilen!...Und das ist so laut...wenn der Wind weht!...Es hängen..Stoffe...am Holz....zwischen den Segeln!..Sind Stoffe...die verkauft werden!

Es machte für einen Händler natürlich Sinn, so früh wie möglich auf sich aufmerksam zu machen. So ist es gut nachvollziehbar, dass man Dinge an die Seile hing, welche durch den Wind geräuschvoll aneinander rieben und das Schiff schon von Weitem klappernd und klingelnd ankündigte. Der gleiche Effekt bestand natürlich auch im Hafen, so wurden die Leute praktisch dauerhaft darauf aufmerksam gemacht, dass ein ganz besonderes Schiff vor Anker lag. Demnach war die Bezeichnung „The Cloak boat" - (das umhängte Schiff) gar nicht mal so unpassend, wenn man bedenkt, dass auf dem ganzen Boot auch überall Stoffe hingen!

F: und die Stoffe hängen dort am Schiff?
A: die hängen dort!...Man geht..auf das Schiff..um sich...Dinge kaufen zu können!
F: also ein Händler?
A: ..ja man kann dort die Dinge kaufen...diese Töpfe...diese...

Dieses Schiff war kein übliches Handelsschiff, welches mit verschiedenen Ländern Warenhandel betrieb. Die Nachbesprechung mit Frau B. zeigte einen Wanderhändler, der praktisch die Küstensiedlungen und Häfen des eigenen Landes anlief, um dort seine Geschäfte zu machen. Eine äußerst interessante Darstellung, wie ich finde, denn es war nirgendwo auch nur eine einzige Überlieferung von historischer Seite zu finden! Können wir somit die Aussage von Frau B. anzweifeln? Wohl eher nicht, denn die Beschreibung besitzt einen völlig logischen Hintergrund und wie gewohnt fand sich hierzu sogar noch etwas mehr ...

F: und was tust Du nun?
A: ich stehe hier vorne...mit meiner..Mutter und...die Miss Lanson ist dabei!
F: ja, wer ist das?
A: sie geht immer auf das...Schiff...und dann nimmt sie uns mit!
F: wer ist denn diese Miss Lanson?
A: ..Miss Lanson hat die Schafe hinter uns..auf dem großen...Hof..dieses große Haus!..Miss Lanson...ist eine...nette Dame! (kindlich gesprochen)

Dieses Gebäude befand sich hinter seinem Elternhaus, dort wo er am Zaun mit den Schafen gespielt hatte.

F: darfst Du nun auf das Schiff mitgehen?

A: jaaa! (kindlich, stolz)....Überall...sind so...ganz viele kleine Glocken...die..wie Musik machen!

F: Glocken?

A: ja...wenn man...am Mast hochschaut.....sie hängen in der Nähe von dem Mast!..An dem Holz sind sie fest...kleine Glocken! (spricht kindlich fasziniert)

F: wie klingt das?

A: ...ganz hell....ganz helles...so Durcheinander!....Dieser Kapitän... hat..eine kleine Koje...in dem Schiff..wo man hineingehen kann!

F: ja?

A: ..da gibt es...solche Stoffsäckchen!..Alles riecht so streng!..(verzieht leicht das Gesicht)

F: sind das Kräuter?

A: ..es ist...(bewegt leicht die Nasenlöcher, runzelt die Stirn)

F: riecht es nicht gut?

A: ...es..juckt in der Nase!.....Da ist so ein.......ist so braun....hat so bräunliche kleine Bröckchen....in solch einem großen Gefäß!...Und in der anderen Ecke.....da liegen so runde Kugeln......aus Metall!.......Schwere!......Ich kann sie nicht heben...die sind viel zu schwer....und die sind so kalt!

Es handelte sich natürlich um Schwarzpulver, welches er in einem Gefäß gesehen hatte und so streng roch. Ebenso sah er Kanonenkugeln, die sich an Bord befanden. Wie in den Aussagen zu erkennen ist, war ihm der Zweck dieser Dinge aufgrund seines Alters nicht bekannt. Vermutlich auch deshalb, da man Solches außerhalb eines Schiffes wohl kaum zu sehen bekam. Wie ein Kind nun mal in diesem Alter ist, Bodan war zu diesem Zeitpunkt ca. fünf Jahre alt, fasst man Interessantes auch mal gerne an, um es besser „begreifen" zu können. Leider blieb es in seinem Falle nicht unbemerkt ...

F: kalt?

A: jaaa und so groß! (kindlich neugierig)

F: weißt Du, für was diese Kugeln sind?

A: ......ich weiß es nicht......ahmmm (verzieht plötzlich stark das Gesicht)...

F: was war denn jetzt?

A: jetzt schimpft er mit mir! (wirkt plötzlich erschrocken, nervös)

F: weshalb?

A: ..ich wollte eine hochheben...und...dann ist die dort....dahinter...und runtergefallen...und....hat das Holz etwas..zum Knacken gebracht! (presst die Lippen zusammen)..........Ich laufe schnell weg!! (kindlich)

F: wohin läufst Du denn?

A: da hinaus!! (nervös)

F: was sagte der Kapitän zu Dir? Gib das mal genau wieder!

A ..*"Kleine Hände..haben...kein Geschoss...zu berühren!"*

F: noch etwas?

A: ..er schaute ganz böse!

F: was passiert jetzt?

A: ..ich sehe nur wie die Leute sich hin und her bewegen!...Ich bleibe aber jetzt stehen.....er ist mir...nicht nachgegangen! (wirkt ruhiger)

F: weißt Du, in welchem Land Du lebst?

A: .....Brit..ian...

Es wäre noch viel mehr über anlaufende Schiffe oder das tägliche Hafentreiben zu berichten, aber das würde den Umfang dieses Buches unnötig strapazieren. Dennoch möchte ich noch eine kleine Schilderung nicht unerwähnt lassen.

A: da ist ein Schiff.....das Schiff ist geschmückt! (lächelt)

F: mit was?

A: da hängen Schalen aus Holz!

F: und was ist das für ein Schiff?

A: ist nicht groß!...Sie tragen....solche Rollen!....Da stehen noch Rollen auf dem Schiff aus Holz...da ist etwas an diesen Rollen drum herumgewickelt!....Sie tragen sie vom Schiff runter...

F: weißt Du was für Rollen das sind?

A: nein!

F: was siehst Du noch?

A: die haben so...aus Holz.....da sind Vögel drin!...Sind lustig die Leute! (lächelt)

F: warum?

A: sie tragen diese Sachen an Land!....Sie begrüßen die Menschen und...sie....tanzen...und springen herum...und sie bringen alles auf einen Wagen!...Diese Tiere....werden alle drauf geladen! (lächelt)

Es handelte sich um Holzkäfige, in denen man Vögel hielt. Die Nachbesprechung mit Frau B. zeigte, dass man bemalte Stoffe um die Holzrollen gewickelt hatte, welche man vermutlich für die Auftritte benutzte. Es waren Schausteller, die mit ihrem kleinen Boot genauso wie das bereits oben beschriebene Warenschiff, an der Küste segelte, um ihre Aufführungen direkt in den Häfen und nahe gelegenen Siedlungen darzubieten. So besaß man bereits 1524 n. Chr. eine recht profitable Geschäftsidee. Wo sich Häfen befanden, war Handel und wo Handel herrschte, war Geld! *Hierüber existieren keinerlei geschichtliche Überlieferungen!*

Kommen wir nun zu der Kinderarbeit, die ich bereits angesprochen hatte. Wahrscheinlich gab es sie schon immer, je nach Armut der Elternhäuser. Aber in diesem Falle gibt es einen Unterschied. Wenn wir uns noch kurz erinnern mögen, musste der kleine Francesco (Wwav Band 1), ausgiebige Dienste gegenüber der Kirche leisten, da er ein Pater werden wollte. Zacharias (Band 2) durchlebte seine Kindheit eher als ein typischer Lausbube und Katharina (Wir kommen alle wieder!), wohlbehütet durch das betuchte Elternhaus. Betrachten wir nun aber die Situation von Bodan, drängt sich einem unweigerlich der Verdacht *beginnender staatlich organisierter Kinderarbeit* auf! Ich weiß, dass unsere Geschichtsschreibung dies erst mit der Industrialisierung des achtzehnten sowie neunzehnten Jahrhunderts erwähnt (Bergbau, Textile etc.), dennoch zeigt das Kommende einen ganz klaren, staatlich angeordneten Einsatz von Kinderarbeit! Aber lesen Sie selbst ...

F: hast Du Freunde, mit denen Du etwas spielst?

A: ..die meisten müssen Steine bearbeiten!

F: und Du?

A: ..ich arbeite.....ab und an...auf dem Hof!

F: auf dem Hof?

A: ja bei den Schafen!

F: musst Du keine Steine bearbeiten?

A: ich habe dort auch schon gearbeitet....aber nicht lange!

F: warum nicht?

A: weil ich das nicht richtig gemacht hatte!

F: erzähl mir mal alles darüber!

A: ...es werden Steine gefertigt....für diese Wege!....Man muss mit diesem flachen..Metallhammer......an den Steinen auf einen bestimmten Punkt draufschlagen...damit er an der richtigen Stelle bricht!....Und bei mir....ging das alles nicht so gut!...Ich hatte die meisten Steine...unbrauchbar gemacht!

F: ja weiter!

A: .....der....der uns alles zeigt....schaut, ob auch alles richtig ist...dieser Sir!

F: wie heißt dieser Sir?

A: Sir Bas..wor....Basworth...

F: gib mal genau wieder, was er zu euch sagt!

A: .."*Ein Stein mit Kanten...muss man in..die Form bringen!*"...Er zeigt, dass man den Stein, wenn sie ganz groß sind, erst...zu Bruch bringen muss...so dass es kleinere...Teile...werden!..Und dann muss man....die Kanten...brechen..damit sie auch aneinanderpassen..das sie...zueinanderpassen!..Denn wenn man das nicht richtig klopft...dann...sind die nachher viel zu klein.....für den Weg zu machen!....Ich weiß....was er damit meint!...Wenn ich drauf klopfe...muss....ich.......ja.......ich glaube...ich haue zu fest.....oft bricht er dann nochmal in der Mitte!....Dann sind es nur noch...kleine Stücke...und die werden dann nicht mehr gebraucht!.....Und..das tut auch weh in den Armen!! (kindlich, energisch)...Die Steine werden dann...(unverständlich)...in Richtung Hafen..gesetzt!...Die werden dort hingesetzt.....dann muss man nicht mehr so ziehen....die Sachen....aus den Schiffen!

(Zeichnung Frau B.) Kinderarbeit für den Straßenbau.

F: wer sagte Dir denn, dass Du dort arbeiten musst?

A: ..das ist eine Anordnung!....Das müssen alle...in dem Alter machen!...Es hat...jeder...seine Aufgabe!

F: von wem kommt denn diese Anordnung?

A: ...mein Vater sagte...dass Anweisungen....nicht von einem alleine kommen!...Auch wenn der König...eine Anweisung gibt....erhält er selbst...viele Dinge...von Gott..und das gibt er dann so weiter!...Aber..ein Herr..hat das dann so weitergegeben ...dieser....(unverständlich)...Red..fo..beurt..Redfuert....Redfobert...

F: wer ist das?

A: ..das ist derjenige....der das versteht....wie das mal aussehen soll!...Dann reden noch andere mit!...Es ist aber nur *ein* Weg.....der so laufen soll!...Dann...könnte man...die ganzen Dinge, die von den Schiffen gebracht werden....so besser weiter bringen!..Deshalb...werden diese Wege gemacht! (wirkt nachdenklich)

Die Erzählung zeigte einen noch kindlichen Geist, der sich auch in der Stimme von Frau B. zu erkennen gab. Dennoch könnte man die Dinge wohl nicht besser beschreiben, als es dieser kleine Junge getan hatte, denn was deutlich daraus hervorging, war, dass *alle Kinder* der Anordnung zu folgen hatten. Das ist eindeutig organisierte Kinderarbeit zum Zwecke des Straßenbaus! Die Wege waren zu dieser Zeit nicht befestigt und der Boden dürfte durch Regengüsse sowie dem zunehmenden Transportaufkommen immer unebener geworden sein. So klopften die Kinder Steine und lieferten damit das dringend benötigte Baumaterial, welches man gezielt für den Hafenbereich und dessen Versorgungsweg benötigte. Hier errichtete man scheinbar eine erste befestigte Straße zwischen Bristol und der Hauptstadt London! Vielleicht tat man es sogar schon landesweit, denn eines ist sicher, in dem vorherigen Buch (Band 2) war davon bis zum Tode von Buckles im Jahre 1478 n. Chr., noch kein einziger Hinweis zu finden!

F: wie kam es, dass Du dort nicht mehr arbeiten musstest?
A: ..als ich drauf klopfte...brachen sie auseinander...und das war mir ein paar Mal passiert!..Dann bekam ich...Ohrfeigen!
F: wer gab sie Dir?
A: von dem...der...das beaufsichtigte!..Und das machte mich wütend...und umso mehr klopfte ich sie kaputt!! (energisch, kindlich)...Dann zog er mich an den Haaren hoch...und stieß....und trat mich weg!...Bin fortgelaufen....nach Hause! (presst die Lippen zusammen)
F: musst Du nicht mehr dorthin?
A: nein!...Ich bin dafür...unbrauchbar...ich helfe wieder auf dem Hof!

Ich möchte nicht zu tief in die Kindheit auf dem englischen Festland abtauchen, denn es gibt noch viele andere Informationen, die auch in dieses Buch möchten. Ein schlüssiges Bild seiner damaligen Lebensumstände dürfte aber ausreichend entstanden sein. So wuchs der kleine Bodan heran, bis es eines Tages zu einem außergewöhnlichen Abenteuer kommen sollte ...

Kapitel 4.
Aufbruch in das „Neue Land"

Wie wird es den Menschen wohl ergangen sein, die vor ca. 500 Jahren ihr gewohntes Land verließen, um in eine neue Welt zu segeln, von der man eigentlich so gut wie nichts wusste. Nun, wir werden einen sehr anschaulichen Reisebericht durch Frau B. oder besser gesagt, durch Bodan erhalten. Ein Augenzeugenbericht, den man nicht einfach so als reine Fantasie abtun kann, denn die geschilderten Vorgänge zeigen eine viel zu lebendige Wirklichkeit. Aber es sind nicht nur die Informationen allein, die einen ungläubig staunen lassen, sondern ebenso der kindlich amüsante Charakter, der uns schon im vorherigen Kapitel begegnete und auch in diesem nicht unbemerkt bleiben wird. Bereits in jungen Jahren war Bodan ein ausgezeichnet guter Zuhörer und ein ebensolcher Beobachter, was sich glücklicherweise in glasklaren Details spiegeln wird. Wie ich bereits erwähnte, schienen Bodans Eltern, die Auswanderung geplant zu haben. Dies wird umso deutlicher mit der nun kommenden Schilderung, die zeigt, dass sein Vater recht gut über dieses „Amerika" informiert war. So investierte er nicht in ein marodes Dach, sondern gezielt in eine Hoffnung, die sich schon bald für seine Familie verwirklichen sollte ...

F: warum hatte Dein Vater das Loch in eurem Dach nicht geschlossen?

A: ..mein Vater....der träumte immer nur....von einem anderen Land!

F: was sagte er denn?

A: ....er hatte zu mir gesagt, das ich irgendwann einmal groß rauskomme...in einem anderen Land....wo alles..besser wäre!

F: was arbeitet denn Dein Vater?

A: ..mein Vater ist ein...schlauer Mann! (stolz kindlich)....Er hat immer so viele Rollen mit Schriften...mit denen er aus dem Haus geht!

F: was macht er denn damit?

A: ..ich weiß es nicht, er geht oft...hinunter wo die Schiffe sind!..Dann hat er diese Rollen dabei...mit Aufzeichnungen und so...und dann unterhält er sich mit diesen Seemännern!..Die haben ihm das bestimmt gesagt!

F: warst Du schon mal dabei, wenn er sich mit einem Seemann unterhielt?

A: ...ja! Die erzählen ja *immer* von einem großen Land! (kindlich)

F: was sagen sie denn?

A: .....die reden von einem....Amika...so was...

F: nochmal bitte!

A: Amika.....von einem...Land..ja...

F: und was meint Dein Vater dazu?

A: ...er ist immer so begeistert...von dem Ganzen!

F: und was macht er mit diesen Papierrollen?

A: ...irgendwie gehören die zu den Schiffen...(wirkt nachdenklich)...

F: weißt Du, was auf solch einer Rolle drauf ist?

A: ...da ist was geschrieben....und dann sind solche Kästchen......in manchen Kästchen...sind Zahlen drin!....Unten....darunter...da wird dann noch etwas hingeschrieben..(nachdenklich)...

F: hatte Dein Vater mal etwas über diese Papierrollen gesagt?

A: ...er sagte mal..zu einem der Seemänner: *"Diese Rolle...ist...von der Mary Lou....ihr nehmt die dann mit auf das Schiff!"*.....Das Schiff Mary Lou (kindlich, klingt nachdenklich)...

F: hat diese Rolle etwas mit der Beladung des Schiffes zu tun?

A: .....ich glaub mit allem...mit Seemännern...mit Beladung...mit Lebensmitteln...

F: sorgt Dein Vater dafür?

A: ...ja...ähm...werden ja Sachen noch...aufgeladen!...Da sind auch schon Tiere mitgenommen worden, das hab ich gesehen!...Das war schwierig!

F: warum?

A: weil...die waren ja so aufgeregt....und die mussten irgendwie gezählt werden!...Aber....die wurden dann in das Schiff nach unten...gebracht....war schwer!

F: und wie bekamen sie die Tiere in das Schiff hinein?

A: sie hatten die einzeln hineingetragen!

F: welche Tiere waren es?

A: Schafe!

Es ist sehr wahrscheinlich, dass sein Vater für die Be- und Entladelisten von Schiffen verantwortlich war. So war es für mich auch durchaus verständlich, weshalb Bodans Mutter lesen und schreiben konnte, wie es sich in späteren Sitzungen zeigte. Sie gab ihr Wissen wiederum an Bodan weiter und so war es mal wieder faszinierend mit anzusehen, wie Frau B´s Hand, Schriftzeichen aus dem sechzehnten Jahrhundert zu Papier brachte. Aber dazu später mehr! Ich möchte an dieser Stelle eine erste wichtige Aussage einfügen, die uns verstehen lässt, weshalb man das Land überhaupt verlassen wollte. Im weiteren Verlauf der Geschichte werden wir mehr Klarheit darüber erlangen.

A: ...mein Vater ist immer so aufgeregt...wegen dem...was er verdient!..Ich weiß, das er immer einen großen Teil abgeben soll!...Wenn da nicht bald was passiert....muss er...an das Gesparte gehen! (flüstert) Mein Vater hat was gespart!....Lis.....er redet...von einem Lis...Liscart...

F: was sagt er über den?

A: ...er sagt, dass Liscart die Forderungen....stellen würde.....für diese....(runzelt die Stirn)...Regra....spo...n..s...Regresons...

Ich vermute das Wort „Regression" dahinter. Es steht für eine rückläufige Entwicklung und wäre zu den weiteren Beschreibungen, eine sehr passende Bezeichnung für das im Land herrschende Aufkommen gewesen.

F: ja weiter!

A: ..sind..verschiedene Gegner.......die Abgaben sind sehr hoch!....Es ist kaum noch zu essen da!...Es wird so viel...zu den....reicheren Herrschaften gebracht...da geht alles hin!.....Da bleibt ja dann...immer weniger!

F: kommt es dadurch zu Unruhen in dem Land?

A: ..ja....(unverständlich)...in großen Städten...wo...mehrere Menschen leben...sich da treffen.....bei Gasborn...da treffen sie sich!

F: wie heißt das?

A: Gasborn!

Ich schrieb das Wort so auf, wie ich es verstanden hatte. Leider war ich nicht in der Lage mehr darüber herauszufinden.

F: ist das ein Ort?

A: ..ja...ich glaube, das ist ein Ort...ich war da noch nicht!...Sind alle sehr wütend!...Mein Vater...geht da auch hin!...Er sagte....diese Zeit, die er dort verbringt....wird bei einigen Dingen...für eine Veränderung sorgen!.......Alles ist teurer geworden....da man immer weniger zur Verfügung hat!

F: wer führt denn diese Revolution an?

A: ....ich glaube der...ist nicht dieser Liscart......ich glaube...Reekman...

F: wie?

A: mein Vater erwähnt einen Reekman!

Auf den ersten Blick erscheint es, als würde es sich um einen tatsächlichen Namen handeln. Übersetzt man ihn aber in das Englische, erlebt man eine kleine Überraschung, denn es bedeutet so viel wie: „Stinkender Mann". Ich bin mir sicher, dass der kleine Bodan die Zusammenhänge nicht wirklich verstanden hatte. Er gab lediglich das wieder, was ihm zu Ohren kam.

F: verlassen Menschen das Land aufgrund dieser Revolution?

A: ......es sind schon einige gegangen....die alles verlassen haben!

F: in welches Land sind sie gegangen?

A: ..ich weiß nur....es ist ein besseres Land.....da gehen nur die hin...die noch....genug haben....um weggehen zu können!...Sind viele...die nicht weggehen können...aber wollen!

Sein Vater konnte es und tat es! Somit kommen wir nun zu einem besonderen Tag in Bodans Leben, denn er sollte England nie wieder sehen.

F: wo bist Du und was passiert?
A: ich stehe...ich stehe unten....das Schiff ist hier!......Es ist alles hier, was wir mitnehmen! (leicht aufgeregt)
F: bist Du alleine?
A: ..nein! Nein! (aufgeregt)
F: wer ist denn bei Dir?
A: meine M´am...mein Dad!
F: erzähl mal alles, was passiert!
A: .....die laufen überall so herum!.......Da sind so Kisten...da stehen überall Fässer....und....Getreidebündel..ganz viele! Die werden...auf das Schiff getragen....und dort werden sie.....durch eine Luke nach unten gebracht!......Da sind noch Fässer mit Wasser...zum Trinken....die werden auch nach unten gebracht!.......Auch ist da noch (beginnt plötzlich stark zu lächeln, wirkt begeistert)...
F: Du lächelst? Was ist denn?
A: ...der Kapitän! (lächelt)
F: ja und?
A: das ist ein mächtiger Mann! So groß und mächtig!...Und jeder hört auf ihn! (kindlich gesprochen)
F: was sagt denn dieser Kapitän?
A: ..der weiß...wo etwas sein muss!..Der hat eine große Rolle unter dem Arm...so eine Schriftrolle, eine ganz große...die ist groß!..Damit läuft er auf dem Schiff hin und her!..Wir stehen an der Seite...noch auf dem Land...meine M´am und ich wir stehen da!....Meine M´am unterhält sich.....mit der Frau...ich glaube, sie heißt...ähm...Hillbirth....die redet immer viel! (kindlich gesprochen)
F: und was sagt Deine Mutter?
A: .....sie sagt....sie freut sich....ihren Thomas (spricht Tommes) wiederzusehen....und...das wir gutes Wetter haben...und solche Sachen...reden sie!

F: wo ist Dein Vater?

A: ....der steht mal bei den Seeleuten....dann wedelt er mit den Armen...und redet irgendwas und dann geht er wieder zu einem anderen Seemann....und sagt dem irgendwas und dann läuft er wieder rüber....ich glaube der ist..ähm...aufgeregt!

F: weshalb seid ihr denn am Hafen?

A: ..wir laufen heute aus!! (ganz stolz, kindlich)

F: wohin denn?

A: in das neue Land!! (stolz, neugierig)

F: in das neue Land?

A: jaa! (kindlich, stolz)...Es wird jetzt alles auf das Schiff geladen, wir haben alles da!

F: weißt Du, was die Reise kostet?

A: ..hm....ich glaub das...hmm......ich weiß nicht, ich glaub.....das ist das Geld....für sechs Monde! (runzelt die Stirn)

F: weißt Du nicht, wie viel das ist?

A: nein!...Sechs Monde...sechs Monde Geld...Stücke...

Beachten Sie nun meine Fangfrage und die weitere kindliche, aber logische Antwort!

F: wie viele *Monde* bekommt denn Dein Vater so am Tag?

A: ...Monde bekommt er nur...wenn....wenn der Mond da ist! (kindlich)...Wenn der Mond voll ist!..Und von diesem Mond....der Mond nimmt ja wieder ab und dann nimmt er wieder zu....und in der Zeit...ist das schon ein Bündel.....sind so silberne Stücke!

Eine recht kindliche Erklärung, nicht wahr? In der Regel gibt es einen Vollmond pro Monat, so hätten wir den Verdienst eines halben Jahres. Leider war nicht zu ermitteln, wie viel sein Vater in einem Monat verdiente. Auch könnte die Angabe darüber ungenau sein, da Bodan recht jung war und sich vermutlich nicht für so etwas interessiert hatte.

F: und was passiert nun mit eurem Haus?

A: ...hinter unserem Haus, da ist oben...ein...großer Hof!.....Das ist ein Geldmann, der hat viel Geld!...Der hat viele Tiere...und der hat....das kleine Stück von uns bekommen...das wir hatten!...Es hat direkt...an seines gegrenzt!...Da war nur so ein kleiner Pfad dazwischen...und der hat es genommen!

Wenn Sie die vorherigen Aussagen über das Elternhaus aufmerksam verfolgt haben, werden Sie feststellen, dass sich immer wieder der Bezug zu diesem Gutshof finden lässt. Er spielte dort am Zaun mit den Schafen, half auf diesem Hof, als er der Kinderarbeit entflohen war und zu guter Letzt, nahm die nette Dame Miss Lanson (die Ehefrau des Geldmannes) ihn und seine Mutter auf das „Cloak boat" mit. So verwundert es auch nicht, dass diese Nachbarn in der Lage waren, das Grundstück samt Haus aufzukaufen. Alles passt und fügt sich logisch ineinander! Betrachten Sie hierzu die entsprechende Zeichnung von Frau B. Wie in all ihren Bildern finden sich immer leichte Schwankungen der Proportionen, demnach war die wirkliche Lage des Elternhauses etwas weiter vom Hafen entfernt.

(Zeichnung Frau B.) Das Elternhaus (X) von Bodan in England, Bristol.

F: hat dieser Geldmann eure Hütte mit dem Land gekauft?

A: ja, aber.....es wird nicht viel gewesen sein, was der gegeben hat...

F: wie heißt denn das Land, in dem ihr euch noch befindet?

A: Britain!

F: und wie heißt das Schiff, mit dem Ihr nun in das neue Land reist?

A: Mary Lou!

F: ist das ein großes oder ein kleines Schiff?

A: ist ein riesengroßes Schiff!! (kindlich gesprochen, begeistert)..Ganz großes Segel....das knirscht so, wenn der Wind in das Segel bläst.....es ist unheimlich! (zieht die Augenbrauen nach oben)

F: unheimlich?

A: ja!! Die sind riesengroß!! (kindlich gesprochen)

Das Knirschen, welches er vernahm, entstand durch das Aufblähen der Segel. Einen Erwachsenen hätte das wohl kaum beeindruckt, ein Kind jedoch schon. Es zeigt deutlich, dass nicht der erwachsene Verstand von Frau B. für die Aussage verantwortlich war, sondern genau das Bewusstsein, welches sich 1524 n. Chr. im Kindesalter befunden hatte! Der ursprüngliche Geisteszustand war in diesem Moment wieder reaktiviert. Jede Frage wurde von ihm *bewusst* analysiert und gespeicherte Informationen eigenständig abgerufen. Zurzeit laufen entsprechende Untersuchungen mit Frau B., um noch mehr darüber in Erfahrung zu bringen. Alles deutet darauf hin, dass es durchaus möglich wäre, eine bereits gelebte Persönlichkeit von Frau B., so zu reaktivieren, dass sie tatsächlich ihren Körper wieder kurzfristig bewohnen könnte. Im Klartext, alle Verhaltensmuster würden sich genau so zeigen, wie die entsprechende Persönlichkeit zu ihrer Lebzeit war. Ich hatte es bereits damals schon, wenn auch in beschnittener und völlig zufälliger Weise, mit Pater Samuel erleben dürfen. Nun aber schnell wieder zurück, denn ich bin etwas vom Kurs abgekommen, auf den uns Bodan aber wieder zurückführen wird.

F: sind viele Leute auf diesem Schiff?

A: ja!....Die sind lustig!

F: warum?

A: die lachen viel miteinander!....Sie ziehen an...dicken Seilen...sie ziehen sie herunter......dadurch gehen.......die Segel hoch!...Die gehen dann auf....die gehen dann auf!! (erheitert, kindlich)

Hier ist die logische Verbindung zu den oben beschriebenen knirschenden Segeln. Während seiner Schilderung war man bereits mit dem Hissen der Segel beschäftigt.

F: wo bist Du jetzt?
A: ..ich stehe direkt vor dem..Schiff....ich bin noch auf Land! Die machen das jetzt......die machen das nun fertig zum Auslaufen!
F: ist es Sommer oder Winter?
A: es ist...warm.....es ist warm, es ist früh am Morgen!....Die Sonne.....sie ist grade aufgegangen!...Wir sind schon früh hier! (beginnt plötzlich stark zu lächeln)
F: ja was ist?
A: ..diese Segel! Diese Segel...sind so schön! (strahlt über das ganze Gesicht)
F: welche Farbe haben sie denn?
A: ...die sind wie das Fell der Schafe!
F: weißt Du, welches Jahr jetzt ist?
A: ...15...2..4..
F: 15...?
A: ..2..4...
F: woher weißt Du denn das?
A: ...von meiner Mutter!....Von einer........dieser...Kapitän hat eine große Rolle...und auf der Rolle sind...diese Striche....und das ist......das ist das Jahr....das hat meine Mutter gesagt!

Da ich ihnen noch eine Erklärung für die Jahreszahlen schuldig bin, möchte ich das nun an dieser Stelle tun. Ich vermute, dass es sich bei der Zahl 1524 tatsächlich um das Abreisedatum handelte und diese Rolle womöglich eine aktuelle Seekarte darstellte. Im ersten Kapitel beschrieb ich einen kleinen Auszug der allerersten Sitzung. Dort gab Bodan an, sich im Jahre 1543, im Alter von 23 Jahren zu befinden. Demnach müsste man annehmen, dass er 1520 geboren wurde. Somit wäre er aber zum Abreisetag erst vier Jahre alt gewesen und das schließe ich, aufgrund seiner gemachten Schilderungen, völlig aus. Diese müssen einem älteren Kind zugeordnet werden. Weitaus passender dürfte ein Alter von sechs Jahren gewesen sein, denn dafür spricht seine eigene kindliche Altersangabe, die er mit einer Handvoll (am Ende des Kapitels) noch erwähnen wird. Allerdings kollidiert die Jahreszahl der Abreise (1524 n. Chr.), mit einem Hinweis aus dem kommenden Kapitel. Dort findet sich eine Aussage über die erbaute Hütte des Vaters in der Neuen Welt. Diese trug die Zahl 1526, die sich eingeschnitzt im Holz befand. So lässt es Raum für Spekulationen, da ich nicht die tatsächliche Bauzeit der Hütte ermittelt hatte. Demnach könnte der Abreisetag auch 1525/26 gewesen sein und sich Bodan im Alter zwischen sieben und acht Jahren befunden haben. Letztendlich jedoch, spielt eine Abweichung von zwei Jahren keine wesentliche Rolle! Begeben wir uns nun gemeinsam an Bord der Mary Lou ...

(Zeichnung Frau B.) Das Schiff „Mary Lou" mit dem Bodan nach Amerika segelte.

F: erzähl weiter!

A: ...mein Vater...läuft mit solchen Papierrollen herum...und....und die Sachen werden auf das Schiff getragen!...Eine unserer Kisten und unsere zwei kleinen...(unverständlich)...

F: gib mal wortwörtlich wieder, was so um Dich herum gesagt wird!

A: ...."*Der Wind steht gut!*".......*"Vorräte sind drauf!"*.....*"Das Wasserbehältnis ist gefüllt!"*......*"Treiben!!"*...*"Das Segel setzen!"*

F: bist Du nun auf dem Schiff?

A: ja...wir sind jetzt auf dem Schiff! (lächelt, erfreut)...Das Holzteil wird eingezogen...womit man auf das Boot kommt!...Es wird an der Seite vom Schiff befestigt...dann ist da noch eine Klappe....die wird zugemacht!

F: wo geht die Fahrt jetzt hin?

A: ..Vater sagt...in das Neue Land....in ein großes Neues Land! (lächelt)

F: wie lange werdet Ihr nun fahren? Hat jemand etwas darüber gesagt?

A: ...man kann das nicht genau sagen!.......Wie die See ist!

F: was ist damit?

A: so wie die See ist, solange dauert es!

F: was passiert weiter?

A: ...(beginnt wieder zu lächeln)

F: ja, was ist?

A: ..diese Seeleute..die sind lustig! (grinst)

F: ja?

A: ...der eine klettert den Mast hoch...und dort oben....tut er ein Segel befestigen!......Da sind so viele...Seile...die müssen noch fest gemacht werden!...Manche sind...am Rand und manche sind mitten an diesen Pfosten!......Die singen viel! (lächelt)

F: sie singen? Kannst Du das mal nachsingen?

A: ....."*yeaah..how burn...row....it's how..burn...fond...that's...will in my land...how row burn...that's will in my land*" (lacht und lächelt).......ein....ein Seemann nimmt mich auf die Schulter! (lächelt)

Es war unheimlich! Mir lief es eiskalt den Rücken hinunter, als plötzlich langsam aber singend, diese Worte aus Frau B's Mund kamen. Es klang wie ein typisches Seemannslied (Shanty) mit fröhlichem Schwung. Ich schrieb die Worte so auf, wie ich sie verstand, und ich muss dazu sagen, sie waren wirklich gut zu hören. Hier die freie Übersetzung dazu: *„Jaaa wie die Reihen brennen!....Es ist wie ein angenehmes Brennen!...Das wird in meinem Land sein!...Wie die Reihen brennen!...Das wird in meinem Land sein!"* Erstaunlich nicht wahr? So etwas kann man nicht in ein paar Sekunden fantasieren, noch dazu melodisch begleiten und das noch in einer fremden Sprache! Der Text könnte sogar ein Hinweis auf die zeitlich einhergehende Revolution sein, die ich bereits schon angesprochen hatte und sogar historisch belegt ist! Insbesondere im Hinblick auf die *angenehm brennenden Reihen*, die begannen im Lande das Feuer zu entfachen. Vermutlich spiegelte genau dieses Lied, die damalige Einstellung der Bevölkerung zu ihrem Land. Das würde vielleicht *die frühen Auswanderungen* erklären, die aufgrund der großen Landeswirren eben *keine* historischen Aufzeichnungen erhielten! Ich werde noch mal zu einem späteren Zeitpunkt auf diese Revolution eingehen, denn so wie wir erfahren werden, existierte sogar noch in den Anfängen der Siedlung Cantuck, eine Art Gedenkfeier darüber!

F: sind da noch andere Jungs in Deinem Alter?
A: ....ich sehe sonst keinen...
F: und was macht der Seemann?
A: der nimmt mich auf die Schulter (lächelt)...und....da sind so geflochtene Seile, da halte ich mich dran fest...und kann dann über die See schauen! (ganz begeistert, kindlich)....Ich sehe.....noch ein wenig von unserem alten Land!....Er sagt, ich soll noch einmal kräftig winken!....Es ist alles so aufregend!............Jetzt ist nur noch Wasser da....nur noch Wasser.........und das schaukelt! (verzieht leicht das Gesicht)
F: magst Du das nicht?
A: ...es ist...so ein komisches Gefühl.....Schaukeln.....ja...
In dieser Aussage steckt mehr, als man vermuten würde! Der kleine Bodan hatte vorher noch nie in seinem Leben ein „Schaukeln" erfahren und so löste der Wellengang des Schiffes, ein völlig unbekanntes Gefühl in ihm aus. In einer späteren Sitzung zeigte sich, dass Bodan ein paar Tage später bereits die Seekrankheit verspürte. Aber wie Sie gleich erfahren werden, hatte der Kapitän eine interessante Lösung dafür.

A: ...der Kapitän sagt, ich soll....Wasser in den Mund nehmen....so hin und her machen...und es nicht direkt schlucken!......Ich soll es im Mund behalten, solange ich kann....und dann schlucken!..Ganz kleine Schlucke machen..und dann würde es mir besser gehen!

F: ist Dir jetzt übel durch das Schaukeln des Schiffes?

A: jaahh! (verzieht das Gesicht, presst die Lippen fest aufeinander)

Gequält und leidend zeigten sich die Gesichtszüge von Frau B., eben so, als stünde sie selbst an Bord der Mary Lou und kämpfte mit den Wellen. Nach der Sitzung kam mir wieder der Ratschlag des Kapitäns in den Sinn, den er Bodan erteilt hatte. So befragte ich Frau B. etwas genauer darüber, denn der Gedanke ließ mich nicht los, das vielleicht etwas an der Sache dran sein könnte. Immerhin war es jemand, der von den Tücken der See Kenntnis hatte und zu seiner Zeit sicher auch ein Mittel dafür kannte. Sie erklärte mir, dass Bodan einen großen Schluck Wasser im Mund hatte, ihn ständig von einer Seite der Backe zur anderen bewegte und immer ein klein wenig nach und nach hinunterschluckte. Allerdings tat er es nicht lange genug, denn das Wasser hatte ihm nicht geschmeckt. So blieb die erhoffte Wirkung scheinbar aus. Aber was wäre passiert, hätte er den Rat des Kapitäns konsequent befolgt? Nirgendwo fand ich auch nur den geringsten Hinweis darüber, ob solch eine Anwendung bekannt oder zumindest einmal angewendet wurde! Vielleicht hätten wir hier tatsächlich etwas Brauchbares. Ich möchte nicht zu weit medizinisch ausholen, aber es könnte vielleicht einen Zusammenhang geben.

Vereinfacht erklärt, entsteht die Seekrankheit durch den Konflikt diverser Sinneseindrücke! Das Gleichgewichtsorgan, welches sich in unseren Ohren befindet, meldet das Schaukeln auf See und damit auch, dass wir uns in ständiger Bewegung (Kippbewegung) befinden, obwohl wir jedoch Teile des Schiffes als völlig bewegungslos wahrnehmen (Kabine, Stühle etc.). Beide Ohren sind mit der Ohrtrompete verbunden (eustachische Röhre), die praktisch für den Druckausgleich der Trommelfelle sorgt und eine Verbindung zum Rachen hat. Durch das hin und her bewegen des Wassers in der Mundhöhle, könnte praktisch eine weitere Information von Bewegung an das Innenohr gelangen und gleichzeitig an das zentrale Nervensystem. So könnte es sein, dass genau diese zusätzliche Meldung zu einer neuen Interpretation der Sinneseindrücke führt und somit letztendlich zu einer völligen Symptomauflösung.

F: machst Du es so mit dem Wasser im Mund?
A: ..äh...mmhja...(wirkt gequält)...
F: und?
A: ...schmeckt nicht so gut! (verzieht das Gesicht)
F: das Wasser schmeckt nicht?
A: nein!
F: warum?
A: weil....es zu warm ist!

Die Aussage ist logisch, denn das Wasser stand bereits schon Tage in den Holzfässern unter dem Schiffsdeck und es war Sommer.

F: geht es Dir nun besser damit?
A: hmm...nicht so! (verzieht immer noch gequält das Gesicht)...Ich schau dem Kapitän zu....der läuft immer von einer Seite zur anderen...dann wieder zur Karte....und schaut da noch etwas!....Dann stellt er sich...wieder vorne hin...und schaut über das Meer!....Das macht er ganz lange!
F: sagt er ab und an etwas?
A: ..er sagt: *„Es wird eine ruhige Fahrt!"*...Es würde gut aussehen...
F: hast Du auch gehört, wie lange Ihr unterwegs sein werdet?
A: ..das weiß ich jetzt nicht!....Es wird schon so langsam dunkel (klingt krank und schwach)...

Begeben wir uns nun hinab in den Schiffsbauch, um einen kleinen Einblick über die damaligen Verhältnisse zu erhalten.

F: wo bist Du?

A: ..ich bin unter dem Deck......da sind so....so (unverständlich)....da kann man schlafen!

F: beschreib mal alles!

A: da hängen solche Laken!.......Man kann sich in solch ein hängendes Laken reinlegen...oder man kann sich auf.....so ein Gestell...auf dem Boden...drauf legen!......Aber ich lege mich in dieses......Tuch hinein, vielleicht wirds besser....dann schaukelt das nicht so! (wirkt krank, gequält)

F: wie fühlst Du Dich im Moment?

A: dieses....dieses Schaukeln ist nicht so gut....dann schaukelt immer mein Bauch mit!..(spricht leise und gequält)....Das ist nicht so gut!

F: und wie ist Dein Gefühl?

A: ...ein bisschen...ähm...bisschen komisch...

F: schlafen dort noch andere?

A: ja!

F: Deine Eltern auch?

A: ja! Da sind ja auch noch andere die in das neue Land wollen!

F: sind es viele?

A: ja!

F: Kinder?

A: ein größeres Mädchen....größeres Mädchen sehe ich noch da!

F: schlaft Ihr alle in diesem Raum?

A: einige sitzen nebeneinander auf dem Boden!....Ich liege in so einem...Tuch drin!

F: wie ist denn der Geruch dort unten?

A: ...nicht so gut!..Es ist....nicht so viel Luft!.....Dann dieses Holz!...Es riecht...ein bisschen komisch.....(Augen rollen unter den Lidern)....bisschen komisch...

F: weißt Du, warum es so komisch riecht?

A: nein! (klingt schwach und krank)

F: ist es dunkel dort unten?

A: ...da steht ein...ein leeres Fass....da ist was drauf, aber ganz schwach!

F: ist das eine Kerze?

A: ich weiß es nicht, das ist...ganz schwach!

Vermutlich handelte es sich um eine aus Ton gefertigte Öllampe, die nur eine kleine spärliche Flamme besaß.

F: kannst Du nicht so viel sehen?
A: nein, aber hören!
F: was hörst Du denn?
A: ich höre.....da krabbelt was auf dem Boden!
F: was denn?
A: sind Mäuse!
F: was hörst Du noch?
A: ..ich höre oben den Wind...ich höre die Menschen atmen...Schnarchen!

Heutzutage benötigt ein modernes Kreuzfahrtschiff von Europa nach Amerika, im Durchschnitt fünf Tage. Wie ich herausfand, brauchte ein Schiff aus dem 17. Jahrhundert, zwischen sechs bis zehn Wochen! So dürfte ein Schiff aus dem Jahre 1526 n. Chr. wohl noch etwas mehr an Zeit benötigt haben, denn die Segel waren entsprechend kleiner. Wie lange Bodan tatsächlich unterwegs war, ließ sich leider nicht ermitteln. Die Anstrengungen und Entbehrungen dieser Überfahrt, waren erheblich gewesen. Eine Flaute des Windes konnte das Schiff tagelang regungslos auf der Weite des Ozeans liegen lassen. Ein Sturm hingegen war in der Lage es so weit vom Kurs abzubringen, dass sich die Überfahrt um Wochen verzögern konnte. Zudem gab es praktisch keine Privatsphäre, denn auch die Seeleute schliefen mit den Aussiedlern auf engstem Raum zusammen. Fäkaliengeruch breitete sich unter dem Deck aus, für den ein spezieller Eimer im Bug des Schiffes verantwortlich war ...

(Zeichnung Frau B.) Ein Teil des Schiffes von innen.

A: ...das Schiff fährt sehr langsam...es ist nicht viel Wind da!....Ich schaue auf die See...jetzt geht's mir etwas besser!

F: schaukelt das Boot nicht mehr?

A: es macht mir nicht mehr so viel aus!

F: wie wird das eigentlich mit den Bedürfnissen gemacht, also wenn mal jemand „muss"?

A: ..da ist unten so ein Holzbehälter!....Dann macht man da rein und das wird dann nachher ins Meer gekippt!

F: und den benutzt jeder?

A: ..die Männer, die machen...das dann...von dem Schiff aus ins Wasser!....Und für das andere...nimmt man sich so einen Eimer!...Dann geht man...so hinter ein Holzteil...und geht dann runter, damit keiner zuschaut...und dann entsorgt man das direkt!

F: und wo befindet sich dieses Holzteil?

A: unten! Das ist....wenn man dort hinuntergeht, diese Leiter runter...und dann...direkt da wo das Schiff schmaler wird...so in die Ecke hinein!...Davor stehen ein paar Bündel mit...Getreide!...Das legt dann jemand hin...und es hängt so ein Stück...so ein Stück Stoff....und dann nimmt man das...wenn man fertig ist!

Auch hier wieder absoluter Tiefgang an Informationen, die man sich nicht innerhalb von Sekunden aus den Fingern saugen kann. Ich hatte bis zum Tage dieser Sitzung nie ein einziges Wort darüber gehört oder gelesen. Bei meinen Recherchen war praktisch nichts über Fäkalienentsorgung auf einem Segelschiff des sechzehnten Jahrhunderts zu finden. Natürlich hätte man sich das vielleicht denken können, aber das Entscheidende ist die genaue Platzangabe innerhalb des Schiffes! Verständlicherweise hielt man es damals nicht für relevant, solches zu überliefern. Der vordere Bug war ideal für ein „stilles Örtchen", denn dort befand sich eben kein Platz mehr, um noch Ladung zu verstauen. Aber lassen wir nun dieses Thema und kommen zu einem ganz anderen Ereignis.

F: was findest Du sehr schön auf diesem Schiff?

A: ...sind die Segel!...Diese großen Segel (schwärmerisch)...wie sie das Schiff...vorwärts treiben! (kindlich neugierig)

F: wie sieht es denn dort aus, wo Du jetzt stehst?

A: ..ohhh!....(zieht schnell die Augenbrauen nach oben)...Da kommt ein anderes Schiff!! (ganz neugierig)

F: ein anderes Schiff? Erzähl mal!

A: ....die Schiffe treffen aufeinander...(wirkt leicht erschrocken, ängstlich).......die meinen es nicht gut!! (plötzlich aufgeregt, ängstlich)

F: was passiert?

A: ......sie laufen direkt nebeneinander!.......Der Kapitän von unserem Schiff...der springt rüber....und irgendwie...schreien die sich gegenseitig an! (nervös, Augen rollen unter den Lidern).....Es sind viel weniger Leute bei denen drauf!........Das sind nur Seeleute!...Und der Kapitän von uns......er zieht ein.....ein Messer....und fuchtelt vor dem hin und her....und redet viel....und dann zeigt er immer wieder rüber zu unserem Schiff! (nervös)

F: zu euch!

A: ja!...Der andere hebt die Hände in die Luft und geht ein Stück zurück!....Der Kapitän kommt wieder rüber gesprungen und schreit die Leute an...seine Seeleute....und alle....laufen rum und......das Schiff dreht ab!...Die anderen sind noch...was am Schreien...ich weiß nicht, warum das so war! (nervös, ängstlich)

F: was sagte denn der Kapitän?

A: ....das er nicht mit ihm mithalten könne......und das er keine Forderungen stellen solle.........der ist ganz schön böse!.....Der hat....ja.....der....ich glaube der hatte Angst, der andere! (wirkt ruhiger)

F: und was war da jetzt los?

A: ich weiß es nicht, die waren auf einmal zu uns gefahren (erzählt aufgeregt, kindlich schnell) und dann hat....unser Schiff müssen beidrehen....dass sie nicht aneinanderfahren!...Und dann fingen diese Schreiereien an!....Dann ist unser Kapitän rüber und hat...dann das Messer...und ganz böse und...auf die rundherum...und dann.....es ist ja viel Platz auf dem Meer.....und wir sind jetzt in die eine Richtung!....Der Kapitän hat wieder auf die Karte geschaut...und das andere Schiff ist dann etwas schräg von uns ab....im Meer verschwunden!

Unmissverständlich zeigen sich hier die Schilderungen eines Kindes, das praktisch noch in den Nachwehen der Ereignisse lag.

F: sprachen sie in Deiner Sprache?
A: nein!
F: weißt Du, welche Sprache das war?
A: ..hmm....nein, ich weiß es nicht!
F: war eine Flagge auf dem Schiff? Hast du etwas gesehen?
A: ...es war wie so ein Halbmond...auf dem noch so ein Punkt...so was...drauf war!
F: und die Farbe?
A: war rot...ähm....ich glaub das war rot...
F: rot?
A: ja, so wie das...Blut von den Schafen!

Es dürfte sich wohl um ein Schiff der sogenannten Barbareskenstaaten (Tunis, das marokkanische Sale, Algier sowie Tripolis) gehandelt haben. Es waren Araber, auch als Sarazenen bekannt, die schon bereits ab dem fünfzehnten Jahrhundert im Mittelmeer sowie dem Atlantik, ihr Unwesen trieben. In der Zeit von Bodan kam es sogar zu vielen Überfällen küstennaher englischer Ansiedlungen, die zur Gefangennahme und Versklavung der Anwohner führte. Die Historie spricht von *über einer Million* verschleppter christlicher Sklaven nach Nordafrika!

F: sind eure Seeleute bewaffnet?
A: ...ich glaube schon! (klingt etwas unsicher)
F: und die anderen, waren die bewaffnet?
A: nein! Das war viel kleiner das Boot, das war so...so ein ganz.....ganz anderes...Schiff!

Die Schiffe der Barbareskenstaaten waren tatsächlich um ein Vielfaches kleiner und schmaler. Nicht zu vergleichen mit damaligen englischen Segelschiffen.

F: und welche Hautfarbe hatten sie?
A: die waren dunkel! Die hatten dunkle Augen...dunkle Haare....sprachen anders!

F: hatte der Kapitän in eurer Sprache mit denen gesprochen?

A: ..ja..die hatten sich verstanden...irgendwie!....Aber der hatte anders gesprochen....und diese Leute hatten anders gerufen!....Dann sind sie abgedreht!

Kommen wir nun zu einem weiteren Erlebnis, welches letztendlich auch ein guter Hinweis für meine späteren Recherchen war. Diese Situation geschah kurz vor Ende der Reise.

A: man sieht große Fische!

F: Fische siehst Du?

A: ja! Und die kommen hoch! Riesengroße dunkle Fische!! (amüsiert, völlig begeistert)

F: wie groß sind sie denn?

A: riesengroß! Sind so groß wie das Schiff!! (begeistert)

F: weißt Du, wie man sie nennt?

A: nein! Aber sie sind schön! Sie spielen mit dem Wasser (begeistert)...und dann sind sie wieder weg......kommen hoch und dann sind sie wieder weg und dann kommen sie wieder hoch und dann sind sie wieder weg! (kindlich gesprochen)

Frau B. meinte dazu in der Nachbesprechung, dass es sich um Wale gehandelt hatte. Sie war sichtlich beeindruckt, denn sie hatte noch nie zuvor in ihrem Leben solch riesige Tiere hautnah erleben können. In der späteren Recherche wurde klar, dass die Begegnung irgendwo in der Nähe des Sankt-Lorenz-Stromes stattgefunden haben musste. Dieser ist heute noch ein Gewässer mit der wohl weltweit reichsten Artenvielfalt an Walen. Von Blauwal bis Buckelwal, nur um einige zu nennen, lassen sich dort finden. Es war die Route, die der Kapitän damals in die Neue Welt genommen hatte und genau deshalb werden wir später noch Zeuge von Unstimmigkeiten werden, die zwischen ihm und Bodans Vater entstanden waren.

F: was sagen denn die Leute, wenn sie so etwas sehen?

A: ich weiß es nicht, ich hab doch nicht zugehört! Ich bin so fasziniert von diesen....diesen großen Fischen!! (lächelt, völlig begeistert)

F: wo befindest Du Dich nun auf dem Schiff?

A: oben!! (energisch)

F: wo oben?

A: na an dem...an dem Rand!! Dort in der Nähe wo man auf das Schiff drauf geht...und da sind so...so ganze...ähm....viele Seile so ineinander verknotet, die hoch an die Segel gehen...und dazwischen spick ich aufs Meer hinaus...und da halte ich mich dran fest!

F: hast Du keine Angst, dass Du in das Wasser fällst?

A: das geht da nicht, da sind viele Seile!

Kommen wir noch schnell zur Beschreibung dieses mutigen Kapitäns, denn schließlich war er es, der die große Verantwortung für all die Menschen auf seinen Schultern trug. Hätte er damals die Überfahrt nicht geschafft, wäre das hier ein kurzes Buch geworden. Zum Glück bekommen wir das Gegenteil!

F: warst Du auch mal ganz vorne auf dem Schiff?

A: mit dem Kapitän, ja!

F: und was sagte er?

A: ..er hat mir gesagt, dass man manchmal.....wenn man....ganz arg auf das Meer hinausschauen würde....dass man dann...sehr schöne...Mädchen in dem Wasser sehen könnte!...Immer dort wo die Sonne am untergehen wäre...die dann dort winken würden!

F: wie heißt denn der Kapitän?

A: das ist der Kapitän „Z"! (spricht Zet)

F: Z?

A: ja! Nur Z!

F: wird er so gerufen?

A: die rufen nur Captain!....Zu *mir* sagte er das! (lächelt, stolz)

F: hatte er sonst noch etwas von sich erzählt?

A: ..das er schon im neuen Land war!

F: und was sagte er darüber?

A: das es dort viele Tiere gibt!......Das es dort *auch* Menschen gibt!.....Das er immer auf dem....Meer leben würde...und er nicht auf das Land gehen wollte!

F: wie orientiert sich denn dieser Kapitän auf dem Meer? Hast Du mal beobachtet, was er da so tut?

A: ...er hat eine Dose!...Eine viereckige Dose...und dann hat er so etwas...womit er dann immer so......auf der Karte hin und her geht!...Dann geht er mit den Fingern so drauf....und dann vergleicht er das mit diesem viereckigen Döschen....diese Dose...oder was das ist... und dann ähm.....die trägt er immer in der Tasche!

Hier handelte es sich ganz klar um einen Kompass und selbstverständlich trug der Kapitän diesen in seiner Tasche mit sich, denn er war ein Garant für die sichere Routenführung. Leider sah Bodan diesen Kompass nie aus nächster Nähe, sodass auch keine Zeichnung darüber entstehen konnte.

F: diese Dose?

A: ja!...Dort schaut er drauf, dann schaut er wieder auf diese...Karte!........Er trägt Schmuck! (hebt die Augenbrauen)..

F: was für ein Schmuck denn?

A: ..aus Eisen...um den Hals!

F: Schmuck aus Eisen?

A: das sind so kleine ineinander laufende Ringe....ganz viele......das ist sehr schön!..Und dann (unverständlich)...ist aus einem Tier gemacht worden!...Die hat ein langes Band...so ein...Lederband...und dann ist vorne, dieser eine Ring...so was Rundes...und das ist bearbeitet...mit einer Feder oder so!

F: besitzt der Kapitän eine Waffe?

A: ...der hat ein langes...langes...breites Messer...am Körper....und dann noch so ein kleines Messer!

(Zeichnung Frau B.) Kapitän „Z". Unverkennbar die Narbe am rechten Auge.

F: wie sieht der Kapitän aus?
A: ..ein nettes Gesicht!...Die Haare sind hinten zugebunden...wie bei den meisten...Männern!...Dort sind sie zum Teil ganz hell!...Dann hat

er.....vom Auge aus, rüber zum Ohr hin...eine Narbe!....Ich weiß auch wo diese Narbe herkommt! (kindlich, ganz stolz)

F: ja, erzähl mal!

A: er hat mir erzählt, dass er....schon als Junge auf einem...Schiff war....und das...das Seil...von dem Segel gerissen war!....An der Stelle wo das Seil...mit so einem Metallteil befestigt war!....Als das Segel herumriss....hatte ihm das dann...an das Auge geschlagen!...Das war ne große Wunde...das war an der Stelle!

F: weißt Du, wie alt der Kapitän ist?

A: der ist schon alt!...Ja!...Der weiß vieles!

F: ist er älter als Dein Vater?

A: ..jaa!

F: wie alt ist Dein Vater?

A: ..mein Vater ist nicht alt....der ist noch jung!...Ich weiß es nicht...

F: und wie alt bist du?

A: ...ne Hand!

F: was?

A: ja eine Handvoll!

F: also fünf Jahre?

A: ..mhja (zögerlich, unsicher)

F: so viele Finger wie an Deiner Hand sind?

A: ..ja....glaub.....oder eins mehr...(wirkt nachdenklich)...

Zum Abschluss noch ein paar Worte über die Ernährung während der Überfahrt.

F: wie ist es mit dem Essen?

A: ..das Getreide wird im Wasser geweicht...das habe ich gesehen!

F: warum macht man das?

A: das sättigt und ist noch feucht!....Das macht dann satt, man kann da nicht so viel machen...man kann da nicht viel mit Essen machen....auf der See!

F: also das Getreide wird im Wasser aufgeweicht und dann wird es so gegessen?

A: es wird dann...zuerst zerdrückt....dann kommt Wasser drauf!...Das wird dann wie so ein...so ein Brei!...Wird in die Schüsseln gemacht.....in so kleine Holzschalen.....das schmeckt gut!
F: wird das noch über ein Feuer gehalten?
A: das isst man so! (hebt die Augenbrauen)

Der Getreidebrei war ein Grundnahrungsmittel zu Bodans Zeit und somit von der Aussage her absolut passend. Ich hätte gerne noch viel mehr von dieser Überfahrt berichtet, aber es passt nun mal nicht alles in dieses Buch.

Kapitel 5.
Land in Sicht!

Um eine möglichst nachvollziehbare Grundlage für die kommenden Aussagen von Frau B. zu schaffen, bedarf es einer kurzen Betrachtung historisch bekannter Informationen. Wir alle kennen die Geschichte von dem Genuesen Christoph Columbus, der im Jahre 1492 n. Chr. Amerika entdeckte. Was danach kam, wissen wir auch, spanische Eroberer wie Hernando Cortés und Francisco Pizarro gingen gnadenlos gegen die süd- und mittelamerikanischen Indios vor. Sie hinterließen im Namen Gottes eine blutige Spur von Tod und Verwüstung. Der Zeitraum dieser Feldzüge lag zwischen 1519 und 1532 n. Chr. Schaut man sich den enormen Landesgewinn innerhalb dieser Jahre an, kann man nur ungläubig mit dem Kopf schütteln. Denn wie kann es sein, dass sich Spanien von 1492 n. Chr., einen halben Kontinent einverleiben konnte, während andere Nationen in dieser Hinsicht völlig untätig blieben?

So zumindest zeigt es die gelehrte Geschichte! Natürlich gibt es auch Hinweise englischer Bemühungen, so startete John Cabot (Giovanni Caboto), wie ich bereits in Kapitel 3 erwähnte, von Bristol aus, um einen Seeweg nach China zu finden. Er gilt bis heute noch als der Entdecker von Nordamerika, der am 24. Juni 1497 n. Chr., also *fünf Jahre nach Kolumbus!* Neufundland und Labrador betrat. Man wäre doch nun gewillt zu sagen, dass die gleichen Bemühungen auf englischer Seite genauso anliefen wie die auf spanischer Seite. Aber Fehlanzeige! Irgendwie scheint es dem Engländer erst *1607 n. Chr.* in den Sinn gekommen zu sein, eine *erste dauerhafte Siedlung* im Norden Amerikas entstehen zu lassen. Bitte bedenken Sie den Zeitraum, denn *die Untätigkeit lag hier bei 110 Jahren!* Während ab 1493 n. Chr. mit der dauerhaften Siedlung La Isabela bereits eine spanische Siedlung nach der anderen entstand, wie zum Beispiel: Puerto Rico (1508), Jamaika (1509) sowie Kuba (1511). Bereits um 1521 sprach man von Neuspanien! Aber das wirklich lächerlichste daran ist, dass uns die Geschichte dazu Folgendes an die

Hand gibt: „**Etwa hundert Jahre lang hinderten Spanier und Portugiesen andere Europäer daran, die von ihnen entdeckten Verbindungswege zu benutzen**".

Zu meiner Schulzeit pries man noch ohne jeglichen Zweifel Kolumbus als den Entdecker Amerikas an. Heute wissen wir es besser, es waren die Wikinger! Oder doch nicht? Nein! Nach den neusten Erkenntnissen fand bereits vor ca. 15000 Jahren die erste Besiedelung durch die Nordostasiaten statt. Ich glaube, mittlerweile wurde die Zahl sogar noch etwas nach oben datiert. Wie Sie sehen, glaubt man vorher etwas zu wissen, um es später noch einmal besser zu wissen. Vieles wird oft historisch passend gemacht, damit man auch eine Lehrmeinung für die Lehrer hat. Und leider sehr oft handelt es sich dabei um reine Spekulation, die uns als Wahrheit präsentiert wird, weil sie eben dieser nach eigenem Ermessen am nächsten kommt. Ein schon fast episches Ausmaß findet man davon in der Archäologie! Niemand weiß bis heute tatsächlich, wie man die ägyptischen Pyramiden erbaute, aber wir alle lernten in der Schule, dass man das mit soliden Holzschlitten und einem unzählig motivierten Arbeiterheer über Jahrzehnte vollbrachte. Sie werden es mir nicht glauben, aber alles, was wir von den spanischen Eroberungen heute wissen, basiert lediglich auf gerade mal *drei* Überlieferungen!

Ich vermute, dass unsere heutige Lehrmeinung über die Besiedelung Nordamerikas auch einem Fehler unterliegt. Nur weil sich keine schriftliche Aufzeichnung über eine frühe Ansiedelung findet, bedeutet das noch lange nicht, dass es keine gab. Von Frau B. erhalten wir ein Insiderwissen, welches man unmöglich einfach so zur Seite schieben kann. Die Jahreszahlen sind früh, dennoch da und zeitlich durchaus nachvollziehbar. Zudem besitzen die Schilderungen eine solide und nachprüfbare Grundlage und um nicht schon zu viel zu verraten, die frühe Siedlung, die Sie gleich kennenlernen werden, existierte, und das tut sie heute tatsächlich immer noch! Aber genug davon, ich hoffe, einen ausreichenden Hintergrund gelegt zu haben, um zumindest ansatzweise die Möglichkeit einer weitaus früheren Besiedelung des nordamerikanischen Kontinents in Betracht zu ziehen. Kommen wir somit zurück zu unserem Protagonisten Bodan und seiner Lebensgeschichte. Seine Familie hatte es geschafft! Nach langer Reise und erheblichen Entbehrungen traf man in der Neuen Welt ein. Aber man befand sich nicht dort, wo man eigentlich hin wollte ...

A: .....ich sehe...hohe.....hohe Berge.....und.....die sind riesengroß, sieht aus wie eine Insel (lächelt, kindlich gesprochen)...
F: wo sind denn Deine Eltern?
A: ..die sind bei mir!
F: was sagen sie?
A: ..Vater hat...eine Rolle in der Hand....eine Schriftrolle!...Damit unterhält er sich.....mit diesem...Kapitän, dem das...Schiff gehört!
F: was redet er mit ihm?
A: ..er zeigt auf diese Rolle...die er ausgebreitet hat...und auf diese Insel...und......irgendwie ist das nicht dort, wo er.........es ist nicht das, wo mein Vater mit uns hin wollte...
F: wo wollte er denn hin?
A: ....an irgendeine Westküste...oder so was...

Unsere Geschichtsschreibung spricht von einer Ostküste (Virginia), an der sich die ersten Auswanderer (1607) niederließen. Das passt auch, wenn ich mit einem Kompass in Amerika stehe. Aber alle Schiffe, die von Europa zur nordamerikanischen Küste segelten, hielten sich nach Westen und Bodans Vater wollte an eine Westküste. Wir werden später noch im Kapitel Veritas erkennen, wie passend die Aussage war, ebenso über die Insel, die Bodan erwähnte.

F: sagt der Kapitän etwas dazu?
A: ..der ist etwas ruppig!
F: warum?
A: der sagt...das es das wäre!

So ging die Fahrt noch ein wenig weiter den Sankt Lorenz Strom hinab, bis sie die Stelle erreichten, wohin der Kapitän wollte, jedoch Bodans Vater nicht.

A: ...sind alle ganz aufgeregt...
F: ja weiter! Gib mal wieder, was gesprochen wird!
A: ..ich verstehe das nicht so richtig!...Sie zeigen...zum Land hin....manche Winken!.....Mein Vater nimmt mich hoch! (lächelt)....Ich sehe das Land! (aufgeregt, lächelt)
F: kannst Du es mal ein wenig beschreiben!
A: es sind...Felsen..im Wasser!......Am Land ist jemand....der so mit einer Fahne Zeichen macht...an einer langen Stange!
F: der macht mit einer Fahne Zeichen?
A: ja!
F: wie macht er das?
A: er drückt die Fahne hoch....und dann zur Seite...zur anderen Seite.....dann nach vorne.....dann wieder zurück!....Es sieht aus, als würde er Zeichen geben!
F: ist diese Fahne bunt?
A: nein...ganz hell!

Vermutlich gab man diese Zeichen, um den Kapitän vor Untiefen zu warnen. Wie wir von Bodan wissen, befanden sich in der Nähe der Anlaufstelle Felsen im Wasser. Das war auch ein sehr entscheidender Hinweis für die spätere Suche nach der ehemaligen Position der Siedlung Cantuck, denn dort konnte man ohne jegliche Gefahr anlegen. Die Felsen sind deutlich in der Zeichnung von Frau B. zu erkennen!

(Zeichnung Frau B.) Das „Neue Land", ca. 1524 n. Chr.

A: jetzt.....steigen wir in so kleine Boote hinein...

F: kleine Boote?

A: ..diese Boote...die kommen von dem Ufer her!

F: ja weiter!

A: ...kommen jetzt zwei Boote von dort.....mit jeweils einem Mann drin!......Ich sehe das sie auf uns zukommen!...Mein Vater lässt mich wieder auf den Boden....jetzt sehe ich nicht mehr viel!..(presst kurz die Lippen zusammen)...Überall.....wird zusammengeräumt!...Die Leute sind alle mit ihrem Hab und Gut beschäftigt....niemand will etwas zurücklassen!......Manche gehen nach unten..(unverständlich)...Einige knien noch und beten....und küssen das Holz von dem Schiff!...Es ist allmählich mehr Platz vorhanden!....Ich habe mich nun nach vorne gestellt!....Die Boote kommen an! Auf diese Boote werden...Kisten drauf gemacht...und dann rübergebracht!....Das Schiff kann nicht weiter...durch das Wasser!

F: weshalb nicht?

A: wegen der Tiefe oder so!

F: wer sagt das?

A: das hat der eine Mann gesagt!....Der hat so etwas gesagt...man weiß nicht wie weit man noch fahren kann!...Da muss irgendwann mal....ein Schiff auf Grund gelaufen sein!

F: geht ihr nun auf diese Boote?

A: ja! (beginnt zu lächeln, ganz erfreut)

F: gefällt Dir das?

A: ja! Ist so aufregend! (lächelt)

F: wird etwas gesprochen?

A: sie wissen nichts über Cantuck!.........Ich weiß nicht genau.......es geht um Cantuck....dort wollen wir ja hin!

F: weiter!

A: ......der eine sagt etwas von San Moral!......Er zeigt über diese hohen...Bäume, die man sehen kann!......Dann zeigt er dorthin...wo wir hinmüssen....nach Cantuck!

F: sagte das der Mann aus dem Boot?

A: ja!..Sind zwei Männer...und der Kapitän!......Wir gehen nun auf das Boot......ahh (verzieht plötzlich das Gesicht)...

F: was war denn jetzt?

A: ...es ist...Wasser in das Boot gelaufen...und über mich (presst die Lippen zusammen)...

F: wie ist das nun in diesem Boot?

A: ...das ist breit!..In der Mitte werden...diese Kisten..gelagert..und dann sitzt der eine vorne und der andere so dahinter!...Auf der anderen Seite sitzt auch jemand......der so ein bisschen, diese Balance hält...damit dieses Boot nicht kippt!...So wird das rübergebracht!...Wir sitzen!....Ich sitze in der Mitte auf dem Boden...knie mich ein bisschen vor meine Mutter hin!...Mein Vater sitzt neben....diesem...Mann...und noch einem jüngeren Mann in der Mitte!...Der in der Mitte sitzt....der paddelt jetzt rüber!

F: ist San Moral der Ort, wo ihr nun an Land geht?

A: ich glaube ja.....das hat der gesagt!...Aber das ist nicht das, wo mein Vater...hin wollte!...Er zeigt jetzt in die Richtung wo wir mit dem Boot hinfahren...und dann geht's den Berg dort hoch!.....Da sind sooo viele Bäume! (ganz erstaunt, neugierig, kindlich)

F: kannst Du dieses San Moral sehen? Befindet es sich direkt am Wasser?

A: dort....wo wir noch im Wasser sind, da ist ein Weg......da sind keine Häuser, nur ein Lagerhaus!

F: und wo kamen diese Boote her?

A: da ist so ein Holzsteg...im Wasser...und da waren die Boote!....Und an Land...oberhalb von dem einen Felsen....da sind diese weißen Fahnen....mit denen sie die Schiffe...grüßen!

F: gut, dann erzähl mal weiter! Was wird denn so geredet?

A: es wird viel gelacht!...Sind noch andere dort!.....Man wird begrüßt und in den Arm genommen!

F: sagt Dein Vater etwas?

A: ...wir haben noch ein gutes Stück...bis wir in dem.....in dem einen Dorf da sind!...Und von dort aus........reisen wir weiter...

Die Aussage passt exakt zur vorherigen Schilderung. San Moral lag nicht dort, wo der Holzsteg sich am Meer befand, denn von dieser Stelle aus waren keine Häuser zu sehen. Erst nachdem die leichte Anhöhe erreicht wurde, sah man die ersten vereinzelten Häuser. Der „Mont Royal" ist ein bekannter Höhenzug bei Montreal! Ich möchte die Schreibweise *San Moral* für diese große Siedlung beibehalten, denn genau so bezeichnete Frau B. diese Siedlung in allen Sitzungen! Zweifelsohne dürfte es sich um die Anfänge der heutigen Stadt Montreal gehandelt haben. Im Kapitel Veritas werde ich noch gezielter darauf eingehen. Da die Anlandung ca. 1524 n. Chr. geschah, müsste die Siedlung bereits mehrere Jahre vorher schon existiert haben, denn wie sich noch herausstellen wird, war sie die Größte in der Neuen Welt. Die Geschichtsschreibung nennt zur Gründung von Montreal ein viel späteres Datum, nämlich den 17. Mai 1642 n. Chr. Demnach hätten wir eine zeitliche Differenz von 116 Jahren! So war es für mich umso wichtiger, immer wieder nach den Jahreszahlen in den Sitzungen zu fragen. Aber so sehr ich auch bemüht war, darin Fehler zu entdecken, Frau B´s Aussagen blieben durchweg die Gleichen! Wer behält nun recht? Unsere Geschichtsschreibung oder der Augenzeugenbericht von Bodan?

F: was wird denn gesagt?

A: ..es wird nur über die Reise gefragt!.....Es wird vom Land nicht viel erzählt...als wüsste jeder, worum es geht!

F: seid ihr nun die Einzigen, die nach Cantuck wollen?

A: nein!

F: also gehen auch noch andere mit euch?

A: ja!

F: und was meint Dein Vater?

A: der unterhält sich mit jemandem!...Sie halten eine Karte in der Hand...auf die sie schauen...und...

F: hast Du diese Karte mal gesehen?

A: ..das ist die, die er schon die ganze Zeit mit sich trägt!....Sind auch Notizen von ihm selbst!....Nach der Karte orientiert er sich!

Wenn wir uns erinnern mögen, es war die Rolle, die der Vater schon am Hafen bei der Beladung des Schiffes bei sich trug.

F: ist das eine gezeichnete Karte?

A: ist eine gezeichnete Karte!....Er hatte sie auf dem Schiff ausgelegt...und hatte kleine...Steine als Markierungen...auf die Karte draufgelegt....und hat dann mit anderen Männern.....eine Wegführung besprochen...

F: wo hatte er das gemacht?

A: als wir noch auf dem Schiff waren!

Das war ein außerordentlich wichtiger Hinweis für mich, denn wenn Bodan die Karte seines Vaters gesehen hatte, dann war sie im Nachhinein durch Frau B. wieder rekonstruierbar! Und genau das ging ich an. Während ich Frau B. langsam aus dem hypnotischen Zustand zählte, gab ich dem Unbewussten noch die Anweisung, diese Karte deutlich ihrer Erinnerung zuzuführen. Wie Sie gleich sehen werden, ist es uns gelungen. Allerdings muss ich noch auf etwas Wichtiges hinweisen, was mir Frau B. zur Situation und Karte gesagt hatte. Stellen Sie sich hierzu bitte Folgendes vor: Sie schauen auf eine am Boden liegende Karte und betrachten dabei die obere linke Ecke und schweifen dann mit Blick nach unten ab. Von dort kurz nach oben und dann zur Mitte hin. Den Rest der Karte nehmen Sie zwar wahr, aber eben nicht so fokussiert, eher unscharf, da ihr Blick nun mal nicht die ganze Karte erfassen kann. So richtig deutlich wird jedoch nur das in ihrer Erinnerung bleiben, was dem größeren Interesse unterlag. So besteht die erinnerte Karte von Frau B., leider nur aus den Anteilen, die Bodan als interessant erachtete. Zudem dürfen wir nicht den Geist eines Kindes mit einem Erwachsenen vergleichen, denn er sah sie natürlich nicht so, wie sein Vater es tat. Demnach können wir nicht von einer vollständigen Karte sprechen, aber immerhin von einer, wie er sie während seiner Reise wahrgenommen hatte. Die römischen Ziffern am oberen Rand der Karte entsprechen nicht den Originalen. Frau B. hatte sie wahlweise eingezeichnet, um anzudeuten, dass sich dort Zahlen befanden, aber von Bodan nicht wirklich fokussiert wurden. Somit war ihre exakte Wiedergabe nicht mehr möglich!

(Zeichnung Frau B.) Die Karte von Bodans Vater. An den vier Ecken lagen die Steine und das ist ein guter Hinweis dafür, dass sie vorher gerollt war!

Nach etwas Fußmarsch kamen Bodan und seine Eltern mit den anderen Aussiedlern in San Moral an. Von dort ging es dann in mehreren Tagen zur Siedlung Cantuck.

F: seit ihr nun in San Moral?

A: ja!

F: was macht ihr nun?

A: .....ich sitze...auf einem Holzklotz...mit einem Holzbrett!....Meine Mutter ist bei mir...wir warten bis mein Vater kommt!...Die Leute sind alle nett hier!

F: sprechen sie dort die gleiche Sprache wie Du?

A: ..nicht alle!...Viele reden anders!

Die Nachbesprechung mit Frau B. ergab, dass Englisch und Französisch in San Moral gesprochen wurde. Noch heute spricht man beide Sprachen in Montreal, jedoch ist die Hauptsprache Französisch.

F: wie bist du denn gekleidet?

A: ..ich habe sogar Schuhe! (kindlich stolz)

F: Schuhe?

A: ja! Leder!

F: Lederschuhe?

A: jaa!! (stolz)...Die sind vorne ein bisschen auf...da waren sie nicht richtig fest...da hab ich sie (unverständlich)...da war das nicht richtig durchzogen..mit diesem Lederband!...Tun aber ein bisschen weh!

F: tun weh?

A: ..ähm...da wo der Knöchel unten am Fuß ist...wenn ich dann gehe, dann kommt der immer auf dieses...auf dieses harte Stück an der Seite drauf...und ich rutsch immer ein bisschen raus!

F: trägst Du eine Hose?

A: eine Hose..ja..ich hab eine Hose an!

F: was trägst Du oben?

A: das ist weich!.Weiches Hemd!

F: ist es im Moment warm oder kalt?

A: ..wo das Wasser ist, geht sehr viel kühle Luft...aber hier ist es warm!

F: was meint denn Deine Mutter über das alles?

A: ..die ist ganz nervös!

F: weshalb?

A: ..das sehe ich immer.....wenn sie so die Hände knetet, dann ist sie nervös!...Das macht sie immer so!

F: und warum ist sie so nervös?

A: wir müssen ja weiter!

F: was macht jetzt Dein Vater?

A: der ist mit jemandem die Straße hinunter....wir warten hier!

F: gut, wir gehen nun zu dem Zeitpunkt, als er wieder bei euch ist. Was passiert?

A: ....er hat......so einen Karren....und so ein....Tier...vorne dran...mit so großen Ohren...ich kenne das nicht! (runzelt die Stirn)

Es handelte sich um ein Maultier! Bodan waren aus seiner Heimat nur Pferde bekannt, die man vor einen Karren spannte. Maultiere hingegen wurden mehr in unwegsamen Regionen eingesetzt, eben in solch einer, in der er sich nun befand. Sein Vater war sehr unzufrieden, da man sie an der falschen Stelle abgesetzt hatte. Das hatte zur Folge, dass sie noch Tage durch die Wälder marschieren mussten. Mit einem Ortskundigen ging es dann zu der Siedlung Cantuck.

F: ist es das erste Mal, dass Du solch ein Tier siehst?

A: ich hab so ein Tier noch nie gesehen!......Es hat so einen langen Schwanz...große Ohren...und....an ihm...ist dieser Karren gebunden! Da werden jetzt die Kisten drauf gehoben...

F: was habt Ihr denn in solch einer Kiste?

A: ....da ist Kleidung drin!.....Zwei Bücher von der M´am...sind in der anderen Kiste.......und Wolle...von Schafen!

F: was passiert weiter?

A: ...ich sitze drauf....und meine Eltern und dieser Mann....die gehen vorne..neben diesem...Tier! (hebt die Augenbrauen)

F: und wo geht Ihr nun genau hin?

A: ..aus diesem Dorf hinaus!....Dann einen Hügel hoch.....und dann kommt...so Wald...an einem Bach vorbei (beginnt plötzlich zu lächeln)...

F: was ist?

A: das Wasser kann man trinken! (ganz freudig, zieht die Augenbrauen nach oben)

Die Euphorie war durchaus nachvollziehbar, wenn man bedenkt, dass er monatelang nur fahles Wasser auf dem Schiff zu sich nehmen konnte.

A: ich hab Durst! (beginnt zu schlucken)......Ist das sooo kalt!!! (hebt die Augenbrauen, wirkt erschrocken)

F: wer sagt denn, dass Du das trinken kannst?

A: dieser Mann!

F: weiter! Was passiert noch?

A: ..der Mann erzählt...meinen Eltern...und zeigt so umher...an dem Fluss vorbei....und dann fahren wir weiter!....Es wird dunkel.....müssen da übernachten!

F: wo denn?

A: ...an einer anderen Stelle von diesem Fluss....da wird ein Feuer gemacht!

F: was sagen denn Deine Eltern? Unterhalten sie sich mit diesem Mann?

A: ..er erzählt...von Wölfen......von Rudeln...von den Tieren hier....von den Vögeln...es ist....das ist toll! (freudig, lächelt)

F: gefällt Dir das?

A: ohhh ja!! (kindlich, ganz begeistert)

F: und wie schlaft ihr nun dort?

A: ...ich lieg auf dem Karren...mit meiner Mutter...bisschen geschützt!...Mein Vater sitzt an dem Feuer!

So schlief Bodan völlig entkräftet und übermüdet in der neuen Heimat ein. Es waren drei Tage, die sie unterwegs waren, bis sie die Siedlung Cantuck erreichten.

A: ....ein Vogelgeschrei!!...Dadurch bin ich aufgewacht....über uns kreisend!...Er schreit ganz komisch!

F: was ist das für ein Vogel?

A: ganz groß, schwarzer Vogel!

F: wie geht's nun weiter?

A: ......wieder durch die Wälder.......dann kommen wir wieder am Meer raus....wir gehen runter!

F: zum Meer?

A: ja, der Mann wartet oben!...Ich will unbedingt runter!

F: und was willst Du dort sehen?

A: ich will runter.....an das Wasser!....Überall...war....das Wasser nicht so greifbar....waren dann immer so viele Steine...und hier kann ich das so anfassen!.......Das ist viel ruhiger!

F: möchtest Du in das Wasser gehen?

A: ich will mit den Füßen ins Wasser!..Das Meer wo wir hergekommen sind, da waren immer so starke..Wellen...und hier ist alles ruhiger und das läuft hier so auf den Sand zu...

Ich vermute, dass Sie sich zu diesem Zeitpunkt noch in der Nähe des Sankt Lorenz Stromes befunden hatten. Das Wasser dürfte bedeutend ruhiger gewesen sein als an der atlantischen Küste. Zu diesem Zeitpunkt waren sie bereits zwei Tage unterwegs.

F: stehst Du jetzt gern mit Deinen Füßen im Wasser?

A: ja! Und das tut an den Füßen gut...weil mein Knöchel wehtut!

Wir erinnern uns, er hatte bereits bei der Ankunft Schmerzen am Knöchel, die sein Lederschuh verursachte.

F: scheint die Sonne?

A: ja!

F: ist es wärmer als in dem alten Land?

A: ...es ist anders!

F: wie?

A: ...es ist alles so..freier! Dort wo wir vorher waren, da waren....die Tiere alle...mehr eingesperrt....und da gab es solche Tiere nicht!...Solche hab ich da noch nicht gesehen....die so frei herumliefen!

Ich möchte hier abkürzen, da sich nichts Besonderes auf der Reise ergeben hatte. So kommen wir zu dem Moment, als sie die Siedlung nach drei Tagen erreichten. Die Aussagen von Frau B. zeigen eine noch im Aufbau befindliche, aber bereits **bestehende englische Siedlung!**

F: was siehst Du?

A: ich sehe ein paar Häuser....wir gehen weiter durch... ..*little*...*Cantuck!....Cantuck!*

Wie ein roter Faden zog sich dieser Name durch alle Sitzungen und er war glasklar zu verstehen - *Cantuck* - und nicht Kentucky!

F: was passiert weiter? Beschreib mal alles ganz genau!

A: ..da ist eine Frau, die redet....ganz schnell...über Cantuck!...Sie trägt einen Stock in der Hand...mit dem sie dann in verschiedene Richtungen zeigt!

F: erklärt sie euch den Ort?

A: ..sie erklärt uns....was noch gebaut wird!

F: gib mal wieder, was sie genau sagt!

A: ...sie sagt: *„Herzlich willkommen...in unserem kleinen Cantuck!"*.......Aber ich finde es nicht so klein! (lächelt)

F: ja weiter!

A: ...ich sehe meinen Vater....er reicht ihr etwas und....ich sehe, wie er mit ihr redet!....Sie zeigt ihm die Richtung...wo wir hingehen müssen...in unser neues Zuhause...wo wir nun wohnen werden!.....Wir laufen nun diesen Berg hoch....kommen dem Meer wieder etwas näher!

F: dem Meer?

A: ja!...Ich höre..das Meer...wieder!...Das geht da so hoch...dieses Cantuck...zieht sich so....in die Länge!..Es ist sehr lang!..Da muss man noch ein wenig laufen!...Überall sind sie...an den Häusern am Arbeiten!.....Aus dem...Wald...bringen sie das Holz (lächelt plötzlich)...

F: weshalb lächelst Du?

A: das Holz wird gezogen!!! (ganz überrascht, wirkt sehr neugierig)....Über Baumstämme...kleine Baumstämme!!...Sie haben solche..Haken.....die schlagen sie in den Baum....in den Stamm...und dann ziehen sie an diesen Haken!..Wenn der Baum sich dreht......werden die Haken gelöst...und dann hauen sie die wieder hinein!....Sind....sehr starke Männer!! (ganz euphorisch, lächelt)

F: gefällt Dir das?

A: jaa! Das sind starke Männer! (lächelt)

F: ist Dein Vater bei Dir?

A: ...die sind weitergegangen......die stehen...da oben an einem Haus!....Meine Mutter ruft...dass ich kommen soll!...Ich winke....denn ich möchte noch zuschauen!....Da ist so ein Platz...wo man diese Stämme...bearbeitet!

F: was kannst Du denn noch von Deiner Position aus sehen?

A: ...ich sehe...diesen Weg, den man dort gemacht hat....für das Holz...aus dem Wald herüber zu holen!....Die...Kleinen...werden auf solchen Wagen gezogen und die...Großen werden gerollt!...Dann sehe ich...wie manche an diesen Stämmen..arbeiten...wie sie die Rinde lösen!

F: kannst Du das Meer von dort sehen?

A: ....ich höre es!

Die Frau mit dem Stock schien eine Art Einweiserin gewesen zu sein und lässt vermuten, dass man auf neue ankommende Siedler eingestellt war. Diese Niederlassung befand sich im Wachstum und keineswegs in einer Gründung. Alles schien durchorganisiert, denn selbst an vorübergehende Schlafmöglichkeiten für die neuen Einwanderer hatte man gedacht. Wir werden gleich darüber erfahren. Bodans Onkel, der schon eine Weile dort lebte, war nämlich dafür zuständig. Anhand der Informationen dürfen wir wohl annehmen, dass die Gründung von Cantuck, bereits ein paar Jahre vor 1524 n.Chr. stattgefunden hatte. Hierzu folgt später noch ein besonderer Hinweis von Bodan, der sogar eine Gründungszeit um 1508 n. Chr. vermuten lässt!

F: trefft ihr dort jemanden?

A: ..da sind jetzt...ein paar Männer....die uns auch begrüßen!

F: gib das mal wortwörtlich wieder, was man sagt!

A: ..."*Willkommen...im neuen Zuhause*".....da liegen Baumstämme... dahinter ist ein Haus, das schon fertig dort steht!..Da müssen wir hin ....uns...eintragen!

F: ihr müsst euch dort eintragen?

A: ja!

F: erzähl weiter!

A: ...ich gehe da nicht mit hinein!...Mein Vater...hat ein paar Schriften...die er mitnimmt!..Meine Mutter...und noch andere...stehen noch davor, für dort hinein!....Ich sitze auf den Holzstämmen und warte!....Es dauert ein wenig...bis sie fertig sind!........Sie kommen wieder raus....und werden von jemandem begleitet!...Ich laufe dann hinterher!...Ich sehe...wie er den Arm bewegt...und die Landschaft zeigt...und...er zeigt....auf ein paar Stellen......wo Häuser hinkommen sollen...wo man schon damit begonnen hat!...An eine Stelle....da kommt unseres hin! (stolz, lächelt)....Diese Holzstämme...die sind soo riesig!! (ganz begeistert).....Die...werden hier......bearbeitet..für die Häuser...sind viele Männer die hier arbeiten!

F: bauen sie die Häuser?

A: ..die bauen hier noch Häuser! (strahlt über das ganze Gesicht)

F: gut, wie geht es nun weiter?

A: ...das dauert noch, bis unseres fertig ist!...Manche die schlafen noch...in einem Zelt!

F: müsst ihr auch noch in einem Zelt schlafen?

A: es ist noch nicht ganz fertig...das Haus!

F: bauen diese Männer das Haus für Deinen Vater?

A: die bauen hier die Häuser....sind ganz viele Leute hier....sind alle von hier!

F: bekommt Dein Vater das Haus geschenkt?

A: ...er muss dafür weiter zahlen...

Diese Aussage fand ich besonders interessant. Es scheint, als hätte man sich bereits siedlungsintern organisiert, Hütten für weitere ankommende

Siedler zu erstellen und diese praktisch zu verkaufen. Natürlich besaßen die Ankömmlinge keine materiellen Werte mehr, so kann ich mir vorstellen, dass man durch Dienstleistungen jeglicher Art die Rückzahlung ermöglichte. Ich hatte versucht, mehr darüber zu erfahren, jedoch hatte sich der kleine Bodan absolut nicht dafür interessiert.

F: wie meinst Du das? Zahlt er das Haus ab?
A: ...ich weiß es nicht genau...aber...da fehlt noch ein wenig....aber die sind hier alle miteinander am Arbeiten!
F: schlaft ihr nun in diesem Zelt?
A: ...ja....sind ein paar Zelte....eine Kochstelle.......alle helfen miteinander......ist schön hier (lächelt, erfreut)...
F: was ist denn nun mit diesem Onkel Thomas? Lebt er in dieser Siedlung?
A: ..der ist auch da...ja!...Der ist ja schon eine Zeit lang hier....er hatte uns begrüßt...meine Mutter ganz lange gedrückt...und hat ihr dann einige Sachen gezeigt!...Er hilft hier...dass die Leute...einen Platz zum schlafen haben...und...was noch zum Leben hergerichtet werden muss!

Es war mir nicht entgangen, dass praktisch keine emotionale Regung gegenüber seinem Onkel Thomas vorhanden war. Und genau das zeigte wieder einmal, wie logisch die Schilderungen waren. Sein Onkel lebte bereits ein paar Jahre in dieser Siedlung und würden wir nur drei Jahre zurückrechnen, dürfte Bodan ihn im Alter von drei Jahren das letzte Mal gesehen haben. So verwundert die eher kühle Begegnung keineswegs, denn es gab wohl keine Erinnerung an ihn. Aber drehen wir nun das Rad der Zeit etwas nach vorne, um Bodan im Alter von 12 Jahren weiter zu befragen.

A: wir wohnen jetzt hier in dem Haus!
F: steht das in Cantuck?

A: das ist Cantuck, aber nicht...dort wo die vielen...größeren Häuser sind!..Wir haben ein kleines Haus!...Das liegt etwas außerhalb!..Wir haben nur einen schmalen Weg...und unten ist der viel breiter! Die Häuser sind größer...und da sind auch viel mehr Menschen!

F: gefällt es Dir dort?

A: ja...hier riecht es gut!

F: nach was?

A: nach Bäumen...nach dem Meer!

F: hat Dir Dein Vater mal etwas über das Land erzählt?

A: ...er erzählte mir...von einer Kolonne....die hier durchgereist war...und einem großen Mann!...Man hatte....von den Einwohnern, die hier leben....viel lernen können!...Sie hatten vieles gezeigt!....Es sind fremde Menschen...und fremde Tiere....aber es lässt sich hier besser leben!..So hatte das hier angefangen!....Das hatte mein Vater mir erzählt!

Dies waren die ersten Worte, die ich darüber erhielt. Der erwachsene Bodan wird uns später weit bessere Informationen liefern. Insbesondere darüber, warum der Name „Cantuck" entstand.

F: hatte er das in England erzählt?

A: nein!..Das hatte er hier erzählt!...Durch alles was ich hier sah...hatte ich auch viele Fragen!

F: wie alt bist Du nun?

A: ..ich bin ein junger Mann!

F: und kennst Du Dein Alter?

A: ...zwölf......nein...oder dreizehn?..Ich weiß es nicht!

Die Zeit schritt voran und die Familie Caswell hatte sich nach ein paar Jahren recht schnell in der Siedlung eingelebt. Bodan wurde älter und seine Schilderungen erwachsener. In einem noch kommenden Kapitel werden Sie erstaunliche Informationen zu lesen bekommen, die mir in den Sitzungen mehr als einmal eine Gänsehaut verpassten. Es handelt sich dabei um vielseitige *wortwörtliche Reden*, die im Bürgerhaus von

Cantuck stattgefunden hatten. Jetzt aber zu einem ganz speziellen Siedlungsfest ...

A: (lächelt)

F: ja was ist?

A: wir laufen...runter....wo die großen Häuser sind!...Es wird ein Fest gefeiert!

F: was für ein Fest ist das?

A: ..es ist das Cantuck-Fest!..Es wird immer an einem Tag gefeiert....an dem das Leben hier begann!

F: an diesem Ort?

A: ja natürlich!

F: erzähl mal alles, was Du hörst und siehst!

A: ...huuh...jemand sagt etwas...von „Cantuck..hu..rry"...

F: wie noch mal!

A: irgendwas mit „Cantuck hurry"...die reden immer so schnell!..."Living....in..this..World"...."Born..fat"....das sagt nun eine Frau..auf so einem...Holzding...wo man so draufsteht...wenn man etwas älter ist!...Dahinter ist das große Haus!......Alle Jubeln! (lächelt)

Für eine im Wachstum befindliche Siedlung waren die Worte durchaus passend! Übersetzt erhalten wir Folgendes: „Beeile Dich Cantuck, zum leben in dieser Welt!"..."Fett geboren!" Es war sicherlich nicht alles, was in diesem Moment gesagt wurde, aber wenn zu viele verschiedene Informationen plötzlich auf einen herniederprasseln, wird es schwierig diese zu wiederholen. Dennoch ergeben die Wörter ein ausreichend schlüssiges Bild.

A: (runzelt plötzlich die Stirn, Augen rollen unter den Lidern)

F: was ist, erzähle alles!

A: es sind diese „Anderen"!...Diese....wie sagt man...diese....the...un..ders....ont...others..."others"!

F: wer ist damit gemeint?

A: ..das sind diese Menschen...die auch...in unserem Land leben!...Die sind auch am Rande dabei und schauen zu!...Aber sie kommen nicht..näher!.....Aber es stört sich keiner daran, weil sie da sind!

Eine wirklich interessante Bezeichnung für die Ureinwohner, „*The Others*" (die anderen). Erst viel später sollten mir hierzu einige Dinge bewusst werden. Anfänglich blieb man noch auf Distanz mit ihnen, erst viel später näherte man sich etwas auf beiden Seiten an. So spricht Bodan schon nach kurzer Zeit vom „Bärenvolk" und nicht mehr von den „Anderen". Die Entwicklung in dieser Hinsicht wird sich noch deutlich im Laufe dieses Buches zeigen. Aber genau dieser Umstand ließ auch erkennen, dass es sich um eine Erstbesiedlung gehandelt haben musste, denn gemäß der Angaben von Jacques Cartier (1534 – 1542 n. Chr.), dem angeblichen Entdecker Kanadas, waren die Ureinwohner bereits auf Tausch und Handel mit „*Fremden*" eingestellt! Auch hierzu später mehr im Kapitel Veritas.

F: wie sehen sie denn aus?

A: ..sie haben sehr komische Augen!

F: wie denn?

A: ..sind groß!...Die Haut..ist ganz anders!

F: wie?

A: so dunkel...irgendwie...anders!..Sie tragen sehr schönen Schmuck und ganz kleine Federn in den Haaren!

F: was siehst Du noch auf dem Fest?

A: ...es wird getanzt!...Diese...Baumfäller...tragen Stöcke in der Hand!

F: was tun sie damit?

A: sie tanzen damit!...Sie schlagen sie aufeinander!! (lächelt, amüsiert)...Dann singen sie und tanzen dazu (lacht, wirkt sehr erfreut)..starke Männer!!...Sie schlagen....ihre eigenen Stöcke....und dann...gegen die eines anderen....ganz schnell!...Ein...durchgetrennter Baum....liegt vor ihnen!...Der ist nicht groß, aber der wird...mit dem Fuß hin und her...gestoßen!...Dann wird drüber gesprungen....dann wird mit dem Holzstück drauf geklopft.....haaaa (lächelt)...

F: was siehst Du noch?

A: ...Tische gibt es...wo das Essen drauf steht!.....Der hat etwas mitge-
bracht (unverständlich) und Wasser.....ein großes Fass mit Was-
ser!...Andere Fässer stehen dort auch.....haaaa (lacht plötzlich)...
F: was ist denn jetzt?
A: ..einer hat den Kopf in das Fass gesteckt (lächelt)...und der andere
hat ihn weggezogen und ihm hinten rein getreten! (lacht)
F: kannst Du hören, worüber sich die Leute so unterhalten?
A: ...der eine hatte ein Gespräch...von den Schiffen...die Anlegen...und
noch Sachen bringen sollen!
F: legen diese Schiffe in Cantuck an?
A: ....von hier oben...wo wir wohnen...da geht so ein Weg hinunter an
das Meer....und dort kann man anlegen!...Wir waren damals viel weiter
weg von hier von Bord gegangen..und..dort konnte man nicht anlegen!...Dort waren Felsen...im Meer drin...da musste man mit dem Boot
anlegen!....Hier wo wir sind....da legen sie an!...Aber man braucht ein
wenig, bis man dort unten ist!

(Zeichnung Frau B.) Die Anlegestelle der Siedlung Cantuck.

Egal wie oft ich mir die Lage der Siedlung beschreiben ließ, ich erhielt immer wieder die gleichen exakten Angaben wie zuvor. Kein Fehler, keine geographische Abweichung zeigte sich in den unzähligen Aussagen über Cantuck. Ich verglich die kindlichen gegenüber den erwachsenen Aussagen, so entstand ein immer deutlicheres Bild seiner Umgebung. Dieses Cantuck unterlag einem klar nachvollziehbaren Wandel. Immer mehr Zuwanderer strömten in dieses „Neue Land" und breiteten sich aus. Beachten Sie hierzu die obige Zeichnung von Frau B., auf dieser *nur ein Lagerhaus* mit Steg zu erkennen ist. Ein späteres Bild, welches in weit fortgeschrittener Sitzung entstanden war, zeigt ein deutliches Wachstum der Siedlung an gleicher Position. Ich werde Sie an der entsprechenden Stelle kurz daran erinnern.

F: was tust Du denn so den ganzen Tag?
A: am Wald vorbei...da liegt ein See!..Ein schöner See!
F: ist er weit entfernt von Cantuck?
A: von Cantuck *unten* ja!...Ich gehe morgens los!...In der ersten Zeit war mein Vater mit...da gibt es sehr gute Fische....und das mache ich jetzt!
F: Du fischst?
A: ja! (stolz)
F: und wie werden die Fische gefangen?
A: ..mit so einem...ich weiß den Namen nicht mehr genau...mit so einem Seil...wo man ködert!..Man ködert sie!....Kleine Käfer darf man nicht nehmen...die mögen die Fische nicht...sagte mein Vater!...Die sind hart....und da gehen die Fische nicht dran!
F: hat Dir Dein Vater mal etwas Besonderes über das Land und die Leute erzählt?
A: ..er sagte, dass...wir...Weltenmenschen seien!...Wir kämen aus verschiedenen Ländern..hierher! Von jedem.....kommen welche in das Land! Die meisten kommen...aus Britain...die hier sind! Haaaa (lächelt)...
F: was ist denn jetzt?
A: die Fische sind gut! (lächelt)...Manche sind sogar schlau!...Mein Vater sagt, wenn man morgens ganz früh...zu dem See kommt...da gibt es einen Vogel...der über dem Wasser kreist!...Wenn man dann an dem See

ist....soll man das im Auge behalten...denn an dem Punkt...wären die Fische sehr tief!...Sie kämen dort nicht hoch!...Die Fische würden diesen Vogel...in der Luft spüren!.....Also würden wir dann...eine andere Stelle an dem See nehmen!...Ich mag diesen See...er ist groß...dahinter kommen ein paar Berge!...Sie sind nicht so hoch, aber sie sind da!...Und dann gibt es sehr große Vögel...die tagsüber immer herkommen!

F: gibt es einen Namen für diesen See?

A: .....wir gehen zum Lake...b..oro, sagt mein Vater abends zu mir...

F: wie noch mal bitte!

A: ...Lake..bo..ro...

Meine Recherche ergab keinen Hinweis auf einen See mit solch einer Bezeichnung. Als ich jedoch das Wort näher betrachtete, kam es mir plötzlich in den Sinn. Es handelte sich nicht um eine Bezeichnung für den See, sondern vielmehr um die einer Stelle. Sein Vater sagte lediglich abends zu ihm: Wir gehen zum *„Lakeborow"*, was übersetzt „Seeufer" bedeutet.

F: müsst ihr sehr lange gehen bis zu diesem See?

A: .....ich...kann es nur..so..sagen.....wenn morgens....die Nacht geht und der Tag kommt...dann ist es noch grau draußen....und dann gehen wir los!...Und immer dann....wenn wir an dem See ankommen...sehe ich...unter den Bäumen...wie sich die Sonne so ein wenig schon zeigt!

Besser könnte man wohl einen zeitlichen Vorgang nicht beschreiben.

F: leben an diesem See Menschen?

A: ..nein! Ich würde dort gerne wohnen! (lächelt)

Genau dieser Wunsch sollte sich dann später auch für ihn erfüllen. Wie ich es bereits in dem vorherigen Kapitel erwähnte, hier nun die Aussage mit der Jahreszahl, die an der elterlichen Hütte eingeschnitzt war.

F: hatten Deine Eltern einmal erwähnt, in welchem Jahr ihr nach Cantuck gekommen seid?

A: .....fünfzehn...hundert...sechsundzwanzig!..

F: fünfzehnhundert...?

A: sechsundzwanzig!

F: 1526!

A: ...das steht am Haus!

F: wo?

A: bei uns!

F: an eurem Haus? Kannst Du denn solch eine Zahl überhaupt lesen?

A: ich kann sie sagen!.....Und es gibt sogar mehr zu sagen!

F: ja dann erzähl mal alles!

A: ..wie sagt mein Vater....es ist im dritten...Sinnbild......ähm...es ist im Ende des dritten Sinnbildes...

F: wie? Gib mal genau wieder, was Dein Vater zu Dir sagte!

A: es ist am Ende des dritten Sinnbildes fünfzehn hundert...sechsundzwanzig!..Das ist....wenn der Winter vorbei ist!....Damit meint er...das dritte Sinnbild!

F: wenn der Winter vorbei ist?

A: ja!....Der große...Vogel...am Sternenhimmel....er sagt....es ist der große Vogel am Sternenhimmel...in diesem Jahr! (flüstert plötzlich vor sich hin) Wo hat der das her? (Augen rollen unter den Lidern)

F: was denn?

A: ...der große Vogel?...Ich sehe ihn nicht am Himmel! (nachdenklich)

F: sagte er sonst noch etwas?

A: ..das wäre die Zahl!...Dann noch der große Vogel (unverständlich) am Sternenhimmel!..Aber da gibt es keinen großen Vogel!? (nachdenklich)

Sie werden es nicht glauben, aber die Schilderung, die Sie eben gelesen haben, hat es richtig in sich! Die Aussage über einen großen Vogel am Sternenhimmel ließ mich nach der Sitzung zweifeln, hatte ich doch noch nie zuvor von so etwas gehört. Bodan sprach von einem >Sinnbild<, womit er natürlich das Sternbild meinte. Also fing ich an, akribisch nach einem „Vogel" in unseren Sternenbildern zu suchen. Ungläubig starrte ich auf eine Seite von Wikipedia, die mir deutlich machte, dass es solch ein Sternbild tatsächlich gibt. Die Bezeichnung dafür lautet „Paradiesvogel"! So finden sich auf weiteren verschiedenen Internetseiten äußerst interessante Erklärungen darüber, welche besagen, dass durch zwei niederländische Seefahrer das Sternbild des Paradiesvogels beobachtet und später, Ende des 16. Jahrhunderts, durch den niederländischen Astronomen und Kartografen Petrus Plancius, eingeführt wurde. Es gibt jedoch keinen Hinweis darüber, ob die beiden Seefahrer diesen Vogel erfanden oder ob man ihn von den Bewohnern der Südsee bereits existierend übernahm. All diese Informationen sprechen jedoch für die Angaben von Frau B., die ich in der Sitzung erhielt. Auf der Internetseite >>www. Astronomie.de<<, fand ich den Hinweis, dass dieses Sternbild im *dritten Quadranten* der südlichen Halbkugel liegt und von Europa aus nicht zu sehen ist! Also ein Zufall kann das wohl nicht sein. Inwiefern tatsächlich ein Zusammenhang mit der Jahreszahl 1526 und diesem Sternbild besteht, wird wohl nur ein Astronom sicher beantworten können. Kommen wir nun zu einem ersten Hinweis, wie schnell die Siedlung Cantuck über die Jahre wuchs. Wir werden noch einiges darüber erfahren, wie sich das in seinen Anfängen schöne und ruhige Land immer gewaltvoller entwickelte.

F: bist Du bewaffnet?

A: ich habe ein Messer von meinem Vater!...Das hat er mir unten aus Cantuck mitgebracht!....Das wird da unten immer größer...und bei uns da oben immer ruhiger!

F: wo lebt ihr denn nun?

A: es ist noch Cantuck...aber.....bei uns ist es etwas ruhiger!

F: was passiert denn dort unten?

A: es hat sich so verändert!...Mehr Häuser werden gebaut..kommen immer mehr Menschen und alle wollen dort unten bleiben!

F: was sagt Dein Vater dazu?

A: mein Vater genießt das jetzt so, wie es ist!

F: und Deine Mutter?

A: die auch!

F: bist Du das einzige Kind von ihnen? Hast Du noch Geschwister?

A: ..sie reden davon....das meine Mutter noch.....Babys bekommen soll oder so...

F: weißt Du zu diesem Zeitpunkt, wie alt Du bist?

A: ...ahmm...ich vergesse das immer...

F: hast Du mal gehört, wie man diesen Fluss nennt, der in der Nähe ist?

A: ....mein Vater sagte mal..Tissis lo....river...

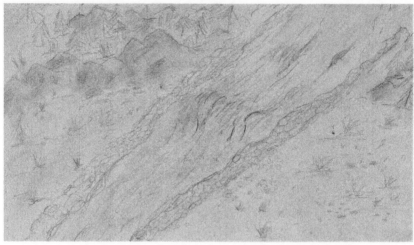

(Zeichnung Frau B.) Der Fluss in der Nähe von Cantuck.

Ich nahm die Aussage des Vaters, korrigierte etwas die Aussprache und erhielt eine klare Botschaft: *„Mein Vater sagte mal: „This is a low river"! Das ist ein niedriger Fluss"!* Was ich oft feststellte, war, dass es weder für den See noch für den vorhandenen Flusslauf einen wirklich konkreten Namen gab. Es waren einfach noch im Wandel befindliche Bezeichnungen wie „grüner Hügel" oder „Schwarzer Wald". Das allerdings lässt aber auch auf eine recht frühe Besiedelung schließen, da es eben noch keine *festen* Bezeichnungen gab! Noch ein paar Worte zu Bodans Eltern, denn ich möchte seine familiäre Situation schon aus Platzgründen nicht näher darstellen. Im Grunde ist es auch eigentlich alles mit einem

Satz gesagt. Seine Mutter brachte noch zwei Kinder zur Welt und beide hatten es nie bereut, England verlassen zu haben.

F: weißt Du wie viele Jahre Du schon in diesem neuen Land bist?
A: ...fünf oder sechs...(nachdenklich)...
F: gibt es einen Namen für das ganze Land?
A: ..das weiß ich nicht!...Es kommen immer mehr! Kommen mehr Schiffe....und immer mehr Menschen hierher!
F: kommen sie alle von dort, wo Du einmal hergekommen bist?
A: nein!
F: und von wo kommen sie?
A: ...die anderen...die verstehe ich nicht!...Die Sprache die verstehe ich nicht!
F: hat Dein Vater vielleicht mal gesagt, aus welchen Ländern sie kommen?
A: ...ich weiß nicht, ich höre da nicht so hin...

Frau B. meinte in der Nachbesprechung, dass es die französische Sprache gewesen sei, die er nicht verstand.

F: hast Du schon Freunde?
A: ..Leon..Leon Brown!
F: was macht Ihr denn zusammen?
A: ..manchmal gehen wir runter...wo das Meer ist...und dann schauen wir zu, wenn die...Schiffe kommen!
F: und was sieht man dort unten?
A: ich sehe das Meer und die Felsen!...Wenn man dort herum geht, da ist wie ein...wie ein...Tunnel im Felsen drin...am Meer...man muss aber dafür an das Meer....um dort reinzukommen!
F: ist das Wasser tief?
A: ..da sind ja die Steine...die gehen ja so ein wenig in das Wasser rein...wo man drüber klettern kann!...Man muss da vorsichtig sein, dass man nicht abrutscht....die sind rutschig...Es ist dort dunkel....man kann da reinrufen, das schallt!

Die Beschreibungen klangen immer so wie jemand, der sich seiner Umgebung völlig bewusst war und praktisch jeden Grashalm kannte! Cantuck besaß einen Hafen, wenn auch nicht im klassischen Sinne. Es gab einen langen Holzsteg und eine Lagerhütte am Strand. Dahinter entstanden mit der Zeit immer mehr neue Häuser, sodass sich die Siedlung auch zum Meer hin ausbreitete. Hier nun das zweite Bild von der Stelle, welches ich bereits angekündigt hatte. Dieses Mal mit eindeutigem Wachstum zu sehen!

(Zeichnung Frau B.) Cantuck wuchs beständig an.

Die Schiffe konnten somit direkt be- und entladen werden, nicht wie in San Moral, welches durch die Untiefen schwer oder nur bedingt möglich war. Wie ich später herausfand, war dieser Sankt-Lorenz-Strom, und er ist es tatsächlich immer noch aufgrund vieler Untiefen sehr gefährlich für die Schifffahrt. Auch hierzu wird es noch einiges zu sagen geben! Aber aus welchen Gründen steuerte der Kapitän San Moral und nicht das frei zugängliche Cantuck an? Vermutlich war die Siedlung einfach noch zu unbedeutend und klein im Gegensatz zu San Moral (Montreal). Die

Schilderungen von Frau B. zeigen deutlich eine Entstehungsphase und eine rein englische Siedlung. Aber warum gibt es keine Aufzeichnungen von französischer Seite über dieses San Moral? Lediglich die Gründungsversion von Montreal 1642 n. Chr. wurde historisch überliefert. Ich glaube, dass die Franzosen versuchten, diese erste Ansiedlung auf nordamerikanischem Boden genauso geheim zu halten, wie es einst die Spanier im südamerikanischen Raum taten. Somit keine Aufzeichnungen! Allerdings auch nicht für so lange, denn Bodan erwähnte schon um 1540 n. Chr. Handel mit spanischen Schiffen. Es wäre zumindest eine Erklärung, weshalb sich uns heute viel spätere Gründungsdaten zeigen. Je tiefer wir mit jeder Seite dieses Buches in Bodans Lebensgeschichte eindringen, desto glaubwürdiger wird sich das eben Genannte darstellen. Vielleicht wollte man aber auch von königlicher Seite her keine Dokumentation über Unruhen, Rebellionen und Auswanderungen haben. Aber nun weiter! Der erwachsene Bodan arbeitete später gelegentlich am Siedlungshafen, was uns glücklicherweise ganz plastische Eindrücke über einstige Schiffsangelegenheiten und sogar Piratenüberfälle beschert. Wir werden von einer Anlandung britischer Soldaten in Cantuck erfahren und noch Zeuge eines Zwischenfalles werden, der mit dem Bau eines Schiffes zusammenhing und in einer großen blutigen Intrige sein Ende fand. Und das wird natürlich nicht alles sein! Hier ein kleiner Bericht über das, was an einem Hafen auch mal schief gehen konnte ...

A: ....ich sehe das...oben vom Berg aus!....Ein Schiff will auslaufen...und ein anderes möchte gerade anlegen!...Das Schiff das anläuft, hat noch die Segel...gehisst...aber das hätte die Segel einholen müssen!....Und somit hat es die Fahrt nicht verringert...und fährt voll in das andere Schiff hinein!..Ich sehe.....wie der vordere kleine Mast bricht!....Der Kapitän...ist wütend...und auch die ganzen Seeleute!...Die meisten springen rüber auf das andere Schiff und.....jetzt......gehen sie aufeinander los!....Man hört nur Schreie.....dann schlagen sie sich!...Manche...bekämpfen sich mit einem Schwert!....Einer wirft jemand anderen...ins Wasser!
F: weiter!

A: ...da ist ein Knall (hebt die Augenbrauen erschrocken).....ein lauter Knall!......Ich weiß nicht, was das ist, was der da hat....aber es hat einen großen Knall gemacht! (wirkt leicht nervös)

Wie sich in der Nachbesprechung herausstellte, handelte es sich um eine damalige Feuerwaffe. Frau B. konnte jedoch die Waffe nicht genau beschreiben, da der Abstand viel zu groß gewesen sei, denn Bodan hatte die Situation von einer Klippe aus beobachtet. Ihm waren die Pulverwaffen zu diesem Zeitpunkt noch nicht so vertraut, was ebenso eine Bestätigung für diese frühe Zeit darstellt! Erst viel später erhalten wir von ihm eine recht gute Beschreibung über die Funktionsweise einer solchen Waffe.

F: weiter!
A: ...der eine fällt um....der fällt....vom Ruder aus hinten runter....ohhhh (hebt die Augenbrauen)..fällt runter.......alle sind erschrocken!....Einer der Kapitäne, geht auf die Besatzung los!....Jetzt halten die einen Seeleute die Hände hoch...und die anderen bedrohen sie!.....Das Schiff dreht etwas ab...und beide (Schiffe) bleiben vorne an dem Hafen stehen!....Der..eine Kapitän...geht mit dem anderen jetzt...unter das Deck!..........Er kommt wieder hoch....hat einen großen Beutel in der Hand!...Jetzt stehen sie auf diesem Holzsteg!....Der kann so nicht fahren...nicht auslaufen...der Mast ist kaputt!...Das muss erst wieder gemacht werden!....Ich glaube der hat ihn bezahlt...hat ihm was gegeben mit diesem Beutel!
F: was ist mit dem Mann, der hinter dem Ruder hinunterfiel, ist er tot?
A: ...wenn er tot ist, kommt er irgendwann wieder hoch! (emotionslos, kühl ausgesprochen)

Bereits hier zeigte sich eine gewisse Gelassenheit von Bodan gegenüber den Dingen, die um ihn herum passierten. Zu meiner Kindheit gab es eine Serie, die „Der Mann aus den Bergen" hieß. Wenn ich jemanden mit Bodan vergleichen würde, dann wäre es wohl der Hauptdarsteller dieser Serie.

F: wie alt bist Du denn in diesem Moment?

A: ..ich weiß es nicht....vierzehn vielleicht...

F: arbeitest Du schon?

A: ..ich helfe meinem Vater...er arbeitet mit Holz!

F: was magst Du ganz besonders in dem Land?

A: ..(beginnt zu lächeln)...ich mag die Natur! Sie ist anders hier! Hier muss man viel aufpassen...hier gibt's viele...viele wilde Tiere!

F: welche Unterschiede zwischen dem alten Land und dem neuen Land gibt es noch?

A: in dem alten Land...da waren die Bäume nicht so hoch!...Das Land umher war viel flacher...es gab nicht so viele Berge...und auch nicht so einen Fluss!...Solche Tiere, die gibt es dort auch nicht!....Und es hatte gestunken!...Die Luft hier ist anders!

F: und was gefällt Dir noch so in der Neuen Welt?

A: ....wenn man den Adler am Himmel sieht...wenn er kreist!...Man sieht, wenn er auf der Jagd ist!...Und wenn er dann...irgendwann mit den Flügeln nicht mehr schlägt...dann weiß ich, dass er jeden Moment...auf Tiefe geht!..Im alten Land..sind die Schafe und...wenn es dann regnet...dann ist alles so......der Boden ist viel zu weich!

F: ist das in der Neuen Welt nicht, wenn es regnet?

A: da sind viele Steine! Es ist ganz anders!

F: möchtest Du nicht mehr zurück nach England?

A: nein!! (ganz energisch)

F: vermisst Du Deine Bekannten und Freunde nicht, die Du damals zurückgelassen hattest?

A: ..nein!

Da wir uns dem Ende des Kapitels nähern, hier noch schnell die versprochene Angabe über ein mögliches Gründungsdatum von Cantuck ...

F: gibt es in Cantuck ein Gebäude mit einer Zahl?

A: ....1508!

F: wo sieht man diese Zahl?

A: neben der kleinen Glocke!

F: wo? Am Gebetshaus?

A: vor dem Eingang!...Da ist so eine kleine Glocke!

(Zeichnung Frau B.) Das Gebetshaus in Cantuck mit Überdachung und Glocke. (Mitte)

F: ist die Zahl in das Holz geschnitzt?

A: ja..ist über der Glocke!

F: 1508?

A: ja!

F: weißt Du wer das Gebäude in dieser Zeit baute?

A: es war schon da, als ich hierher kam!

F: wurde mal irgendetwas darüber gesagt?

A: ...man hatte sich um den Platz des Gebäudes gestritten!

F: weshalb?

A: ...es hätte weiter oberhalb gebaut werden sollen....und jetzt...steht es hier!

F: war es das erste Gebäude in Cantuck?

A: ..eines der Ersten....von dort ist noch eins oben dran...und von der anderen Seite vom Weg...ganz oben...da steht auch eines der Ersten!...Das ist, wo wir hinmussten, um uns einzuschreiben!..Dann wurden die anderen...alle gebaut!

F: wie alt bist Du nun?
A: ..ähm..drei...dreizehn...

Sollte die Angabe richtig sein, so hätte man schon ca. 15 Jahre nach Kolumbus Fuß auf dem nordamerikanischen Kontinent gefasst! Im Grunde genommen klingt das doch weit plausibler, als einhundert Jahre damit zu warten. Ich kann mir zumindest gut vorstellen, als die Entdeckung eines neuen Landes durch die Spanier bekannt wurde, dass auch andere Nationen in solcher Hinsicht tätig wurden. Aber kommen wir noch einmal auf die Revolution zurück, die der kleine Bodan vor Antritt seiner Reise angesprochen hatte. Ich füge jetzt einen Abschnitt ein, der das Cantuck-Fest noch etwas deutlicher herauskristallisieren lässt, denn man feierte einen Mann, der vermutlich für diese Auswanderungen verantwortlich war ...

A: ...es war eine Revolution in England!
F: erzähl alles!
A: ..es gab...bei London.....es muss irgendwie ein Gebäude...in diesem Schloss gewesen sein.....welches man gestürmt hatte!...Man raubte dort...Geld und Gold.....es waren welche aus der Revolution.....man wollte dem Land helfen....wollte den König stürzen!...Man kam nicht weit....aber man raubte einiges!.......Es ist dieser Franklin...1519!
F: was war da?
A: das war in diesem Jahr!
F: diese Revolution?
A: wo alles geschah..Sir Franklin!...Er verteilte alles, was er dort mitnahm....um den Menschen zu helfen....die kaum etwas hatten, um das Land zu verlassen!

1519 n. Chr. regierte König Heinrich der VIII. in England! Das ist insofern bedeutend, da wir im Laufe des Buches noch von Königin Elisabeth I. hören werden und das lässt eben keine andere Zeitspanne zu als die, die hier im Buch vorliegt. Leider fand ich keine Hinweise über einen Sir Franklin.

F: um das Land zu verlassen?

A: um dieser Armut zu entgehen!

F: und in welches Land sollte es gehen?

A: über das Meer hinweg...in ein neues Land!

F: woher weißt Du das?

A: ..ich sehe so ein..Plakat...

F: was kannst Du darauf sehen?

A: da steht drauf.....da ist eine Zeichnung...eine Truhe...die offen ist....dann kommen wie so Strahlen...aus dieser Truhe hinaus....so hochgezogen!..Da steht..."*Sir Franklin...1519...Strich 23...Strich..L..OW!...*

F: Sir Franklin 1519-23 LOW?..Noch was?

A: ..expans....ion...

F: ja weiter!

A: ...old..Bleeding...for...an...Brit..Brit(wirkt angestrengt)..ist schwer..es steht so zwischen den Strichen...auf der Zeichnung!

Demnach feierte man einen Sir Franklin in Verbindung mit einer Revolution und einer daraus resultierenden Expansion (Ausbreitung) in einem Zeitraum von 1519 bis 1523! Bedauerlicherweise konnte Bodan den Satz nicht ganz entziffern, so bleiben nur die Fragmente: „Altes bluten für ein Brit(isches ...)". Die Buchstaben „LOW" konnte ich in keinen Zusammenhang bringen. Vielleicht standen sie als Abkürzung für „Land on West – Land im Westen"!

F: siehst Du dieses Plakat auf diesem Fest in Cantuck?

A: ja!..Das ist auf dem Fest!...Man...trägt an dem Tag...Essen und...alle Dinge, die man zum Leben braucht...auf den Platz....wo man zusammen gedenkt...dass es auch eine Zeit gab....wo man sich diese Dinge gewünscht hätte!...Das man auch dankbar sein muss...wie es gekommen ist...durch die Hilfe dieses Mannes!...Ja...ohne ihn...wäre das alles nicht möglich gewesen!...Ich glaube, er lebt nicht mehr!

F: weißt Du, was mit ihm passiert ist?

A: er wurde hingerichtet!

F: hast Du und Deine Familie auch diesem Franklin zu verdanken, das ihr nun in dieser Neuen Welt seid?

A: ..wir waren ja nicht alleine!...Wir waren ja mehrere...die auf dieses Schiff gingen!..Wir hatten zwar besser wie andere dagestanden...aber nur zusammen...nur auch durch andere...hatte das funktioniert!....Wir alleine...hätten das...nicht zahlen können....das war zusammengelegt!

F: achso! Nur weil andere noch mitgefahren sind, konnte man sich so etwas leisten!

A: ja!...Die einen hatten mehr...und von diesem Franklin....von seinen Anhängern, kam das...was noch fehlte....so hatte sich das Ganze für alle gelohnt!

F: weißt Du, wie alt Du zu diesem Zeitpunkt bist?

A: ...dreizehn...

F: also mit diesem Fest in Cantuck, feiert ihr diesen Sir Franklin?

A: diesen Sir Franklin!...Man gedenkt ihm...eine Feier würde ich nicht sagen!...An diesem Tag...speist man zusammen!

So wie ich durch Recherchen herausfand, gab es eindeutig Protestbewegungen aufgrund der Kirchenpolitik von Heinrich dem VIII. Leider fand sich keine dokumentierte Revolution, die in den Zeitraum von Bodans Aussage gepasst hätte. Was ich jedoch fand, war ein kleiner Hinweis darauf, dass die englische Geschichtsschreibung nicht selten sehr gekonnt soziale Beweggründe von Volksunruhen verschwiegen hatte. Das würde sich hervorragend mit den Unruhen des Landes decken und den daraus resultierenden ersten Abwanderungen. Zum Abschluss dieses Kapitels möchte ich noch einen kleinen Gedanken von mir preisgeben, der damals in mir entstand, als ich den ersten Band dieser Buchreihe (Pater Samuel) fertiggestellt hatte. Darin schrieb ich über die Aussage der Dachrinnen aus Holz, die Samuel erwähnte, als er sich in Rom befand. Diese leiteten gezielt das Wasser von den Dächern der Häuser in Regentonnen ab! Es versteht sich von selbst, dass heute niemand mehr darüber berichten kann, denn Holz verfault und kein Archäologe wird hierzu noch etwas finden können. Aber wäre es nicht ein interessanter

Weg, das Phänomen der Wiedergeburt auch zu archäologischen Zwecken zu nutzen? Ein völlig neuer Ansatz, der vielleicht viel mehr Aufschluss über unsere Vergangenheit geben könnte, als nur Schriften und Funde zu interpretieren. Seit den Anfängen derer, die begannen, im Sand nach unseren Vorfahren zu buddeln, suchte man stets nach materiellen Resten, um sich ein mögliches Bild der Vergangenheit zu machen. *Nie jedoch wurde der Versuch unternommen, diese Antworten in einem Menschen zu finden!* Wir erhalten zurzeit nur von einer Person derartige Informationen, aber stellen Sie sich einmal vor, man würde ganz gezielt Forschungsarbeit in dieser Hinsicht betreiben. Ein freiwilliges Projekt mit Hunderten, vielleicht sogar Tausenden von somnambulen Menschen und man würde die gleichen Ergebnisse erzielen, wie ich mit Frau B! Wäre damit nicht bewiesen, dass eine Wiedergeburt existiert?

Lassen sie uns einfach mal den Gedanken weiterspinnen, so als wäre sie ohne den geringsten Zweifel bewiesen. Hätten wir damit nicht einen viel besseren Ansatz, unser Leben zu verstehen? Vielleicht entstünde eine völlig neue und andere Art an Religion, von der tatsächlich alle Menschen einen wirklichen Nutzen hätten? Ein weit größeres Verständnis für uns und unser Miteinander könnte in einer nie da gewesenen Art und Weise geschehen, mit Achtung und Respekt gegenüber allen Lebewesen auf diesem Planeten. Ein fanatisch religiöser Glaube hätte keine Grundlage mehr und Menschen kämen nicht mehr zu schaden. Wir bräuchten uns auf kein Paradies zu freuen, da es schlicht und ergreifend keines gäbe und niemand daraus Profit schlagen könnte! Wir besäßen das, was uns unsere Eltern bereits in diesem Gedankengut vorbereitet hätten, und täten dasselbe für unsere Nachkommen, da wir uns im Klaren wären, immer wieder selbst in dieser Welt zu erscheinen. Leider ist der Gedanke an ein wunderschönes Elysium für die meisten Menschen weitaus annehmbarer, obwohl sich noch nicht im Ansatz vorstellen könnten, wie das überhaupt aussehen sollte, geschweige denn, was man dort zu tun hätte. Schon unser gesunder Menschenverstand ließe uns wohl am Paradies zweifeln, wenn wir Tag ein Tag aus, nur auf einer Wolke sitzend, mit einer Harfe in der Hand ein Hosianna für unseren Herrn zupfen dürften.

Egal wie man es nimmt, *alle Religionen* sprechen von Errettung und Erlösung, und vielleicht wäre die Erkenntnis der Wiedergeburt genau das, welches von falschen Dogmen befreit und uns *alle gemeinsam für unser kommendes Leben sorgen ließe!*

Kapitel 6.

Siedlungsangelegenheiten

Mit diesem Kapitel gelingt ein exorbitanter Einblick in die damaligen Siedlungsereignisse, die sich in und um Cantuck zutrugen. Dank Bodans Auffassungsgabe erhalten wir die *wortwörtlichen Reden und Aussagen*, welche damals in dem Gebets- und Gemeindehaus in Cantuck stattgefunden hatten. In diesem Haus versammelte man sich nicht nur um zu beten, sondern auch, um all die Siedlungsangelegenheiten gemeinschaftlich zu erörtern. Vorab jedoch möchte ich noch auf die Entwicklung Bodans eingehen. Er war zeitlebens ein angesehenes Mitglied der Gemeinde. Bereits im ersten Jahr der Einbürgerung begann sein Vater schon mit dem Holzfällen und nahm ihn regelmäßig zu den Arbeiten mit. So trat er in die gleichen Fußstapfen, was letztendlich auch zu seiner Hauptbeschäftigung führte. Aber auch noch andere Arbeiten standen hin und wieder für ihn an. Oftmals befand er sich am Hafen, um bei den Be- und Entladungen der Schiffe zu helfen. Ebenso war er im Auftrag für andere mit seinem Pferd unterwegs. Bodans Leben war sehr abwechslungsreich und voll an Erlebnissen. Anfänglich lebte er noch mit seinen Eltern zusammen, aber im späteren Alter baute er sich mithilfe des Vaters eine eigene Hütte an dem See, an dem er schon als Kind leben wollte.

F: wie sieht Deine Hütte aus?

A: ..die ist aus Holzstämmen gebaut!

F: und wie ist das Dach gemacht?

A: ..das Dach ist...aus...Holz!...So kleine Holzstücke und mit Lehm gemischt!..Das wird so gemischt!..Und da kommen noch so lange Stücke dazu...

F: was ist das?

A: das sind solche......die wachsen...in unmittelbarer Umgebung beim Moor!..Die sind lang...und...sehr gerade!...Die werden dort auf dem Dach...verbunden!

F: was arbeitest Du?

A: ich arbeite...im Wald...ich mache Holz!

(Zeichnung Frau B.) Bodans Hütte am See.

(Zeichnung Frau B.) Der See vor seiner Hütte.

F: lebst Du alleine an diesem See?

A: ja!

F: bist Du bewaffnet, wenn Du in den Wäldern bist?

A: ..ja!

F: und wie schützt Du Dich?

A: ..ich habe einen Dolch! Ich habe auch Pfeil und Bogen!

F: wie sieht denn der Dolch aus?

A: ..er hat eine lange Eisenklinge!....Der Griff....ist zum Teil Holz...und zum Teil mit Eisen!...Da ist noch etwas Weißes mit eingearbeitet, aber ich weiß nicht, was das ist!

F: wo trägst Du ihn?

A: ...er ist gebunden, an der Seite von der Hosenbinde!...Das geht runter...bis zum Oberschenkel..und da hab ich so eine Lederscheide...da steckt der Dolch!...Ich hab ihn direkt am Körper, das ich ihn nicht verliere!

F: hast Du ihn schon mal gebraucht?

A: ..ja oben an dem Fluss, da hatte ich...Fisch gefangen...und hatte ihn....damit aufgeschnitten...und dann ausgenommen!

F: wie weit ist denn der Fluss von Cantuck entfernt?

A: ...der fließt...durch die Wälder...ist ein gutes Stück weg!.....Ja es ist schon weit entfernt...da ist noch so ein großes...grünes Feld dazwischen!...Kommen noch so ein paar Felsen und das liegt dazwischen...und...das...ist auch gut so!

F: weshalb?

A: ...wenn es regnet...dann steigt der Fluss öfter ein bisschen...dann steigt er über!

F: ist es gefährlich an diesem Fluss?

A: er hat Steine...und ist schon reißend!...Aber es gibt auch Stellen, da ist er ganz ruhig!

F: hat der Fluss einen Namen?

A: ...ich weiß nur...das man ihn...bei uns..."Can" nennt!

F: Can?

A: ja! Einfach nur Can!

Noch während ich den Namen des Flusses von Frau B. vernahm, vermutete ich eine Verbindung aufgrund des gleichen Wortklanges mit der Siedlung Cantuck und (River)-Can! Als ich nach einem Fluss mit solch einem Namen suchte, wurde ich tatsächlich fündig. Es gibt seit dem 11. Jahrhundert einen Fluss in der Region Essex nahe London, der die Bezeichnung „River Can" trägt. Da sich anfänglich in der Siedlung Cantuck nur Engländer befanden, dürfte es nicht abwegig erscheinen, dass man in der Neuen Welt vielleicht den gleichen Namen verwand. Aber wie ich es bereits erwähnte, konnten die Bezeichnungen auch sehr schnell wieder wechseln.

F: leben an diesem See auch noch andere Menschen?
A: .....ich lebe..an dem See!...Dort gibt es aber....drei...vierhundert Meter in Richtung Siedlung, auch noch eine Hütte!
F: ja?
A: von der Siedlung gibts auch...Hütten..in der Nähe am Wald!...Da gibts ein Mädchen...in einer Nachbarshütte...ja (lächelt, leicht schwärmerisch)
F: was ist mit ihr, erzähl doch mal?
A: sie ist...sehr hübsch...ich mag sie!
F: was gefällt Dir an ihr?
A: ihre Augen!....Und sie hat so ein gutmütiges Lächeln! (lächelt)
F: kennst Du ihren Namen?
A: ..Johanna!
F: woher kommt sie?
A: ..ich weiß nicht woher sie kommt...sie sind nicht von hier!

Diese Frau sollte später die Liebe seines Lebens werden und gleichwohl in einem schweren und bizarren Schicksal, ihr Ende finden.

F: was für Gefahren gibt es im Land?
A: ...Bären!.....Da gibt's paar Regionen....und es gibt...Wölfe...die angreifen!
F: was ist das Wichtigste, worauf man achten muss, wenn man dort in den Wäldern lebt?

A: ....man sollte wissen, wo Gefahren lauern!....Immer aufmerksam durch die Wälder gehen!..Es gibt aber auch Bereiche, da...braucht man sich weniger Gedanken zu machen!

F: welche Bereiche sind gefährlicher?

A: ..an manchen Stellen am Fluss....da sind öfters Bären...oder auf der anderen Seite...sind noch Wölfe...da muss man schon aufpassen!

Ich denke, der kleine Einblick in Bodans Umgebung dürfte ausreichend gewesen sein, ein besseres Verständnis dafür zu erhalten, wie er gelebt hatte. Wichtiges werde ich im Laufe des Buches noch mit einfließen lassen. So möchte ich auch nicht weiter auf seine Holzfällertätigkeiten eingehen, denn diese waren im Grunde nicht wirklich interessant, denn es fanden sich keine großen Ereignisse, außer einer leichten Verletzung, die er sich zugezogen hatte. Aber was sich als eine faszinierende Bereicherung herausstellte, waren die Momente, in denen er sich in dem Gebetshaus aufhielt. Die Aussagen, die in dem Gebäude gemacht wurden, geben ein phänomenales Zeitzeugnis damaliger Ereignisse wieder. So lassen Sie uns noch einmal das Bürgerhaus der Siedlung Cantuck betreten und den Worten lauschen, die man vor ca. 500 Jahren dort gesprochen hatte ...

F: gib mal wortwörtlich wieder, was der Reverend sagt!

A: ..."Gott ist immer bei euch!"....."Ihr braucht euch nicht zu fürchten...denn all die Dinge, die geschehen.....geschehen durch Gottes Hand!"

F: weiter!

A: ..."Auch der Tod des.....des Bal....der Tod des Balie´.....wird mit Gott sein!"...."Nur Gott weiß...was in dieser Nacht geschah!"........."Er lag in einer...Holzkiste...unten am Ufer!"....."Man sagt, dass er ganz blau war!"..."Niemand weiß, was passiert war!"

F: hatte man ihn so gefunden?

A: ja! In einer Kiste......im Wasser!......."Gott hat viele zu sich genommen!!..."Viele!"...."Gott nimmt uns viele durch diese Krankheit!"

F: eine Krankheit?

A: ja!

F: um welche Krankheit handelt es sich denn?

A: ..viele Menschen sterben!....Zuerst fangen sie an zu zittern!...Dann reden sie wirres Zeug...dann bekommen sie Fieber...und...irgendwann sterben sie!

F: wie nennt Ihr denn diese Krankheit?

A: ...eine Seuche! Ist eine Seuche!

F: weißt Du, wodurch sie entsteht?

A: ...(runzelt die Stirn)...ich glaube durch das Wasser!

F: aus dem Fluss?

A: .....ich glaube das es schmutziges Wasser ist!....Aus dem Fluss ist es nicht, das glaube ich nicht...ich glaube, das ist das Wasser in den Hütten! (wirkt nachdenklich)

F: also wenn es dort zu lange steht?

A: ich glaube, das es so ist, ja!...Ich trinke es ja auch! Aber man muss...diese Menschen............ist wie eine Seuche! Sterben viele!

F: und wie schützt Du Dich davor?

A: ..ich habe den Vorteil, dass ich etwas abgelegen von Ihnen bin!....Ich habe ja.....am See meine Hütte!.....Es sind meistens die, die zu eng aufeinander wohnen!

Mit seiner Annahme dürfte er gar nicht mal so falschgelegen haben, denn die Schilderung lässt doch sehr eine Typhusinfektion vermuten. Eine bakterielle Infektionskrankheit, die durch verunreinigtes Wasser (Salmonellen) oder Lebensmittel übertragen wird. Noch heute sterben besonders in den Entwicklungsländern viele Menschen an solch einer Infektion! Bewusstseinsstörungen sowie Fieber sind klinische Symptome, genau wie Bodan es berichtet hatte.

F: wie machst Du das, mit dem Wasser in Deiner Hütte? Trinkst Du es schneller?

A: ja, ich nehme auch nur das mit, was ich im Moment brauche!...Aber es ist für die dort unten etwas schwerer!...Viele wollen nicht so oft hin und her laufen!....Ich glaube, die trinken dann zu oft davon oder zu lange....das hatte ich nämlich auch am Hafen gesehen!

F: was genau?

A: wenn die Schiffe dann kommen und man diese Holzbehälter öffnet...dass ist auch Trinkwasser...und viele werden dann davon auch krank!

F: hat es dann einen schlechten Geruch?

A: ...das ist immer so ein gemischter Geruch von diesen Behältern!..Sieht nicht mehr so richtig aus wie Wasser!

F: alles was du über diese Krankheit gesagt hattest, wurde das in diesem Bürgerhaus verkündet?

A: ja! Das wird überwiegend alles dort...besprochen!

Welch ein Glücksfall! Im Grunde hatte ich hier mit Frau B. ein lebendiges Tagebuch einer sehr frühen nordamerikanischen Siedlung erwischt!

F: was wird gesagt!

A: am Mis..chudan...Miss..chudan......da hat man einen Körper von einem Kind gefunden!

F: ist das ein Fluss?

A: ...es ist ein Fluss!

F: gut, dann gib mal wortwörtlich wieder, was der Reverend sagt!

A: ....."Achtet darauf...die Kinder.....nicht alleine....draußen gehen zu lassen! Der Junge......den man fand, hatte Schnittwunden...im Gesicht...zerrissene Kleidung!"...."Man weiß noch nicht...zu welcher Familie er gehörte!".......Man glaubt, dass ein....Stamm....ein....er sagt, das man glaubt, das ein Stamm der...der...Tun..qox...

In vielen Sitzungen bezeichnete Bodan die Ureinwohner als „Bärenvolk" Hier jedoch fand sich das erste Mal der Name eines Stammes. Tunqox (so, wie ich ihn verstand), konnte ich nicht finden, jedoch einen sehr ähnlich Klingenden: „Tl'tinqox". Vom Wortlaut sehr passend, aber die regionale Lage dieses Stammes wird mit britisch Columbia angegeben und das wäre viel zu weit von Bodans Siedlung entfernt gewesen. Aber es gibt weiter unten einen kleinen Hinweis darüber, dass es sich vielleicht doch um denselben Stamm gehandelt haben könnte.

F: wie?
A: Tun..qo..x......Tu...qox......das sie diesem Jungen das Leben nahmen (unverständlich)...dieses....dieses   Volk   rebelliert...gegenüber uns!....Man kann mit ihnen nicht verhandeln!.......Es herrscht jetzt Unruhe unter den Beteiligten...in diesem Haus!..(meint das Gebetshaus/Bürgerhaus).....Man redet darüber!....Jeder erwähnt seine Kinder.....aber....der Junge war nicht von hier!
F: was Du eben gesagt hast, kommt das von diesem Prediger?
A: das ist das was ich darüber denke!

Obwohl die Siedler anfänglich eher friedfertig mit den Eingeborenen lebten, schienen sich doch die ersten Probleme zu entwickeln. Einige Stämme schienen sich vermutlich durch die ständige Einwanderung bedroht zu fühlen. Vermutlich führten solche Ereignisse dazu, die Ureinwohner später aus ihren Gebieten zu verdrängen, denn wir werden noch Zeuge einer *sehr frühen Anlandung britischer Soldaten* werden. Wie Sie sehen, erhalten wir ein recht umfangreiches Bild damaliger Ereignisse. Ich wäre tatsächlich in der Lage gewesen, ein komplettes Buch nur allein über diese Bürgerhausbesprechungen zu schreiben. Sie können sich das nicht vorstellen? Hier ein *kompletter* Auszug!

F: kannst Du bitte mal wortwörtlich wiedergeben, was dieser Reverend sagt?
A: ..."Eine erfreuliche Nachricht!"...."Miss Gina...hat einen gesunden...Jungen zur Welt gebracht!"...."Gott möge stets....über ihm wachen und ihn beschützen!".........*Es wird....ein Schiff erwartet....das in den nächsten....Tagen kommen soll......mit Sachen!"..."Ein spanisches Schiff!"*
F: sagt das der Reverend?
A: ja! Spain! (spricht das Wort englisch aus)
F: gib alles genau wieder!

A: „A Spain!"....Ein Spanier....spanisches Schiff...wird in der nächsten Zeit hier erwartet!....Mit....Waren...die man dort....miteinander (unverständlich) der Kapitän Regonzal....wird einige Dinge frei...anbieten..zum Erlangen!

F: ja weiter?

A: ..moment!......."Meint es Gott gut mit uns?"....."Das Wetter......der Wind ist still.....es sind keine guten Bedingungen für die Schifffahrt!"....."Es werden noch Schriften erwartet....aus England!......Wann diese hier eintreffen, das weiß man noch nicht!

F: Schriften?

A: ja!

Die Schilderungen lassen erkennen, dass der gesamte Erzählprozess eine Anstrengung für Bodan bedeutete. Es ist nicht leicht, jemandem zuzuhören und gleichzeitig einer anderen Person die Informationen zu geben, ohne dabei den Faden des Gesagten zu verlieren. Wie wir oben lesen konnten, war ihm genau das passiert und spricht für meine These der Reaktivierung der gelebten Persönlichkeit, welche Sie in all meinen vorangegangenen Büchern finden können.

F: um was für Schriften handelt es sich denn?

A: ....das sind Schriften.....von diesen Gebeten!....Das sind Schriften von diesen....Gottes Aussagen!....Ansprachen von Gott!.....Die werden erwartet!

F: bekommt jeder solch eine Schrift? Sind die für die Siedlung?

A: ..die sind für dieses Gebetshaus!......Die.......werden dann.....so vorgetragen!...Sind neue....ich glaube die wurden aus dem großen Buch...herausgeschrieben!....Wir hatten schon mal...so Schriften auf einer Rolle!

Demnach transportierte man bereits schon ca. 1540 n. Chr. Bibeln in die Neue Welt, um auch dort den Siedlern das Wort Gottes verkünden zu können. Zeitlich gesehen war das absolut möglich, da Gutenberg den Buchdruck bereits einhundert Jahre vorher schon erfunden hatte. Es ist anzunehmen, dass man das Ganze durch die Siedlungsgemeinschaft finanzierte, denn es dürfte alles andere als billig gewesen sein. Leider hatte ich nicht explizit danach gefragt. Darüber hinaus fand ich es aber recht interessant, dass man bereits Handel mit spanischen Schiffen unterhielt.

F: was für eine Schrift war denn das?
A: ...ich weiß es nicht, es war so eine Holzrolle...so ein Holzstück...so rund!
F: konntest Du sie lesen?
A: nein!
F: warum nicht?
A: es war so undeutlich so...so ein bisschen.....ich konnte diese Schriftform nicht lesen!
F: achso! Konnte der Reverend sie lesen?
A: ja..Ja!..

Mit größter Wahrscheinlichkeit dürfte es die lateinische Schrift gewesen sein, die Bodan natürlich nicht bekannt war.

F: kannst Du mir mal beschreiben, wie dieses Gotteshaus oder Bürgerhaus aussieht?
A: da sind Holzbänke...Stühle...stehen da...und vorne ist...wie eine Art Podest für draufzustehen und wo man eine Lesung oder Erzählung...machen kann!
F: kann das jeder in diesem Gotteshaus tun?
A: ...einige können das tun! Man kann auch dort irgendeine Mitteilung machen, wenn man was hat!...Man kann das dann dort auch mit einbringen!
F: wie ist denn der Reverend gekleidet?
A: er trägt einen dunklen Anzug und....so einen hellen...Schal...um den Hals!
F: und auf dem Kopf?
A: ...ich sehe da nichts!

Ich hatte in einer anderen Sitzung herausgefunden, dass dieser Reverend der Vater von Johanna war. Es war das Mädchen aus Bodans Nachbarschaft, die ihm so attraktiv erschien.

F: und der Prediger ist der Vater der Johanna?

A: ..ja, der Henry Luger!

F: wie alt bist Du zu diesem Zeitpunkt?

A: ...ich bin schon ein großer Mann!

F: und weißt Du auch, wie viele Jahre Du alt bist?

A: ..ich weiß es nicht genau....ich glaube 19...

F: sagt er sonst noch etwas? Wenn ja, gib es dann wortwörtlich wieder!

A: ...."Wir werden...in dem nördlichen Teil der Wälder...ein paar Bären erlegen...es müssen.....da schon öfters Zwischenfälle...stattgefunden haben!"......Ah, die sind schon gefährlich! (hebt die Augenbrauen)

F: weiter!

A: ..."Diese Fälle......es...es nimmt überhand!"...."Die Bären...greifen viele Menschen an, die sich auch unmittelbar am See befinden!"..."Die kommen immer...dichter...zu den Siedlern!"...."Das muss man eindämmen!"..."Haltet euch...wenn ihr einen Bären sieht....fern!..."Zur Zeit sind sie sehr aggressiv!"......"Sie werden noch......"

F: was ist denn jetzt?

A: (zieht die Augenbrauen schnell nach oben)...es hat jemand gefragt...ob bei der nächsten Lieferung.....Tiere mit hierher kommen?....Das weiß man ja nie genau, da ja.....diese Überfahrten nicht immer gleich sind! Es überleben ja nicht immer alle Tiere!............Ist ein toller Mann!! (lächelt)

F: wer?

A: dieser Henry!

Hier haben wir eine sehr bedeutende Stelle, die ich etwas deutlicher herausarbeiten möchte. Es handelte sich um ein direktes Geschehen, welches Bodan praktisch simultan an mich weitergab. Während der Rede des Reverends kam es zu einer unerwarteten Unterbrechung, die durch den Zwischenruf eines Anwesenden ausgelöst wurde. Dieser Jemand bezog seine Frage auf das kommende Schiff (Transport der Bibeln, nächste Lieferung) und nicht auf die Ausführung des Reverends über die Bären! Also ein Thema, das zuvor behandelt wurde, nun aber völlig ohne Bezug im Raum stand. Frau B. hätte sich, noch während sie die Aussagen des Predigers wiedergab, in Nanosekunden diesen Zwischenruf ausdenken und dabei noch auf den Inhalt längst gegebener Informationen zurückgreifen müssen. Unmöglich!

F: der Prediger?

A: ja!

F: und wo bist Du nun in diesem Gebetshaus?

A: ....rechts außen stehe ich, etwas nach hinten!...Es wird immer durcheinandergeredet! (verkrampft etwas das Gesicht)

F: sind viele Leute dort?

A: ..ja...manche rufen dann auch nach vorne!

F: was ruft man denn?

A: ....der mit dem Kind..dahinten....der ruft „Henry!...Henry!!" „Was können wir dagegen tun?"....die Leute sind ja aufgebracht!......"Luger!"..."Kann man was tauschen?"....Der meint das mit den Schiffen...mit der Ware!...Dann sagt er: "Das muss mit dem Kapitän ausgehandelt werden!"......Es ist immer so laut!.......Zuerst ist es ruhig, bis die Themen aufgegriffen sind und dann wirds laut...weil jeder, die Fragen die er hat...beantwortet haben möchte!

F: welches Thema ist für Dich am wichtigsten? Was hat Dich am meisten interessiert?

A: ...das mit den Bären!...Ich find das gar nicht so schlimm!....Das ist nicht so schlimm mit den Bären....nein!...Die verstehen das ja nicht!...Ich bin viel unten in den Wäldern...und.....wenn ein Bär sein Fressen findet....dann bedroht er auch keine Menschen!

F: aber wenn er kein Fressen findet, wird er gefährlich?

A: ...ja...oder wenn er erschreckt...dann greift er an...ja! Man sollte ihm nicht zu nahe treten.....die jungen Bären machen sowieso nichts....die haben diesen....diesen Geist noch nicht!

Ich werde am Ende des Kapitels noch eine Begegnung mit einem Grizzlybären einfügen, die Bodan mit einem Freund erlebte. Dort werden wir erfahren, wie gefährlich solch ein Tier für die Siedler werden konnte. Aber bleiben wir zuerst noch bei der Besprechung im Gebetshaus.

F: sagt der Prediger auch etwas über dieses Bärenvolk, über diese Stämme?
A: ja...sicher! Er hat doch gesagt, dass...sie vermuten, dass sie diesem Jungen.....das Leben nahmen!
F: weshalb sollten sie so etwas tun?
A: ...die verhandeln ja nicht mit uns!
F: nicht?
A: nein!...Die sind......die sind so kämpferisch!
F: war das von Anfang an, als Du in die Neue Welt kamst?
A: am Anfang waren sie *sehr* zurückhaltend!...Es sind ja auch nicht alle so!....Diese hier...die haben ihren Stamm mitten im Wald....haben zu nichts Kontakt....und wenn man zu nahe kommt, werden sie..gefährlich und dann schießen sie mit Pfeilen....und greifen an!....Die verhandeln nicht!!...Und man glaubt...weil sie nicht Handeln.....dass sie nicht nur Leute, sondern auch den Jungen angegriffen haben!

Die Aussage ist recht logisch, bedenkt man, dass Handel mit einem Volk Vorteile für jeden brachte und damit auch Sicherheit! Noch heute ist ausgiebiger Handel eine Grundlage guter Beziehungen und sichert das Überleben.

F: aber man weiß doch nicht, woher dieser Junge kam?
A: nein, man weiß nicht, woher er ist!

Die Aussage impliziert, dass es bereits schon andere Siedlungen gab, denn der gefundene Junge war nicht aus Cantuck!

F: ist dieser Fluss weit weg von eurer Siedlung?
A: ...ja! Das ist schon ein Stück!

F: und wo leben diese Ureinwohner?

A: .....man sieht das Bärenvolk....welches sich...in der Nähe von (unverständlich)...die waren vorher nicht dort!...Ich glaube....sie wurden irgendwo vertrieben....weil sie sich jetzt hier...niederlassen!

Anhand dieser Erklärung könnte der bereits weiter oben genannte Stamm Tl´inqox (Tuqoux – Aussage Frau B.), tatsächlich anfänglich in der Nähe von Cantuck gelebt haben und mit steigenden Feindseligkeiten, immer weiter in das Landesinnere zurückgedrängt worden sein.

F: sind das jetzt Deine Gedanken oder die des Predigers?

A: das ist das, was ich denke, von dem, was er sagt!

F: kannst Du mal genau wiedergeben, was er sagt?

A: ..."Ich brauche drei Mann...die sich zu diesem Volk begeben!".......Ahh....ich verstehe das nicht! (runzelt die Stirn)

F: was?

A: ....na...da gehen Hände hoch...(presst die Lippen aufeinander)...

F: gehen Hände hoch?

A: ja...die sich da melden...um..zu diesem Volk zu gehen! (runzelt die Stirn, wirkt nachdenklich)

F: und Du meldest Dich nicht?

A: ...ich weiß nicht genau, was sie da tun wollen?

F: gib alles genau wieder, was der Prediger sagt!

A: ..."Nehmt das gebrannte Wasser mit.....bietet das an!" (spricht plötzlich kurz und ganz leise, so als würde er das wiederholen, was eben im Raum gesagt wurde) „Den Schändern?".....Er winkt ab!...."Ihr zieht morgen dann los!"...."Die haben Wolfs- und...Bärenfelle!"....."Ihr werdet nicht absteigen!".......Die sollen das Tauschen!...Ahhhmm..(wirkt verkrampft)...

F: was ist?

A: ich verstehe das alles so schwer!

Offensichtlich ging es richtig laut in diesem Gebetshaus zu. Ich befragte Frau B. in der Nachbesprechung hinsichtlich der Größe des Raumes.

Sie schätzte die Fläche auf ca. 40 qm. Anfänglich reichten die Bänke noch aus, teilte mir Frau B. mit, später jedoch durch den immer stärker werdenden Zustrom von Siedlern, mussten alle stehen. Wenn wir zwei Siedler einen Quadratmeter von den 40 zusprechen würden, wären wir bei 80 Personen, die sich in solch einem Raum befanden. So kann man sich in etwa vorstellen, welcher Lärm dort geherrscht haben musste.

F: hast Du nun verstanden, um was es genau geht?
A: ...ja! Die sollen das gebrannte Wasser gegen Felle tauschen!....Ich weiß, um was es geht, aber es genau zu wiederholen ist schwer! Aber ich weiß, um was es geht!
F: und um...?
A: *"Caswell!!...Caswell!!!"*...
F: was ist denn jetzt?
A: er redet mich an!
F: ach so, dann gib das mal wieder!
A: ..*"Ich habe eine Aufgabe für dich!"*.....*"Nimm das Holz aus dem* (unverständlich)...*"Richte dein Holz an, um die Zäune zu bauen!"*........Ich soll...Zäune fertigmachen! (hebt die Augenbrauen)
F: Zäune?
A: ja!...Für die Tiere!...So hat er gesagt!
F: und was sagst Du ihm?
A: ...*"Das geht in Ordnung!"*....Ich hab aber noch......es dauert noch etwas bis ich das machen kann!
F: warum?
A: ..ich habe noch Arbeit!

Ich denke, wir haben ein sehr lebendiges Bild von den damaligen Problemen der Siedler erhalten und so möchte ich allmählich zum Ende des Kapitels übergehen. Hier noch eine kurze Aussage über eine Bestattung.

A: ...*"Meine Lieben...ich muss euch etwas mitteilen!"*....*"Vor drei Tagen...ja, vor drei....starb unser....guter alter...Bob...nach langer Krankheit!"*.....*"Möge seine Seele...Frieden finden!"*.......*"Auf seinen Wunsch*

hin....werden wir ihn......an dem Fluss...wo die Wälder anfangen....be-
graben!".......Ich verstehe das nicht! (runzelt die Stirn)
F: was verstehst Du nicht? Wie meinst Du das?
A: warum sie das jetzt so machen! Warum?..Wenn es doch schon drei
Tage und Nächte her ist!...Das sie jetzt erst...dahin aufbrechen? (Augen
rollen unter den Lidern, wirkt nachdenklich)
F: wie lange wartet man denn normalerweise, bis man einen Toten be-
gräbt?
A: ..einen Tag.....vielleicht eineinhalb!....Aber das ist ja noch ein Stück
Reise...die man mit ihm machen muss!
F: ist das weit entfernt von Cantuck?
A: ..das ist...an dem Fluss vorbei!....Dann kommt so ein Stück...den
Berg hoch....aber an dem hohen Berg...muss man an der Seite vorbei!
Und dann kommt so ein bisschen Wald...dichter sehr dichter Wald!..Ist
der Quinbu..Queenbunkbones!
F: wie Quin...?
A: Queenbunk....bones....ähhm...sowas.....und da soll er begraben wer-
den! Das ist ein gutes Stück und das die dann noch so lange warten?

Grob übersetzt, lautet die Aussage „Queen bunk bone": *„Königin der
Knochen Koje"*. Vielleicht handelte es sich um eine ganz besondere Ru-
hestätte.

F: was glaubst Du, wie lange man dorthin braucht?
A: zwei Nächte..ja! Man trägt jemand mit!! (ganz energisch gesprochen)
Die haben sich das nicht richtig durchdacht! Man muss den ja auch dort-
hin...bringen können! (runzelt die Stirn)
F: kann man das nicht mit dem Pferd machen?
A: ...ja doch! Man kann ihn mit dem Pferd rüberbringen, aber dieser
Weg....die waren da wahrscheinlich noch nicht!..Der Weg der dort hoch-
geht...an der Seite von dem Berg, der ist auch nicht...gut geeignet mit
dem Pferd!
F: und sagst Du was zu ihnen?
A: nein!

F: weshalb nicht?

A: ja, weil sie sich ja was dabei denken, wenn sie solange warten! Der wird ja nicht besser...wenn der so lange da liegt!

F: riecht er schon?

A: er wird ja in Tücher eingewickelt! Die werden das dann.....vom Bärenvolk die haben so etwas...damit wird der so eingewickelt....ich weiß nicht, was es ist!...Ist so ein Zeug...dass man...auf den toten Menschen schmiert....und dann kommt dieser Stoff und dann verklebt das so!...Das klebt....das habe ich gesehen!

F: aber Du weißt nicht, was es ist?

A: ich weiß nicht, aus was sich das zusammensetzt!

F: wird der Geruch damit weniger?

A: ja! Denn...wenn man so jemanden liegen hat, dann.....riecht das schon nach einer Zeit...und...wenn dieses Zeug drauf ist, nicht mehr so!....Das hat ja auch einen gewissen Kräuterduft!...Und dann sind die noch so ein wenig eingewickelt...und so ein bisschen gebunden...so umgebunden!

Wer weiß, vielleicht werde ich eines Tages mal die Zeit dafür finden, alle Aussagen, die sich je in diesem Gebetshaus von Cantuck fanden, in ein Buch zu bringen. Das würde uns noch einen viel größeren geschichtlichen Hintergrund liefern, um die damaligen Ereignisse noch besser verstehen zu können. Nun aber wie versprochen zu der Begegnung mit dem Grizzlybär ...

A: der Logan...wurde angegriffen!

F: was war denn passiert?

A: ..wir hatten nicht mit einem Bären gerechnet!...Ein Bär hatte da in der Erde...mit seinen Tatzen..gescharrt!...Wir waren da unterwegs...hatte diese (unverständlich) mit...und auf einmal....bäumte sich dieser Bär neben ihm auf...und..er konnte gar nicht reagieren!...Der Bär...sprang auf ihn! Ich nahm Pfeil und Bogen und schoss...viele Pfeile auf ihn....bis...er von ihm abließ!...Stürzte...und wegtaumelte...

F: der Bär?

A: der Bär ja! Die haben richtig...dickes Fell!!...Ich war knapp einen Meter von ihnen entfernt....aber...der war so groß.....er stürzte und taumelte weg!..Logan...

F: wo hattest Du denn die Pfeile hingeschossen?

A: ich hatte Brust und Kopfhöhe...Nacken...an der Seite traf ein Pfeil!......Der arme Logan...hatte tiefe Wunden...in der Schulter...im Schulterbereich...Verletzungen!....Der war....total........hat geschrien und geweint.....war voller Angst!....Ich hab ihn dann nach Hause gebracht!...Er hatte viel Blut verloren...war geschwächt!...Der Bär stürzte und taumelte weg....der wird wohl irgendwo...elendig...gestorben sein!....Ich hatte...fünf...sechs Pfeile auf ihn geschossen....der hatte so ein dickes Fell!!

F: war die Wirkung der Pfeile nicht ausreichend?

A: ...die hatten nicht....bis der von ihm ließ!...Ich glaube, der war...erschrocken, weil wir plötzlich neben ihm standen!...Es war ja so an einem Hang...und da ist er dann gestürzt und weggetaumelt!

F: hast Du Holz oder Metallspitzen an Deinen Pfeilen?

A: ..ich habe beides!...Die Holzspitzen...die nehme ich auch manchmal...für die Fische aufzuspießen!...Diese Eisenspitzen....die sind...für die Jagd...für große Tiere!

F: und was passierte mit dem Logan?

A: der ist gestorben!..Der hatte alles offen....der...wurde sehr krank dadurch!...Der war nicht mehr er selbst!

Letztendlich dürfte sein Freund Logan an einer Wundinfektion gestorben sein und weniger an der Verletzung selbst.

(Zeichnung Frau B.) Angriff eines Bären am Fluss von Cantuck. Man beachte, dass genau dort ein Angriff stattfand, wo sich auch Bären gerne aufhalten.

Kapitel 7.
Die Liebe seines Lebens

Auch wenn dieses Kapitel für den ein oder anderen nicht so interessant klingen mag, so weist es doch eine recht bedeutsame Verbindung auf, die ich für sehr erwähnenswert halte. Mögen wir uns hierzu noch kurz an Bodans Vorgänger, den Stallburschen Buckles erinnern (Wir waren alle viele! Band 2). Dieser liebte seine Mary-Lucy, aber das gemeinsame Glück blieb verwehrt, da beide zur gleichen Zeit dramatisch getötet wurden. Ich hielt damals seine Zuneigung für äußerst intensiv, aber die Liebe von Bodan gegenüber seiner Johanna war um ein Vielfaches ausgeprägter. Die Emotionen, die Frau B. in diesen Sitzungen empfand, ließen sich mit keinem anderen Vorleben auch nur ansatzweise vergleichen. So komme ich nicht daran vorbei, diese im Buch auch ein wenig darzustellen. Zurzeit bin ich noch nicht in der Lage aufzuzeigen, ob eine mögliche Karma-Belastung bezüglich aller Liebesleben vorhanden ist. Ziehe ich jedoch ein paar Vergleiche, so zeigen sich immerhin wiederkehrende Schwierigkeiten mit den Partnerschaften bei den vorhergehenden Persönlichkeiten. Selbst heute noch findet sich diese Problematik in Frau B´s Leben, welches unweigerlich durch das vorherige Leben von Katharina entstanden war. Auch bei Pater Samuel gab es Anzeichen, er verliebte sich, konnte jedoch aufgrund seines Gelübdes nicht mit seiner Maria zusammenkommen und fing an, sich zu Geiseln. Buckles fand seine große Liebe, musste jedoch mit ansehen, wie man ihr die Kehle mit einem Messer durchtrennte. Dem Schicksal von Bodans Frau werden wir noch zu gegebener Zeit beiwohnen. Aber lassen wir sie nun erst einmal zusammenfinden.

Johanna Luger war die Person, in die er sich verliebte und wie wir im vorherigen Kapitel erfahren hatten, war sie die Tochter des Reverends der Siedlungsgemeinde. Bereits vom ersten Tage an, als er sie sah, sollte sie ihm nie wieder aus dem Kopf gehen. Zwar erwiderte Johanna den Blickkontakt mit einem Lächeln, aber Bodan war einfach zu schüchtern, um mehr daraus zu machen. So brauchte es eine lange Zeit, sich ihr zu offenbaren. Ab und an gab es gute Gelegenheiten, dieser Johanna näher zu kommen, wie zum Beispiel das Cantucker Mondfest. Aber leider kam das Feuerwasser dazwischen ...

A: ....(beginnt zu lächeln)
F: ja, erzähl was Du siehst!
A: ....es ist ein Mondfest!
F: was genau ist das?
A: ..es ist ein Fest......welches immer an einem bestimmten Tag stattfindet, wenn der Mond voll am Himmel steht!....Dann ist es hell....nicht dunkel!....Dann wird so ein Fest gefeiert...ist am Rande von dem Dorf!
F: und was passiert da?
A: ...es wird getanzt!...Es...beginnt, wenn die Sonne untergeht....und der Mond aufgeht....es ist so ein Zusammenspiel!...Es hat so etwas Magisches!..Dann wird getanzt!
F: habt Ihr dort ein Feuer?
A: ..das wird später gemacht!....Aber das Interessante ist....die Sonne verschwindet hinter dem Meer...und der Mond wird immer größer! (wirkt plötzlich sehr freudig)...Da ist ein....ein Mädchen! (lächelt, hebt die Augenbrauen)
F: ein Mädchen? Gefällt es Dir?
A: ja! (ganz erfreut)
F: wie heißt sie denn? Kennst Du ihren Namen?
A: ..ich glaube es ist die...Johanna!
F: tanzt Du mit ihr?
A: ..ich tanze nicht! (klingt ein wenig enttäuscht)
F: tanzt Du lieber mit Jungs?
A: nein!! (zieht die Augenbrauen stark nach oben, belehrend)...So etwas macht man nicht!!..Ich....ich schaue ihr zu! (grinst)
F: was tut sie?
A: sie hüpft da...tanzt! (grinst)
F: sieht sie Dich?
A: sie ist sehr fröhlich!
F: und Du?

A: ...an dem Feuer hängt ein Kessel...mit einem Kräutergetränk, da gehe ich mir noch etwas holen! (grinst)

F: was ist das?

A: ist ein Kräutertrank! (grinst über das ganze Gesicht)

F: ist der gut?

A: jaaa! (grinst mit angehobenen Augenbrauen)

F: was macht denn dieser Trank mit Dir?

In all den vielen Jahren mit Frau B., hatte ich bis zu diesem Zeitpunkt noch nie eine Situation erlebt, indem eine frühere Persönlichkeit angetrunken war. Es fällt mir wirklich schwer, diese Szene zu beschreiben, denn die Grimassen, die sich in Frau B´s Gesicht zeigten, waren wirklich einzigartig amüsant. Sie zeigten einen deutlich betrunkenen Bodan. Auch die leicht veränderte Stimme war nicht zu überhören.

A: ...da bekommt man warm! (breites Grinsen)

F: noch was?

A: ...man lacht....man muss lachen (lacht)...

F: Du musst lachen, weil Du das getrunken hast?

A: ...jaaaaa...(betrunken, lacht)....(grinst, zieht Grimassen)...

F: und wie ist das?

A: ...guuut! (lächelt breit)

F: was machst Du jetzt noch?

A: ..ich schau noch zu! (grinst)

F: und?

A: ...(lacht und grinst)...hmm...da sind welche vom Bärenvolk! (lächelt)

F: was machen sie?

A: ...die verstecken sich! (grinst)

F: wo?

A: ....hinter dem...Stein und dem Strauch...dahinter (lacht)...

F: ist das lustig?

A: ..jaaa! (lächelt)

F: warum denn?

A: ..weil die uns beobachten...die verstehen das nicht! (lacht)

F: ach so, die kennen dieses Fest nicht?

A: jaaa! (grinst)...Die haben aber Angst zu kommen!

F: und Du hast keine Angst vor ihnen?

A: nein!

F: warum nicht?

A: ..die sind....die sind friedlich...die sind immer friedlich....die haben schöne Felle!

So endete dieses Fest mit einer verpassten Gelegenheit und einem sehr betrunkenen Bodan. Aber diese Johanna ging ihm nicht mehr aus dem Kopf. Selbst in der großen Siedlung San Moral trug er sie in Gedanken bei sich, während auch dort ein Fest stattfand.

A: ....ich sehe ein Fest, da wird Musik gemacht!

F: Musik?

A: ja..da hat jemand so ein rundes Teil!...Das ist mit Leder überzogen und hat so Federn dran!

F: Federn?

A: so dran festgemacht!....Sind so....Federn dran gebunden...und...da spielt jemand drauf und das macht dann solche komischen Geräusche!

Frau B. erklärte in der Nachbesprechung, dass es eine kleine geschmückte Trommel mit Federn war.

F: spielt nur ein Einzelner?

A: ...der andere singt...hmm....der jammert! (runzelt die Stirn)

F: jammert?

A: (lacht)...ja...ja der singt!

F: ...das scheint sehr lustig zu sein?

A: ja (lacht)...der andere hat ein Holzteil in der Hand...da ist etwas dran, was raschelt...ist alles so lustig...und dann wird dann...über den Platz gesprungen......mit den Armen eingehangen und getanzt!

F: hast Du mal mitgetanzt?

A: ähm nein...ich....mag so etwas nicht!

F: und Du möchtest nicht mal mit einer Frau tanzen?
A: nein! (ganz entschlossen)
F: magst Du keine Frauen?
A: doch! Ich mag nur eine! (grinst)
F: Du magst nur eine?
A: ja! In Cantuck!
F: und wer ist das?
A: die Johanna...oh ja! (schwärmerich)
F: wie sieht sie denn aus, beschreib sie mal!
A: ..sie hat...sonnengelbes Haar...leuchten in der Sonne!...Die Augen sind hell, wie der Himmel! (schwärmt)

(Zeichnung Frau B.) Johanna Luger

Bis zu diesem Zeitpunkt hatte er sich noch nie getraut, sie anzusprechen.

F: wie alt bist Du jetzt?
A: ..ein...zweiundzwanzig!
F: diese Johanna scheint Dir ja sehr zu gefallen?
A: ja!
F: möchtest Du sie mal ansprechen?
A: ja! (schwärmerisch)
F: und wann wirst Du das mal tun?
A: ..das weiß ich nicht! (etwas schüchtern)
F: nein? Hast Du Dir noch nichts überlegt?
A: ...nein!..(presst die Lippen leicht zusammen)
F: an was denkst Du in diesem Moment?
A: .....ob ihre Haut so zart ist, wie sie aussieht!
F: frag sie doch mal?
A: nein!! Das macht man nicht!! (energisch)
F: und wie möchtest Du sie mal treffen?
A: ...beim Gottesdienst vielleicht....im Gebetshaus!....Sie ist dort oft mit ihren Eltern...und die machen immer dieses Haus sauber!

Nach vielen Sitzungen, in denen ich sporadisch über Johanna nachgefragt hatte, war es endlich so weit ...

F: hast Du endlich mit ihr gesprochen?
A: ja!
F: und?
A: ..ich frag sie, ob sie noch öfter in das...Gotteshaus geht!....Ihre Mutter...kümmert sich darum, dass alles dort immer schön bleibt!
F: über was unterhältst Du Dich mit ihr?
A: ..über ihre Mutter, die alles sauber hält, ausfegt...und ob sie das gerne macht...
F: hast Du ihr gesagt, dass Du sie magst?
A: ich hab ihr gesagt...wie ihre Augen so funkeln...wenn es so hell ist!

F: und was meint sie dazu?

A: sie lächelt! (beginnt zu lächeln)..Ich glaube, sie mag mich! (lächelt)

Diese Situation hätte ein guter Einstieg für ihn sein können, aber die weitere Begegnung war eher ernüchternd und zeigte einen recht unsicheren Bodan.

F: wie machst Du denn auf Dich aufmerksam?

A: ..ich grüße und lächel sie an!

F: lächelt sie zurück?

A: ja und geht dann schnell weiter!

F: ist sie schüchtern?

A: ja!

F: und Du?

A: ich weiß nicht...ob sie mich wirklich mag? (presst die Lippen zusammen, wirkt sehr unsicher)

F: möchtest Du sie nicht mal fragen?

A: ..doch....ja..(hebt die Augenbrauen)...

F: und wann möchtest Du es endlich mal tun?

A: ich muss abwarten!...Ich werd sie auf dem Weg hoch....die wohnen oben an dem Hügel.......da werde ich sie fragen, ob sie öfters (unverständlich) geht!...Vielleicht mag sie mit mir reden...

F: musst Du Dir dafür Mut nehmen?

A: ja!

F: ist die Johanna die einzige Frau, die Dir gefällt?

A: ..ja! Liam ist da anders!

F: was ist mit dem?

A: der findet die Frauen aus dem Bärenvolk schön!

F: und Du?

A: die sind schön!..Aber anders!

Hier nun eine weitere, wenn auch kurze Situation mit Johanna. Aber diese zeigt auch nebenbei, wie bereits der Handel in der Siedlung Cantuck florierte.

A: ..es ist...unten am Steg!

F: dann erzähl mal alles ganz genau!

A: ..da ist ein...spanisches Schiff...ein Spanier!...Die bringen Waren!..Ich bin unten und ich helfe in dieser großen Hütte, die Sachen...zu lagern!...Johanna kommt vorne den Weg runter...und unterhält sich...mit diesem Coupeur!

F: ist das ein Franzose?

A: ähm..ja!..Er kommt mit ihr zu dem Lager!...Dort liegen...so gewebte Stoffe.....darüber redet sie mit ihm!...Sie stehen vor diesem Stoff...ähm....die sind so gerollt!...Er erzählt ihr von bestimmten Kleidern...die er (unverständlich) näht...für die feineren Leute...für Fürsten und Könige!

Bereits in der Sitzung war mir klar, dass das Wort „Coupeur" nicht der Name dieses Franzosen war. Vielmehr stand diese Bezeichnung für seine Tätigkeit denn frei ins Deutsche übersetzt, bedeutet es so viel wie „Schneider". Diese Bezeichnung ist absolut passend für die oben geschilderte Situation.

F: spricht dieser Coupeur die Sprache von euch?

A: ..ja, aber...man hört das er.....kein Brite ist..er ist kein Brite!

F: gut, was reden sie denn miteinander? Was sagt die Johanna zu ihm?

A: ...er bewundert ihr...Erscheinungsbild...ihr Antlitz....und zeigt Stoffe...und wie sie darin aussehen würde!...Sie schaut mich dabei an! (beginnt zu lächeln)...Ich lächele ihr zu!..Diese feineren Stoffe sind ganz nach oben gelagert!.....Sie nimmt aber so einen....geballten Stoff....von diesem normal gewebten Ballen!..Ich spreche sie jetzt an...

F: was sagst Du zu ihr?

A: das die Spanier wieder ablegen und das nächste Schiff....heute noch einlaufen soll...und vielleicht auch noch Stoffe dabei hat!...Ich frage sie, was sie mit dem Stoff nun tun möchte?.....Sie lacht...sie sagt mir, das sie den Stoff für ihre Mutter mitnimmt....die näht Kleidungsstücke!...Ich frage sie, ob sie spazieren möchte? (wirkt leicht angespannt)....Sie sagt mir, dass sie nicht viel Zeit hätte...aber das sie gerne noch ein Stück mitgehen würde! (wirkt erleichtert, lächelt)...Wir gehen...Richtung Felsen.....ich erzähle ihr von Liam...

F: von wem?

A: von meinem Freund!..Und...das wir immer hier als Kinder gespielt hatten....sie hört mir zu!....Sie erzählt mir, das ihre Mutter....ihr gewisse Dinge zeigt...wie man Kleidung näht!.....Es ist nicht immer einfach!...Die Sachen die man dazu braucht, die sind teuer!

F: weiter!

A: ich habe ihr erzählt, dass meine Mutter...früher alles selbst gemacht hatte!....Sie hatte in England...die Wolle gesponnen...und aus dieser gesponnenen Wolle...den Stoff zusammengewebt!....Mein Vater hatte ihr damals...so einen großen Webtisch gebaut!...Aber die Stoffe heute, die sind schon viel feiner!...Viel besser!

F: wie geht das jetzt weiter mit der Johanna? Mag sie Dich?

A: ..sie ist sehr zurückhaltend! (wirkt unsicher)

Ich werde das Ganze nun etwas für uns beschleunigen und die beiden endlich zueinanderfinden lassen. Bodan besaß ein Boot, mit dem er oft auf den See zum Fischen hinausfuhr. So nutzte er eines Tages die Gunst der Stunde, um seine begehrte Johanna auf eine ganz private Bootsfahrt einzuladen ...

A: ...wir sind am See!

F: an dem Du wohnst?

A: ja!..Ich hab sie auf das kleine Boot eingeladen!

(Zeichnung Frau B.) Johanna und Bodan auf dem See.

A: wir fahren gemeinsam mit meinem Boot!...Wir reden über die Tiefe.....über den letzten kalten Winter!....Ich fahr ein Stück raus.........und dann wieder zurück!..........Ich......(wirkt plötzlich völlig erschrocken)

F: was ist denn jetzt passiert?

A: ......als ich aus dem Boot ausstieg.....es ist etwas schmal (verzieht die Mundwinkel).....versuchte ich Johanna an die Hand zu nehmen, aber das Boot kippte und sie fiel ins Wasser! (wirkt etwas belastet)..............Ich wusste nicht, ob sie schwimmen kann, ich bin reingesprungen....und hab sie....bis an den Rand......zu den Steinen...rausgezogen und....ihr herausgeholfen!....Sie fängt an zu lachen! (wirkt entspannter)

F: warst Du so besorgt?

A: ja! Ich war zuerst erschrocken!........Aber........sie schaut mir jetzt tief in die Augen (Gesicht wird ernster, atmet lange aus)..........(beginnt die Lippen leicht zu bewegen)...

F: was ist denn nun?

A: ....ich küsse sie!

F: du küsst sie?

A: (kaum hörbar)........jaaa...
F: und?
A: (atmet plötzlich lange aus)...jaaa..(wirkt genervt)...... ahhh...
nichts!!.....(atmet innig und erregt)...

(Zeichnung Frau B.) Der Kuss am See.

Tiefe Emotionen zeigten sich in Frau B´s Gesicht. Ihre Lippen waren in Bewegung und man konnte zweifellos erkennen, dass ein intensiver Kuss in diesem Moment stattgefunden hatte. Bodan war von meinen Fragen genervt, was unschwer in seiner Aussage zu erkennen ist. Die Nachbesprechung mit Frau B. zeigte, dass er es als äußerst störend empfand, meine fragende Stimme zu hören. Das war wieder sehr interessant zu erleben, denn alle bereits bis dato elizitierten Vorleben wiesen völlig unterschiedliche Reaktionen und Charaktereigenschaften auf! Katharina war stur und sogar etwas verlogen, Samuel hingegen extrem neugierig und in einer gewissen Weise sogar arrogant. Buckles war eher desinteressiert, jedoch gehorsam und voller Königstreue. Bodan machte auf mich einen unglaublich gelassenen Eindruck, eine in sich gefestigte und sichere Person, die den Anschein in mir erweckte, mit der Natur tatsächlich in Einklang zu stehen.

A: ....mir kribbelt der Bauch!!........Ich liebe diese Frau!!! (atmet tief ein und aus, leicht erregt).....Ihr Humor....ihre nassen Haare! (atmet in leicht erregtem Zustand)....ahhhh (freudig)...
F: weiter!
A: ..sie schaut mich ganz intensiv an....ich frag sie, ob wir uns wiedersehen!...Sie schaut nur..nickt und lächelt.....sie zittert! (atmet tief aus)...Auf dem Steg hab ich....das Fell liegen, dass ich vor der Fahrt aus dem Boot genommen hatte...ich lege es um sie und bringe sie nach Hause!

Etwas später befanden sie sich an der Hütte von Johannas Eltern.

F: was passiert?
A: ....ich entschuldige mich bei ihrer Mutter! (wirkt etwas beschämt)
F: was sagt sie denn?
A: ...*"Oh..mein Gott im Himmel...was ist denn...passiert?"*
F: was sagst Du?
A: ..ich kann nichts sagen....Johanna lacht und sagt, das sie.....den Halt im Boot verloren hätte und dann ins Wasser gefallen wäre....dass ich aber ihr großer Retter gewesen wäre!...Sie lacht dabei!
F: was denkst Du jetzt?
A: ...diese Frau oder keine!! (ganz emotional)......Ich verabschiede mich!......Die Mutter ist ganz außer sich!...Sie trägt ein Kreuz, das sie immer wieder küsst!....Ich habe mich jetzt umgedreht und gehe...den Hügel wieder hoch...Richtung See!......Ich muss noch...mein Boot holen gehen!
F: ist es abgetrieben?
A: ja!
F: was machst Du jetzt?

A: ..ich muss erst schauen!...Wenn es nicht so weit ist...werde ich durch den See schwimmen...um es holen zu gehen!...Ich...zieh mich aus...gehe ins Wasser und schwimme hin...es ist nicht so weit fortgetrieben, es war etwas...Wasser in das Bootinnere gekommen!....Das war gut, dadurch konnte es nicht...so weit abtreiben (das Gesicht verkrampft sich etwas, wirkt angestrengt) ahmm...das...ist so schwer!!

F: das Boot?

A: ja!...Es lässt sich....da nun Wasser im Inneren ist...nicht so gut...ziehen!..Das Wasser ist kalt!! (atmet angestrengt)...Ich ähm.....ich binde es...vorne...an dem kleinen Steg fest!...Ich gehe jetzt erst mal...Feuer machen...um mich zu wärmen!

F: wie alt bist Du denn zum jetzigen Zeitpunkt?

A: ..22!

F: möchtest Du die Johanna mal heiraten?

A: ..(beginnt zu lächeln) ja!

F: und wann möchtest Du ihr das sagen?

A: ..ich muss mir erst sicher sein, ob sie mich will!

F: und wie möchtest Du das nun rausfinden?

A: ..wenn ich sie wiedersehe!.....Aber ich glaube, sie mag mich!....Ich glaube auch, dass die Eltern nichts dagegen haben...ich bin ein angesehener Mann hier!

F: Oh! Und warum?

A: durch meine Arbeit! (stolz)..Ich liefere das Holz!.....Ich bin unten, wenn die Schiffe einlaufen!....Ich bin kräftig....man kennt mich in der Siedlung...überall!......Ich bin anders als mein Freund Liam!

F: inwiefern bist Du anders?

A: ...Liam, macht vielen Frauen Hoffnung....und wenn er dann glaubt, das ist die Richtige...dann sieht er eine andere...und dann kann er sich wieder nicht entscheiden!

F: und Du hast Dich fest entschieden?

A: für mich gibt es nur die Johanna! (lächelt, schwärmerisch)

Und so dauerte es nur noch kurze Zeit, bis er den richtigen Moment fand, um für Johannas Hand anzuhalten.

A: es ist der Tag...von Johannas Geburtstag!

F: ja, dann erzähl mal alles, was passiert!

A: ich bin dort zum Essen...und...Johanna hat jetzt das Alter, wo ich sie fragen kann....ob sie...meine Angetraute sein möchte! (lächelt)

F: wie alt ist sie denn jetzt?

A: neunzehn!

F: und Du?

A: ...dreiundzwanzig!

F: wie wird denn der Geburtstag von Johanna gefeiert?

A: ..ich habe..ihr zum Geburtstag den Braten geschenkt!...Ein gutes Stück Rotwild, (spricht es stolz aus)...schönes dunkles Fleisch! (ganz stolz)...Ich habe es zerlegt...und habe es....ganz frisch rübergebracht!...Und ich habe ihr.....feinen Stoff geschenkt!...Es sind nur Streifen von diesem...feinen Stoff! Sind nur Streifen, aber da kann man....noch viel damit machen!........Sie hat sich gefreut! (lächelt)

F: und wo feiert die Johanna ihren Geburtstag?

A: zu Hause, bei ihrer Familie!

F: und wie feiert ihr nun?

A: ..es wird Essen gemacht!...Alles was man so da hat, wird aufgetischt!....Es wird geredet, gelacht,...zuerst wird gegessen und dann geht man noch hinaus in die Natur...unterhält sich und spaziert noch ein wenig!

F: über was unterhaltet ihr euch denn?

A: ..der Vater von der Johanna erzählt...von der Predigt!

F: wie geht's weiter, was tust Du jetzt?

A: ....es ist schon spät!....Ich werde Johanna fragen,.....ob sie meine Angetraute werden will!...Das mache ich, bevor ich gehe!..Ich werde ihr einen Antrag machen! (presst die Lippen zusammen)

F: vor den Leuten und vor den Eltern?

A: nein!! Alleine!

F: alleine? Musst Du nicht um die Hand bei ihren Eltern anhalten?

A: ja! Aber ich muss erst wissen...ob Johanna auch möchte!

Hier nun der wortwörtliche Heiratsantrag. Mir standen sprichwörtlich die Haare zu Berge! Vergessen Sie hierbei nicht, dass all die Worte aus dem Mund einer *Frau* kamen!

A: ...*"Johanna! Deine Augen, die funkeln...als wenn der Mond sich auf dem Meer spiegelt...und das Meer glitzernd erscheinen lässt!..."Bist ein Traum von einer Frau!"* (spricht alles sehr emotional)...Sie lächelt!....Ahhh (strahlt vor Freude, sehr emotional)....*"Dein Lächeln und Deine Art wie Du Dich bewegst!"* (ganz gefühlvoll)...*"Willst Du mit mir den Rest meines Lebens verbringen?"*

Ein kleiner Augenblick völliger Anspannung lag auf Frau B´s Gesicht, welche sich mit purer Emotion zu vermischen schien. Wie ich bereits erwähnte, fand sich bislang in keinem anderen Vorleben eine derartig tiefe Liebe. Solche Emotionen kann man nicht erfinden, sie wurden in diesem Augenblick wieder vollkommen gelebt und das nicht von Frau B., sondern eindeutig von einem Mann!

F: und was hat sie gesagt?
A: ....sie nickt zuerst...dann schaut sie mir in die Augen...ja! (lacht ganz erleichtert, freut sich)....Ich muss mit ihren Eltern reden! Ich werde sie....ich werde sie nach der Messe fragen...am Abend!......Ich nehme ihre Hände, sie nickt und lächelt mich voller Güte an!....Ich nehme ihre Hände und küsse ihre Hände!..Ihre Mutter ruft......ich drehe mich jetzt um und gehe!....Sie winkt noch kurz und geht zurück ins Haus! (lächelt, wirkt völlig entspannt)
F: wie geht es Dir nun?
A: ich fühl mich so erleichtert!
F: Du weißt jetzt, dass sie Dich möchte?
A: ja! (lacht laut)

Kommen wir nun zu dem Moment, als er bei ihren Eltern um die Hand ihrer Tochter anhielt. Auch hier der wortwörtliche Ablauf!

A: ...."Herr....ich wollte.....ich wollte sie was fragen!" (angespannt) "Ihre Tochter liegt mir sehr am Herzen!" (sehr angespannt).."Ich würde gerne (unruhig)..um ihre Hand anhalten...die Hand der Johanna!"...."Sie wird es gut bei mir haben, ich kann gut für sie sorgen!"..."Ich bin gesund und voller Kraft, dass wissen sie ja auch!".......(lächelt plötzlich, wirkt erleichtert)

F: was ist?

A: ...sie konnten sich das schon denken! (lächelt erleichtert)...Johanna, redet ja auch sehr viel von mir!..Er nimmt meine Hand.....in seine beiden Hände.....und sagt, ich wäre ein guter Junge...er könnte sich keinen besseren Mann für Johanna vorstellen!.......Die Mutter ist etwas.......etwas merkwürdig! (presst die Lippen kurz zusammen)

F: oh, weshalb?

A: ich weiß es nicht!

F: sagt sie etwas?

A: nein!..Sie schaut ihren Mann von der Seite an...und...sagt gar nichts! (presst die Lippen zusammen)

F: nichts?

A: nein!

F: was denkst Du, warum reagiert sie so?

A: ...vielleicht wollte sie einen besseren Mann...für Johanna!...Sie hatte sich hier wahrscheinlich etwas mehr in diesem Land erhofft!

F: wie meinst Du das?

A: ...das es wohl mehr wohlhabendere Menschen...in der alten Heimat gab!.....Hier muss man erst...Fuß fassen! Aber ich hab das Wort des Vaters!! (entschlossen)

F: und das reicht?

A: das reicht, ja!

Und das tat es auch und so wurde die anstehende Hochzeitsfeier auf einem Frühjahrsfest verkündet.

A: ..die Verkündung...dass wir heiraten, soll auf einem Feste geschehen!

F: auf einem Fest?

A: das ist ein Fest, ja!..Das wird dort verkündet!...Es wird so gemacht, dass jeder, der hier lebt,..das mitbekommt!....Es wird ein großes Fest! Immer wenn das Frühjahr kommt...wird ein Fest gemacht!

F: hat das Fest einen Namen?

A: .....ähm...ich weiß es...das ist, wenn die kalten Monate vorbei sind!...Das ist von der Natur abhängig, es hat nie einen festen Zeitpunkt!...Es ist wie ein Lebensfest!....Alles erweckt wieder zum Leben rundherum!.........Es gibt zwar viele Bäume, die das ganze Jahr gleich bleiben, aber diese...Kleinigkeiten...wie die Blaubeeren....man sieht, das dort wieder Kraft hinein kommt!....Und dann feiern wir ein Fest...so ein Dankfest!

F: wer verkündet nun diese Hochzeit?

A: das macht der Vater!

F: Dein Vater?

A: ..mein Vater und meine Mutter sind auch da...und meine Schwester....und....dann sind noch alle da, die man kennt...und dann wird das verkündet!

F: kannst Du mal ein paar Namen nennen, die du gut kennst?

A: ..das ist der Liam..die Elisabeth, dann der Simon....da gibt's noch einen Philipp...

F: kennst Du auch den Nachnamen?

A: ..Philipp Johnson!....Das ist der, wo unten diese Felle hat, ja...der heißt Philipp Johnson!

F: wie heißt denn die Mutter der Johanna?

A: ..ich glaube..Ste..Stephanie!

F: gib mal wortwörtlich wieder, was nun auf diesem Fest verkündet wird! Von Anfang bis Ende!

A: ..die Eltern stehen zusammen...meine und die von Johanna! Sie stehen alle in einer Gruppe und da stehen überall noch andere!.....Der Vater von der Johanna, hat sich auf ein Fass gestellt, so ein Holzfass....und..hat da mit einem Holzstock.....so ein bisschen getrommelt, sodass jeder ihn bemerkte!...Dann hat er ihnen zuerst gedankt, das sie alle gekommen sind...und das er etwas verkünden möchte......."Es ist

Gottes Wille...dass sich hier zwei liebende Menschen gefunden haben...und seine liebe Tochter Johanna...einen Mann....fürs Leben gefunden hat!" (freut sich, wirkt stolz) *„Unser guter Bodan, den ja jeder kennt...immer hilfsbereit...immer da, wenn man ihn braucht!"* (grinst, freut sich).......Ja so sagt er! (ganz stolz)..... *"Ich wünsche mir nichts mehr, als das meine Tochter glücklich wird!"..... "Einen besseren Mann, kann ich mir für meine Tochter nicht vorstellen!"* (lächelt unentwegt)

F: das freut Dich aber?

A: ja! Die Leute klatschen...und....manche klopfen mir auf den Rücken!.......Ich halte Johannas Hand! (strahlt über das ganze Gesicht)

F: das hier ist keine Hochzeit oder?

A: nein! Aber jetzt...können wir planen...die Eltern planen!

F: steht auch schon der Tag fest?

A: ..in den warmen Monaten!...Es dauern..die Vorbereitungen noch etwas an...und dann wird kurzfristig....der Tag bestimmt!

Kommen wir somit zu seiner Trauung und damit gleichzeitig zu einem Moment, der mich wieder das Staunen lehrte. Aber lesen Sie selbst!

A: ..ich stehe vor dem Gebetshaus und warte!......Sie sieht sehr gut aus!! (lächelt stolz)

F: sieht sie gut aus?

A: ohhh sehr!! (lächelt, schwärmt)

F: beschreib sie mal!

A: ...sie hat die Haare so schön gebunden! (schwärmt)......Sie trägt...das Kleid, das sie ganz selten anzieht!...Es ist jetzt anders genäht!.....Dieser feine Stoff, den ich ihr schenkte...den hat sie an das Kleid hinzugenäht...oberhalb!...Spitzen hat sie daraus gemacht! Und hat dieses graue Kleid.....(lächelt).....sie hat die Haare sehr schön!

F: was passiert noch?

A: ..ich nehme sie an der Hand und gehe mit ihr zusammen hinein!...Die Menschen, die uns mögen, sind alle da!......Ich dachte...ihr Vater würde uns...trauen, aber es ist nicht so...ihr Vater macht es nicht!

F: wer macht das jetzt?

A: ....ähm..ich weiß nicht, ich kenne den nicht so gut!

F: ist er nicht aus eurer Siedlung?

A: nein!

F: gib mal wieder, was er sagt und was so alles passiert!

A: ..zuerst...erzählt er, wie schön die Liebe ist...und...

Hier unterbrach ich, denn ich wollte genau hören, mit welchen Worten diese Trauung damals abgehalten wurde. So bat ich um die wortwörtliche Wiedergabe. Dann kam das hier ...

A: .."Meine Lieben.....meine lieben Siedler!".."Wieder haben wir hier zwei vor Glück strahlende Menschen, die zueinandergefunden haben!"...."Gerne habe ich diesen Weg....in Anspruch genommen...um diese zwei Menschen zusammenzuführen!"..."Um ihnen Glück zu wünschen!"..."Ihnen...zu wünschen, dass sie viele Kinder haben werden...die später stets für sie da sind!"..."Nichts Wichtigeres gibt es, wie Mann und Frau und die Frucht, die sie tragen!"....."Caswell...Bodan...und..Johanna..Luger!".....Ihr beide steht hier....um allen die anwesend sind, zu sagen...ihr gehört zusammen!"...."Drum sag mir...Johanna Luger...möchtest Du..von ganzem Herzen auch...stets für Deinen Mann da sein?"..."Nicht nur wenn es die Zeit gut mit euch meint, sondern auch in den schlechten Tagen, die das Leben auch mit sich bringt...was die Krankheit ist!"..."Sag mir Johanna...möchtest Du...mit dem Bodan...so Dein Leben verbringen?"......(atmet tief aus)...Sie hat ja gesagt!...

Dann sagt er: "Möchtest du Bodan...Caswell...die hier anwesende..Johanna...Luger...zu deiner Frau nehmen,.....stets für sie da sein, sie beschützen.....sie und eure Kinder versorgen?"......Ich habe auch ja gesagt!......Er führt unsere Hände zusammen!...Er nimmt ein langes weißes Band....legt das über unsere Handgelenke....er legt seine beiden Hände drüber...dann betet er irgendetwas...

F: verstehst Du was er betet?

A: nein...das ist so undeutlich!.....Dann öffnet er die Augen und schaut uns an...und dann.....nimmt er die Hände hoch...berührt meine Stirn und die von Johanna!...Er sagt irgendetwas, ich verstehe das nicht...ist in einer anderen Sprache!......Dann führt er sie wieder an unsere Hände...und sagt: *"So wie dieses Band eure Hände hält...so soll es euch und eure Art erhalten!"..."Stets mit viel Glück....und immer* (unverständlich)...*euch stets Gesundheit schenken!"..."Diesen Bund...besiegele ich hiermit....durch Gott!"......*Jetzt nimmt er da so eine Salbe.......und macht solche Bewegungen mit den beiden Händen...und...macht die Salben an unsere Stirn!......Er löst dieses Band von unseren Handgelenken!.......Ich darf jetzt die Johanna auf die Wange küssen!

F: wie? Nur auf die Wange?

A: ja!

F: nicht auf den Mund?

A: nein!

F: warum nicht?

A: das ist so!...Das macht man nicht vor allen! Auf die Wange...auf die Linke oder auf die Rechte! (beginnt zu lächeln)

F: und?

A: ...jetzt gehört sie mir! (atmet erleichtert aus, lächelt)

Frau B. lag vor mir in tiefer hypnotischer Trance und es sprudelte nur so aus ihr heraus. Ihr Gesicht zeigte einen glücklichen und harmonischen Ausdruck, nur die Augen rollten stark unter den Lidern hin und her. Es war ein einzigartiger Moment und ich hatte für einen kurzen Augenblick das Gefühl, als stünde auch ich in diesem kleinen Gebetshaus. Noch während ich die Worte der Trauung vernahm, lief mir unentwegt die Frage durch den Kopf, wie kann so etwas überhaupt möglich sein? So detailliert und mit der damaligen Zeit vertraut, zudem jederzeit reproduzierbar! Kann man da wirklich noch an einer Wiedergeburt zweifeln?

F: was passiert weiter?

A: ..zuerst gehen die Leute raus!...Johanna und ich...wir...stehen noch im Haus!....Zum Schluss, wenn alle draußen sind....bedanken wir uns noch!...Ich nehme die Hand von...diesem Prediger und führe seine Hand noch zu meiner Stirn!...Johanna macht das Gleiche!...Dann gehen wir in

Richtung Tür....da stehen alle.....man singt!......Sie singen....und man hat....wie so einen Weg gemacht, so mit grünen..Zweigen ausgelegt...mit Blättern......alle freuen sich mit uns!....Und jetzt feiern wir unseren Tag! (lächelt, stolz)

F: wie denn?

A: ..es gibt Wild, Fisch...Vögel...alles ist zubereitet!.....Ahhh (verzieht plötzlich enttäuscht das Gesicht)

F: was ist denn nun passiert?

A: ...zu viel...zu viel Feuer gewesen! (presst die Lippen fest zusammen)

F: Feuer?

A: ja...die das Essen...auf dem Feuer zubereitet haben! Die haben das zu tief ins Feuer gelegt! (leicht ärgerlich)

F: ist das Fleisch jetzt verbrannt?

A: ahh...so diese.....diese eine Stelle!....Die haben da was falsch gemacht (verzieht den Mundwinkel)...die hätten das nicht so machen dürfen!...Man setzt nie Fleisch in die Flammen hinein!! (leicht ärgerlich)...Aber es ist nur das eine Stück, alles andere ist in Ordnung!....Das raucht dann etwas...aber...es wird jetzt gegessen!

F: ist das in Cantuck?

A: ja!..Ja!

F: und es sind alle von der Siedlung auf Deiner Hochzeit?

A: da kann jeder kommen...ja! Kann jeder kommen! Es ist für jeden!

F: bekommst Du auch Geschenke?

A: ...(hebt die Augenbrauen, ganz überrascht) nein!

F: beschenkt man euch nicht?

A: ..wir bekommen gute Wünsche!

F: und was wünschen euch denn die Leute so?

A: ....Gesundheit, dass man gesund bleibt!..Was die meisten einem wünschen, sind viele Kinder!

F: wieviele Kinder möchtest Du?

A: viele!

F: wie viele?

A: so viel wie möglich!

F: und wie viel wäre das?

A: so viel wie es geht!
F: hm...also zwanzig?
A: soviel geht nicht!! (energisch)
F: was glaubst Du, wie viel denn möglich wäre?
A: ...mindestens vier...fünf!
F: und Du könntest die auch alle ernähren?
A: ja! (stolz)
F: aber Du hattest auch mal gesagt, dass es im Winter schwierig wird!
A: ja!
F: aber dann wird es doch mit den Kindern schwieriger, oder nicht?
A: ja, aber...Kinder braucht man! Die werden ja auch irgendwann alt!
Die Kinder sind so ein bisschen.....die stützen einen so ein wenig!
F: gehst Du dann mehr jagen?
A: ..ja! Man muss ja die Familie ernähren! (stolz)

Frisch verheiratet, zog Johanna in Bodans Hütte ein und zwei Söhne sollten bald ihr Liebesglück erweitern. Bis zum Ende seines Lebens besaß Bodan ein tiefes, inniges Verhältnis zu seiner Familie. Ich werde hin und wieder ein paar Dinge darüber einfließen lassen, jedoch nicht weiter auf seine Familiengeschichte eingehen, denn das würde den Rahmen des Buches unnötig strapazieren. Zum Abschluss des Kapitels möchte ich noch kurz auf den Bekanntheitsgrad von Bodan in der Siedlung Cantuck eingehen. Vielleicht erinnern Sie sich noch, dass Bodan bereits als Kind von den kräftigen Holzarbeitern fasziniert war. Dieses innere Bild schien zu seiner Entwicklung beigetragen zu haben, denn die gleiche Statur fand sich im Erwachsenenalter auch bei ihm. Ein kräftiger und stämmiger Holzfäller war er geworden, und da er viele Leute in der Siedlung mit seinem Holz belieferte, fand sich auch ein Spitzname für ihn. Diese Sitzung lag zeitlich noch Jahre vor seiner Trauung, möchte sie aber dennoch kurz erwähnt wissen.

F: kennen Dich Johannas Eltern?

A: vom Sehen!...Hier leben nicht so viele Leute...und die kennen einen schon!...Die sehen ja, wenn ich...den Karren mit Holz...ziehe....wenn ich unterwegs bin!

F: hast Du einen bestimmten Namen, wie sie über Dich rufen?

A: ..Spalt-Bodan!

F: also ein Holzspalter! Und Du bringst den Leuten das Holz?

A: ja!

F: wirst Du dafür bezahlt?

A: ..ich tausche!

F: und was bekommst Du im Gegenzug?

A: hm, das ist verschieden!.....Das letzte Mal, was gut war, waren...diese...diese Kissen! Das waren schön gefüllte Kissen...mit Federn!

F: mit Federn?

A: ja, mit Federn! Ich hatte vorher diese...mit ähm...waren so Lederteile mit Holzspänen gefüllte Kissen!...Aber diese...mit Federn, sind viel weicher!...Man muss aber da ein bisschen Leder drüber legen! (hebt die Augenbrauen)

F: warum?

A: diese Federn sind so hart (unverständlich) durch offene Stellen, das...pikst...das sticht durch, da muss man dann ein bisschen weiches Leder drauf legen...und dann liegt man besser!

F: und wie viel Holz hast Du für solch ein Kissen getauscht?

A: ...das war jetzt knapp einen Karren voll!....Ja, das reicht so...

F: war es viel Arbeit?

A: es waren so...zwei mittlere...Schlagungen, das ist nicht viel!

Mögen Sie mir das Abschweifen des Themas verzeihen, aber ich hielt auch die Aussagen über die Kissen als sehr erwähnenswert. Besonders im Hinblick darauf, dass er vorher welche besaß, die mit Holzspänen gefüllt waren! Eine sehr nachvollziehbare Schilderung, denn nicht jedem waren *Federn* in den Kissen vergönnt. Das Rupfen von Federn bedeutete einen sehr hohen Arbeitsaufwand und noch heute besitzen echte Daunenkissen ihren Preis.

Kapitel 8.
Besondere Ereignisse

In diesem Kapitel habe ich so einige interessante Ereignisse gesammelt, die sich über verschiedene Jahre in und um Cantucks Umgebung zugetragen hatten. So gelingt ein guter Einblick in den Wandel der Zeit und den damit verbundenen negativen Einflüssen. Da die Zuwanderung aus Europa größer wurde und somit den Lebensraum der indigenen Bevölkerung immer stärker bedrängte, waren Konflikte fast unausweichlich. Vierhundert Jahre Widerstand gegen die weißen Einwanderer endete in einer letzten verzweifelten Schlacht von 1890(!) am Wounded Knee. Wie ich es bereits schon angekündigt hatte, werden wir von einer kleinen Anlandung von Soldaten in Cantuck hören. Diese waren jedoch die Einzigen, die Bodan je in seinem Leben gesehen hatte und das bestärkt ein weiteres Mal die zeitlichen Angaben von Frau B.! Ein ebenso starkes Indiz dafür ist die Tatsache, dass nicht ein einziger Angriff von Ureinwohnern auf die Siedlung Cantuck stattgefunden hatte. Das geht auch deutlich aus der Schilderung hervor, indem man Bodan beauftragte einen Zaun zu bauen, um wilde Tiere abzuhalten. Auch in weit fortgeschrittenen Sitzungen fanden sich keine Hinweise auf abgestellte Wachen. Erst als Bodan bereits erwachsene Söhne hatte, kam es zu den ersten kriegerischen Auseinandersetzungen, von denen er aber nur *gehört* hatte! Wir werden darüber später noch einiges erfahren. So vergingen die Jahre in Cantuck. Bodan versorgte Johanna und seine wachsende Familie. Arbeit gab es genug und so war er auch ständig unterwegs, was uns weitere eindrucksvolle Ereignisse schenken wird. Hier nun seine eigenen Worte zur beginnenden Veränderung des Landes ...

F: was glaubst Du, wie sich das Land entwickeln wird?
A: ...es werden immer mehr Menschen hierher kommen!
F: und warum?
A: seitdem ich hier lebe, ist es ja so! Es kommen immer mehr Menschen...es werden immer mehr!....Die Siedlungen werden größer...es werden immer mehr!!...Das Bärenvolk verändert sich!.....Als ich noch

jung war, da war noch alles etwas ruhiger....jetzt kommen immer mehr Schiffe...und...solche Streitmächte!

F: von wem?

A: von Verschiedenen!...Aus England auch!...Die schicken dann...ihre...Krieger..Soldaten rüber und die gehen in das Land hinein!

F: was weißt Du denn über Dein Land? Wer hatte es denn entdeckt?

A: ...ich weiß den Namen nicht mehr!...Das wurde aber auch von einem Seemann entdeckt...ich weiß aber nicht wie er hieß!

F: hattest Du vielleicht mal irgendwann oder irgendwo einen Namen gehört?

A: .....ich weiß nicht..den Namen!....Ich weiß nur, dass hier aus diesem Land...ein Seemann zu unserem Land (England) kam, der von diesem Land erzählte!

F: war das ein Engländer?

A: ....ich glaube es war ein....Spanier!....Es war noch davor...als mein Vater noch jung war!....Und da fing er an zu träumen!

Natürlich wusste sein Vater bereits von dem *Neuen Land im Norden*, da 1497 n. Chr. John Cabot (Giovanni Caboto) es bereits entdeckt hatte! So verliefen *27 Jahre* bis zu Bodans Auswanderung! Könnte man wirklich annehmen, dass bis zu diesem Zeitpunkt nie jemand das Land besiedeln wollte? Wohl eher nicht, denn die nächste Aussage lässt ganz klar erkennen, dass man *„immer wieder dorthin fuhr"* und das mit Sicherheit nicht, um nur Fische zu fangen!

F: also war Dein Vater noch jung, als er von diesem Land hörte?

A: ja! Und dann fing er selbst an zu träumen...weil viele Seeleute davon erzählten!...Dann fuhren immer wieder Schiffe dorthin!...Mein Vater hatte dann meine Mutter kennengelernt...und er hatte seinen Traum immer noch im Herzen getragen!

F: was genau war sein Traum?

A: er wollte auch in dieses Land!...Einem großen Land!...Er erzählte von einem großen Land...indem man ein ganz neues Leben beginnen kann! In einem ruhigen großen Land!

F: ist es ein ruhiges Land?

A: ..das war es..als ich noch jung war! Da war alles noch ruhig!.....Es kamen Schiffe...es war ein richtiger Handel zwischen England und Spanien!...Aber mit dem Handel kamen auch sehr viele Menschen....die auch hier ein neues Leben beginnen wollten...und so wurde alles größer!....Die vom Bärenvolk fingen an, sich zum Teil zu wehren!....Es veränderte sich hier alles...viele von ihnen wurden dann auch krank!

Logisch! Durch die Aussage Bodans, wird deutlich, dass mit dem Handel auch mehr Einwanderung stattfand, welche zwangsläufig zu neuen Krankheiten führen musste. Das wiederum sorgte für ein vermehrtes Sterben unter der indigenen Bevölkerung. Aber kommen wir nun zu einer Antwort, die mir Bodan über die Herkunft der Siedlungsbezeichnung „Cantuck" gegeben hatte.

F: hast Du mal etwas darüber gehört, wie dieses Cantuck entstanden war?

A: ...die erste Familie....war eine Familie Kent!...Ich glaube aber....die waren nicht aus England...aber es war eine Familie Kent!...Da waren noch andere mit dabei....die hatten das Land verlassen....aber nicht sofort über das Wasser....waren zuerst nach Frankreich rüber!....Von dort reisten sie!....Als sie hier in das Land kamen...da waren schon Menschen hier!....Aber nicht jeder wollte mit denen leben....so zogen einige weiter!...Manche an der Küste vorbei....andere in das Landesinnere!...Die Familie..Kent....zog dann (unverständlich)...nach Cantuck....weil man von dort aus ruhige Stellen hatte...vom Wasser....von dort aus...war eine Verbindung zu einem See....und einem Fluss....der dahinter liegt!...Es war alles in der Nähe!...Man wollte hoch bauen....um die Ankömmlinge besser sehen zu können!....So blieb diese Familie Kent...mit noch anderen...an diesem Platz!...Es war auch leichter....man hatte von Anfang an zu essen....konnte Fischen...konnte...auch Ernten!....Cantuck....hat was mit der Familie Kent zu tun!

F: gibt es noch eine Nachbarsiedlung?

A: nein!

F: seid ihr die Einzigen, die dort leben?

A: ja!...Unten ist Moral!...Das ist aber noch weit weg.....da muss man noch sehr weit laufen!

Nun wissen wir, wie es überhaupt zur Ansiedlung an diesem Fleckchen Land gekommen war. Interessanterweise gibt es den Nachnamen Kent, statistisch gesehen, fast nur in der heutigen USA. Gefolgt von Kanada auf Platz zwei und England auf drei.

F: was würdest Du heute in Deinem fortgeschrittenen Alter über dieses Land sagen, wenn jemand neu einwandern würde?

A: ..ich würde sagen, das Land ist...vom Grunde her immer etwas gefährlich gewesen durch die Natur!...Aber das wäre die eine Seite der Gefahr, die andere Seite...sind die Menschen selbst, die hier in das Land kommen!...Um hier zu leben, muss man beides verstehen lernen!...Man kann hier nicht einfach nur so in die Natur gehen....es gibt wilde Tiere!...Auf der anderen Seite gibt es aber hier auch Menschen, die wie Tiere sein können!....Ich will damit sagen, dass Land hat nicht nur schöne Seiten...mittlerweile auch eine große dunkle Seite!

F: was meinst Du mit dieser dunklen Seite?

A: es ist die Gier der Menschen!

F: die Gier nach was?

A: nach Macht!

F: nach Macht?

A: nach Macht über das Land selbst!

F: also jeder möchte dieses Land besitzen oder wie meinst Du das?

A: ja! Es wird ja immer mehr! Es kommen hier immer mehr Menschen hinzu, jeder möchte mehr haben!...Es kommen welche..die bringen sehr viel mit...und die mehr mitbringen, die können sich hier mehr aufbauen...und so geht das immer weiter!

F: was bringen sie denn zum Beispiel mit, was sie dort mehr aufbauen können?

A: ..viele bringen mehr an Hab und Gut mit!

F: ist das besser?

A: ..die haben schneller etwas aufgebaut!

F: wie meinst Du das?

A: ja, sie bauen....sie können sich Menschen kaufen, die für sie hier etwas aufbauen, was sie gerne haben möchten!

F: und?

A: wir haben ja hier unsere Siedlung...und...dann kommen mittlerweile welche, die angrenzendes Land in Anspruch nehmen!...Das sie einfach für sich beanspruchen...indem sie sich eine große...Hütte bauen, in kurzer Zeit!...Weil sie sich auch Materialien aus England mit hierher bringen lassen!.....Die bringen auch Tiere mit....aber die meisten Überleben eine solche Fahrt nicht!

Wie wir sehen, reiht sich eine logische Erklärung an die andere. Zuerst wanderten diejenigen aus, die nichts zu verlieren hatten. Mit der Hoffnung auf ein besseres Leben, wagten sie ein großes Risiko, denn niemand war sich im Klaren, was sie erwarten würde. Erst nachdem Sicherheit und Eigenständigkeit der Kolonien erreicht wurde, zog es auch die bessergestellten Personen in dieses Land.

F: wer regiert denn eure Siedlung? Wer ist denn dafür zuständig?

A: ...es kam vor Jahren ein Mann an....der hier mittlerweile alles...leitet und alles macht!

F: kennst Du ihn?

A: ist der Herr Regent...Hilton!

F: wie?

A: ...Regent...Hilton...Hilton...der hat momentan hier viel zu sagen, ja!

F: und wo hat er die Macht her?

A: ..die Macht?...Jeder der viel.....der viel mitbringt, hat immer Macht!

F: ja gut, aber wie kann er denn jetzt einfach über alle regieren?

A: der kam und hatte sich etwas aufgebaut!..Dann hatte er vielen Menschen...auch gesagt, wie man etwas besser machen kann!.....Hatte vorne...mit den Schiffsleuten gehandelt!...Er hatte viele Verbindungen zu allem!....Er ist ein intelligenter Mensch!..Ist derjenige....der über vieles Bescheid weiß...wie man etwas tut...er hält auch viele Ansprachen!

Hier ist der Wandel noch deutlicher zu erkennen, der sich über die vielen Jahre in dieser Siedlung ereignete. Das noch recht frühe Cantuck wurde, wie wir bereits wissen, durch den Prediger Henry Luger geleitet. Er war es, der sich um die Belange der Siedlungsgemeinschaft kümmerte. Man sprach ihm automatisch die Führung zu, da er aufgrund seiner Verbindung zu Gott in der Hierarchie am höchsten stand. So gab er Halt und Orientierung für die Bewohner und war praktisch ohne Konkurrenz. Sehr logisch klingt demnach die Aussage über den viel später auftauchenden Regenten Hilton, der aufgrund seines Wissens in der Lage war, bessere Lebensbedingungen für die Siedler zu schaffen. Gleichwohl erhielt er natürlich auch die entsprechende Anerkennung der Gemeinde dafür. Es geht immer nur um das Überleben und so findet sich auch hier klar und deutlich, dass derjenige führt, der das Wohl der Gemeinschaft zu sichern vermag!

Ich möchte nun zu einer bedeutenden Beobachtung von Bodan überleiten, die mich hinsichtlich der gemachten Zeitangaben etwas nachdenklich stimmten. Denn schon wieder stolperte ich auf eine kleine geschichtliche Unebenheit, die mir erst durch die entsprechende Recherche überhaupt klar wurde. In all den vielen Sitzungen, die ich mit Frau B. durchführte, erhielt ich *nie* eine Jahreszahl, die sich annähernd an das Jahr 1600 oder darüber hinaus bewegte. Nie! So verwunderte es mich plötzlich sehr, von einem Fernrohr zu hören, das mehrere Linsen besaß und auseinandergezogen werden konnte. Anhand unserer Geschichtsschreibung unmöglich, da es erst 1608 auf der Weltbühne erschien! Allerdings, so stellte sich in meinen Recherchen heraus, gibt es auch einiges an Unstimmigkeiten. So wurden die beantragten Patente des Erfinders mit dem Namen Hans Lipperhey abgelehnt, mit der Begründung, dass bereits *ähnliche Erfindungen schon vorhanden seien!* Nun, vielleicht wissen wir heute über unsere Geschichte viel weniger als das, was wir zu glauben wissen. Aber lesen Sie selbst!

F: wo bist Du?
A: ich bin auf einem Schiff...am Hafen, auf dem Schiff...

F: und?

A: der Käpt´n...führt..ein Fernsichtgerät!...Er steht da...und unterhält sich mit dem Kontrolleur!....Er hält so ein Fernsichtgerät...womit man in die Ferne schaut...ganz Neues!

Bodan sprach hier von einem *neuen* Fernsichtgerät. Weiter unten erwähnt er sogar, dass es das erste Mal ist, dass er so etwas gesehen hat. Hier eine kleine Betriebsanleitung ...

F: kannst Du mal beschreiben, wie es aussieht?

A: ..das ist...hochwertig verarbeitetes Holz...mit so...glänzenden Metallringen!...Man zieht das auseinander...und stabilisiert es, mit so einer Schraube!...Die dreht man an der Seite rein!

F: warum muss das stabilisiert werden?

A: ..das ist...damit es in einer Position bleibt....ja so sagt er, damit das nicht verrutscht, wenn man auf der See ist!

F: dreht man die Schraube in das Holz hinein?

A: das ist so eine Verbindung!...Nicht viel...so zwei, dreimal dran drehen.....wegen der Scheibe, die da drinnen steckt.......sind so mehrere!...Man kann das so verstellen, bis man die richtige Sicht hat...wenn man auf See ist...damit es nicht verrutscht!

F: wo ist denn diese Scheibe?

A: ...die ist vorne!

F: sind das verschiedene Scheiben, die man nutzen kann?

A: ..ja!

F: also man tauscht die Scheiben vorne aus?

A: man kann sie rausnehmen, je nachdem wie man das für die Sicht braucht!...Ich hab das jetzt nicht so verstanden, für was man welches nimmt, aber manchmal muss man das dann rausnehmen!...Es kommt auf die Entfernung an!....Das Ganze trägt er in einem Lederbeutel...den er am Gürtel befestigt hat!

F: wie groß ist denn dieses Gerät?

A: ...hm....so groß wie ein Holzspalt!

Ein für Bodan absolut passender Vergleich, denn das war etwas, was er kannte und jeden Tag sah! Dieses Fernrohr musste schon zu Bodans Zeit existiert haben, denn Frau B. ließ in der Nachbesprechung keinen Zweifel darüber.

F: und wenn man das mit Deiner Armlänge vergleichen würde, wie lang wäre dieses Gerät?

A: der Unterarm!

F: und wie passt das in einen Lederbeutel hinein?

A: das wird von oben nach unten reingesteckt...und dann wird das zugezogen....ein Teil schaut oben raus, damit man es schnell zur Hand hat!

F: hast Du da schon mal durchgeschaut?

A: nein!

F: sagt der Kapitän etwas zu diesem Kontrolleur?

A: ...er prahlt! Er zeigt ihm das stolz...und dann diese Scheiben!...Die hat er auch in dem Beutel drin! Der Kontrolleur schaut durch.....in die Ferne......der ist auch begeistert!

F: wie denkst Du darüber?

A: ..ich find das auch toll...das erleichtert es den Seeleuten...wenn die auf der Fahrt sind!

F: hast Du so etwas schon mal gesehen, oder ist das hier das erste Mal?

A: das ist das erste Mal, dass ich das richtig wahrnehme!

Die Aussagen von Frau B. sind in sich schlüssig, ich hatte sie mehrmals durch unterschiedliche Sitzungen überprüft! So bleibt nun die Frage über die Genauigkeit der Jahreszahlen. Wenn ihre Zeitangaben stimmen, dann wäre das Fernrohr bereits viel früher erfunden worden und erfolgreich im maritimen Einsatz gewesen! Einen Fehler gegenüber den Jahreszahlen kann man sicherlich nicht ganz ausschließen, allerdings gibt es auch gute Gründe dafür, sie als richtig zu erachten, welche ich bereits schon im Vorhergegangenen genannt hatte. Dabei denke ich aber auch an den zeitlichen Rahmen der bislang ans Tageslicht beförderten Persönlichkeiten. Von 1300 n. Chr. bis zur Geburt von Bodan im Jahre 1518

n. Chr, reihen sich nahtlos zwei Vorleben ein, die völlig exakt in ihren Aussagen die entsprechenden Epochen spiegeln und sich absolut zeitlich passend darstellen. Das Gleiche gilt natürlich auch für das erste Buch „Wir kommen alle wieder!", welches ebenso mit den genannten Zeiten von Frau B. in völligem Einklang steht. Warum also, sollte es nun plötzlich anders sein? Und das ist es im Grunde auch nicht, denn noch weitere Anhaltspunkte werden uns in diesem Buch begegnen, die kaum Zweifel darüber lassen, dass sich all die Dinge viel früher ereignet hatten, als das, was uns die heutige Geschichtsschreibung lehrt. Aber nun weiter! Da Bodan bei der Befüllung von Schiffen half, erhalten wir auch darüber ein paar sehr detaillierte Angaben ...

F: aus welchem Grund bist Du auf dem Schiff?
A: ..ich helfe!
F: bei was?
A: die Säcke!...Ich helfe Säcke runtertragen..vom Schiff runter und dann wird das Schiff wieder..bereit gemacht für die Fahrt!
F: was wird denn auf solch ein Schiff geladen, damit die Besatzung eine Fahrt gut übersteht?
A: ..in erster Linie Wasser!
F: Fässer?
A: ja!
F: wieviele Fässer lädt man denn?
A: es kommt immer auf die Besatzung an, wie viele Menschen auf dem Schiff sind!...Es wird...immer pro Kopf gerechnet!..Es ist verschieden!...Es gibt auch kleine Fässer...kleine und große!
F: haben die Schiffe eine Farbe?
A: ....manche die sind...da ist das Holz so in einem rötlichen Ton getränkt!
F: rötlich?
A: ja, so rötlich!...Dann braun...
F: ist das eine Farbe?
A: ich weiß nicht genau, was das ist! Aber es hebt sich ab von dem normalen Holz!...Es ist nur.....in bestimmten Bereichen!

F: und wo?

A: ...unter das Wasser sehe ich jetzt nicht....aber es ist so oben....und in dem Bereich zum Wasser hin!...Und auch diese Verbindungsteile...die Verbindungsholzstücke...welche vorne sind....die vorne am Schiff hinunterlaufen....da ist das auch! Und hinten auch....hauptsächlich dort, wo auch immer diese Verbindungsstücke sind! Es laufen ja Holzteile am Schiff vorbei und dann kommt so ein Verbindungsstück...wo das Holz dicker ist...und das ist vorne! Ich würde meinen, das gibt es am ganzen Schiff hindurch, weil es auf der anderen Seite nach oben auch verläuft!....Oben dann...am Ende des Schlussteils...ist das auch so!

Solch eine Beschreibung kann man nur geben, wenn man die zu beschreibende Sache auch vor sich hat. Rein aus der Fantasie heraus würde dieser Zusammenhang überhaupt nicht entstehen. Die Erklärung lässt stark vermuten, dass der tragende Teil des Schiffes, der sich von vorne oben unter dem Schiff durch bis nach hinten oben erstreckte, vermutlich durch eine Art Harz-Tinktur konserviert war. Ebenso natürlich alle Teile, die im Wasser lagen oder knapp darüber.

F: wo stehen die Namen der Schiffe?

A: ...meistens stehen sie vorne!

F: wo genau?

A: ..ich weiß, dass die ein oder anderen Schiffe es bei den Figuren haben...und manche haben ihn so an der Seite...auf einem Holz, so etwas verziert geschrieben!....Ich weiß....wenn ein Schiff gebaut wird...dass man erst, wenn es im Wasser ist..einen Namen dafür sucht! Und das kommt dann...auf ein Holzstück...so habe ich das gesehen....so bekommt das Schiff dann seinen...Namen!

F: wird dieser Name mit Farbe aufgetragen oder eingeschnitzt?

A: das wird...in das Holz hineingeschnitzt!...Wird meistens...so hervorgehoben...mit so einem Zeug...

F: was ist das?

A: ...ich weiß es nicht genau!....Man nimmt das von den Wäldern...aus der Natur...

Anhand der Schilderung schnitzte man den Namen des Schiffes in ein Holzstück ein, modellierte die Buchstaben mit einem Baumharz aus und hob sie damit viel deutlicher hervor. Vielleicht diente es auch nur dem Zweck der Konservierung, da man das tiefer eingeschnitzte Holz nicht so gut glätten konnte, denn die offenen Holzfasern wären weit empfindlicher gegenüber dem Wasser gewesen. Gehen wir jetzt zu einem Zwischenfall, der uns zeigen wird, wie man mit Seeleuten verfuhr, die sich eines Diebstahls schuldig gemacht hatten. Bodan befand sich praktisch in näherer Umgebung und so erhalten wir im wahrsten Sinne des Wortes einen *kurzen Prozess!*

F: erzähl alles, was passiert!
A: da sind die...die Klippen!
F: ja?
A: ...ein Schiff ist eingelaufen!...Dessen...Besatzung...ist oben auf der Klippe!...Stehen da...und einer der Männer, wird verurteilt! (wirkt leicht angespannt)
F: wird verurteilt?
A: ja!
F: kannst Du etwas hören, was sie sagen?
A: ....es geht um Diebstahl!
F: kannst Du mal wiedergeben, was da gesagt wird?
A: ....aus der Truhe....die dem Kapitän anvertraut wurde...hat dieser....dieser Longson....er hat aus dieser Truhe ein...Goldschmuckstück...gestohlen!...Das war kurz vor dem Anlegen! (unverständlich)...Man hat ihn dann...hoch zu den Klippen gebracht!...Man hat jetzt...in den Boden eine...Eisenstange...hineingeschlagen...und um diese Stange hat man ein Seil gebunden!...Es ist um diese Eisenstange gebunden..und.....das andere Ende (presst die Lippen kurz zusammen)...um seinen Hals!...Der Arme! (hebt die Augenbrauen)....Seine Arme...sind nach hinten gebunden!....Er kniet daneben...und das Seil um den Hals!...Ich verstehe nicht, was er sagt...er......er lacht!
F: er lacht?

A: ja!..Er lacht so höhnisch!.........Der eine schlägt ihn!.....Man zerrt ihn jetzt auf die Füße!....Man hat....einen langen Holzstab....der lacht immer noch! (verwundert).....Jetzt stoßen sie ihn da hinunter.........die hängen ihn! (hebt die Augenbrauen)

(Zeichnung Frau B.) Die Vorbereitungen für das Erhängen des Diebes.

F: stehst Du jetzt dabei?

A: ich stehe abseits...

F: wie denkst Du darüber?

A: ....ich weiß....dass das....mit dem Tode bestraft wird...besonders wenn man...den Kapitän auf dem Schiff bestiehlt!

F: woher weißt Du das?

A: ...man redet, man unterhält sich mit den Seeleuten...ich bekomm ja viel mit!

F: hängt er nun an diesem Seil?

(Zeichnung Frau B.) Die Klippe mit dem erhängten Seemann.

A: ja! Er ist tot! Ja!....Die lassen den jetzt lange....drei Tage hängen!

F: sie lassen ihn dort hängen?

A: ja, man kann das auch unten..vom Ufer aus sehen, wie er da hängt!

F: was sagen denn die Leute dazu?

A: ...wir halten uns da etwas zurück......weil.....das ist Seemannssache..da halten wir uns zurück!

F: wie sieht denn so ein Kapitän aus? Was trägt er für Kleidung?

A: ..dieser Kapitän trägt eine helle Hose!...Über dem Bauch ist ein..Gebinde...darunter ist das Hemd, das er trägt!..Über dem Hemd trägt er...eine bis zur Hüfte lange...wie so eine Jacke...die dunkel ist!

F: noch was?

A: an dem Ärmel unten...ist so ein breites Stoffband...genäht!.....Daran sind zwei..drei Knöpfe, aber nur an dem linken Ärmel!....Als wenn man darin etwas aufbewahren könnte!

F: der rechte Ärmel nicht?

A: an dem rechten Ärmel....ähm..ist auch so ein Stoffband...aber ganz normal, so das es gleich aussieht!...Aber links auf dem sind solche Knöpfe!...Sieht aus, als wenn da so eine Tasche dran wäre...die man aufknöpfen kann!....Dann sind in Brusthöhe...auf beiden Seiten...Taschen!....Links trägt er ein Lederteil...welches um die Hüften und über die Schulter läuft!

F: was ist das?

A: das ist eine Halterung!

F: und für was?

A: für ein Schwert!

F: kannst Du mal beschreiben, wie das aussieht?

A: ..an dem Gürtel ist eine Halterung...und...wie so ein Ring, ein Metallring...und an dem gebunden, ist so ein..so ein Ledersack!......Die Waffe...ist nicht groß!...Ist ein Metallstück...an so einem Griff!

F: wie groß ist sie denn?

A: ...wenn man die Jacke geschlossen trägt, sieht man nur vorne ein Stück von dem Lauf!

F: und seine Schuhe?

A: ...die sind aus Leder!...Die gehen bis zum Knöchel....die sind gebunden...die sind....von vorne zur Seite rüber gebunden!

F: woher weißt Du, das es der Kapitän ist?

A: ..hah..(lächelt kurz)....die meisten haben größere Hüte an!

F: Hüte?

A: (lacht) ja!

F: hat er einen großen Hut?

A: ja!

F: beschreib den mal!

A: der ist auch aus Leder!...Der ist oben...mit Lederriemchen gebunden, das sieht man!...Dieses Leder wurde so durchgezogen...es geht um den Hut herum!...Der Hut läuft hinten so ein bisschen größer hinaus, als vorne!.....Und vorne...ist...das Leder so ein bisschen ausgeklappt...womit er viel größer wirkt!...Das ist gegerbtes Leder....ist gegerbt! Man erkennt es auch an der Haltung dieser Männer, dass es die Kapitäne sind!....Das sieht man schon! Die anderen Seeleute sind auch bedeutungsloser gekleidet....manche tragen kaum Kleidung!

F: sind die alle bewaffnet?

A: ..nicht alle!..Ich weiß, dass es so eine....eine Rangordnung gibt!

F: woher weißt Du das?

A: ..von Seeleuten! Von dieser Gruppe von Seeleuten!

Ist ein solcher Fluss an Details nicht immer wieder beeindruckend? Nie fanden sich Informationen, die sich in den Schilderungen widersprachen. Selbst Fragen über die Kenntnis damaliger Geschichten sprudelten nur so aus Frau B. heraus. Hier etwas Seemannsgarn um anno 1555 ...

F: was erzählt man sich?

A: ...die erzählen als...Geschichten!

F: welche denn?

A: ..von der See...von anderen Ländern!...Geschichten die sich zugetragen haben!..

F: kennst Du eine gute Geschichte, die Du mal gehört hast?

A: ....ja..weiß nicht genau.....von...hmm....die erzählen von einem Schiff....das...ahmm....wie heißt das?......Bri (unverständlich)...

F: nochmal bitte!

A: Britannia!

F: und was ist damit?

A: dieses Schiff...es hätte einen bösen Kapitän gehabt!..Quiler...Quiller...hätte er geheißen...Kapitän Quiller!....Er wäre sehr böse gewesen!

F: was hatte er denn getan?

A: ..er hätte die Besatzung immer ausgepeitscht!...So lange...bis diese Seeleute die Kraft nicht mehr gehabt hätten....dieses Schiff zu führen!...Dieser Kapitän hätte nicht damit aufgehört...Menschen so lange zu quälen!....Irgendwann wäre dieser Kapitän alleine auf dem Schiff gewesen...mitten auf der See!..Dieser Kapitän...wäre nie wieder eingelaufen...in irgendeinen Hafen!.....Manchmal würde man auf der See noch dieses Schiff segeln sehen...ganz alleine, mit diesem..Kapitän!

F: hmm, ist das solch eine Seemannsgeschichte?

A: ja, das haben die erzählt!

F: hast Du das geglaubt?

A: es war spannend!

Zu guter Letzt möchte ich hier noch eine Schilderung einfügen, die uns zeigen wird, aus welch unsinnigen Beweggründen man damals auch sein Leben verlieren konnte.

A: ...es bekämpfen sich zwei Schiffe! (wirkt leicht besorgt)

F: ja erzähl!

A: ..ich habe Angst! Meine Söhne...sind hinaus mit dem Boot!..Sie sind auf der See...unmittelbar in dieser Nähe!

F: was passiert denn?

A: ....zuerst war alles normal!....Beide Schiffe hatten angelegt und...hatten ganz normal Sachen mitgenommen!...Alles war normal....meine Söhne sind auf der See...mit ihrem Boot, größere Fische zu fangen!....Ich glaube die Kapitäne von den beiden Schiffen kennen sich!....Sie beschimpfen sich!....Es geht um eine Feststellung...wessen

Schiff...schneller ist!....Sie schreien sich an!...Dann...machen sie ihre Schiffe klar....und laufen aus!.....Ich sehe, wie das eine Schiff, seitlich zu dem anderen Schiff weiter vor liegt!....Es läßt den...einen Mast...vom Boot wegschwenken...und..der schlägt dann bei dem anderen an das Segel!.......Jetzt dreht das andere Schiff zur Seite bei....und.....sie streifen aneinander!......Sie streifen einander vorbei!! (Augenbrauen heben sich)....Jetzt springen die Seeleute.....von dem einen Schiff...auf das andere!...Sie bekämpfen sich!.......Der eine versucht...den Mast zu stürzen...indem er eine Spalte in das Holz schlägt!...Ein anderer...auf dem Schiff...schlägt ihm etwas auf den Kopf...packt ihn und wirft ihn in das Wasser!......Die schlagen sich alle tot!!! (aufgeregt, energisch)

F: was denkst du?

A: wer wohl den Kürzeren von den beiden zieht...

F: konntest Du die Namen der beiden Schiffe lesen?

A: ....Gua..Gua..Gua Ama!

F: und das andere?

A: ..lief....lif..long...

F: life long?

A: ja, so was!

Übersetzt bedeutet es „lebenslang", was für die Bezeichnung eines Schiffes durchaus passend erscheinen möge! Zu dem anderen Namen fand ich eine Verbindung zum Portugiesischen: Übersetzt man das erstgenannte Wort „Gua", so erhält man im Deutschen „Wasser" und für „Ama" das Wort „Liebe". Demnach „Geliebtes Wasser", was ebenso passend erscheint.

F: erzähl weiter!

A: ..sie kämpfen und so geht das hin und her....und...die beiden Schiffe fahren immer weiter hinaus!....Die...hängen irgendwie aneinander!....Man sieht hier und da einen in das Wasser fallen!........Was immer wieder komisch ist...es sind viele, die sich gegenseitig umbringen...aber diese Kapitäne...die Überleben das immer!

F: und was glaubst Du, aus welchem Grunde das so ist?

A: ...die Tragen hochwertige Waffen!

F: was für Waffen?

A: ..die haben...oft solche Lederriemen am Körper!...An denen haben sie dann...solche...aus diesem harten Zeug....wie so Ketten an (unverständlich) da sind dann Messer (unverständlich)...die haben solche Feuerwaffen....diese mit Feuer....das hängt alles so an diesem Lederteil!...Läuft ein Riemen so über die Schulter...dann über die Taille...und dann zur Seite hin!.....Diese Sachen verleihen ihnen Macht!

Wenn Sie sich erinnern mögen, weiter oben beschrieb Bodan bereits einen anderen Kapitän. Hier bekommen wir wieder eine absolut deckungsgleiche Aussage. In dieser Sitzung zeigte sich auch, dass Bodan bereits etwas mehr über die Funktion einer Feuerwaffe wusste.

F: sind sie dadurch gefährlicher?

A: ..ja!..Aber diese...Feuerwaffen...die sind nicht so gut!

F: nicht gut?

A: ..bis man die.....die kann man in einem Gefecht nicht so gut einsetzen!

F: nein? Warum nicht?

A: ..bis man die gezündet hat...das dort vorne...diese....Kugel rauskommt...bis dahin hat der Gegner einen schon erstochen! (hebt die Augenbrauen)

F: wie feuert man denn solch eine Waffe ab? Warum dauert das so lange?

A: ..ich weiß nur das man dieses Teil zum Brennen bringen muss!...Und diese Zeit...ist ja dafür nicht da!...Diese Waffe kann man nur einsetzen...wenn man...Zeit zum Vorbereiten hat!...Aber so kurzerhand....geht das nicht....so hat man mir das gesagt!

F: wie zündet man das an? Was hat man denn dafür?

A: ..die haben immer solch ein Säckchen...mit so einem Zeug drin!...Ich kenne mich nicht so aus!...Das tragen sie in diesem....Beutel....und......es ist so ein schwarzes Zeug....ich habe das schon gesehen...das braucht man!

F: und wie macht man das Feuer?

A: ....ich weiß das!...Ich glaube, das ist wofür sie...diese zwei Steine haben...und..so einen komischen...Faden!.....Den legen sie in das schwarze Zeug....und..wenn man da einen Funken von den Steinen drauf gibt...dann brennt das.....das hab ich gesehen!

F: also hält jemand diese Waffe fest und macht dann mit einem Stein einen Funken?

A: nein! Man braucht erst mal Feuer und dann diesen...Faden..der brennt nicht...das glüht nur....wenn man drauf bläst!....Ich weiß nicht, was das ist!...Und das muss erst mal glühen!.....Und das schwarze Zeug wird dann oben...hinein gemacht...ich weiß es ja nicht genau!

F: hast Du schon einmal damit geschossen?

A: nein!! Ich hab gesehen, wie man.....dieses....schwarze Zeug da oben rein schüttet!

F: beschreibe mal, was derjenige genau tat!

A: ...das war so auf einem Fass!...Da ist ein Tuch mit dem schwarzen Zeug!...Dann hatte er von dem schwarzen Zeug rein gemacht!....Da sind solche Fäden....und den einen Faden hatte er angemacht...dass es so...ein bisschen funkt!......Dann wird das so gezogen....steht so unter Spannung!....Da macht er den Faden rein....und dann drückt er da unten auf den Hebel.....das Ding schlägt runter.......und das knallt dann...und ist wie.....eine ganz große Wolke....und das ist alles so aufwendig!

F: kostet viel Zeit?

A: ja!

F: also ist ein Pfeil und Bogen schneller?

A: ja! Oder ein langes Schwert!

Eine exakte Angabe über die Funktionsweise einer Waffe mit einem Luntenschnappschloss, welches man ab 1475 n. Chr. erfand. Der Abzug wurde über einen gespannten Federmechanismus ausgelöst, der praktisch die brennende Lunte auf die Pfanne brachte und das bereits eingeführte Schwarzpulver entzündete. Alle Angaben passen perfekt und sind fehlerfrei! Leider kann man hierdurch keine *sichere* Jahreszahl ableiten, da diese Funktionsweise eine der ältesten Auslösemechanismen für

Feuerwaffen war und vom 15. bis Anfang des 17. Jahrhunderts gebräuchlich war. Dennoch lässt es auf eine frühe Zeit schließen, denn Frau B. ließ mich in der Nachbesprechung wissen, dass man diese Waffe auf dem vorhandenen Holzfass auflegen musste, da sie viel zu schwer war, um sie hochzuhalten. Spätere Waffen waren um einiges leichter und wurden bereits ab dem 16. Jahrhundert sogar bei berittenen Einheiten genutzt. Bodan wird uns nun noch etwas über Piraten erzählen. Zudem werden wir später noch von einem großen Angriff von ihnen auf die Siedlung erfahren, durch den er fast sein Leben verloren hätte. Die kommende Schilderung beinhaltet erneut ein sehr wichtiges Indiz für die Richtigkeit der genannten Jahreszahlen.

F: wo bist Du?
A: ...ich bin unten am Hafen...ein Schiff legt an....die Leute sind etwas aufgebracht!.....Der Kapitän...fragt.......wer für die Waren zuständig wäre!...Er ist etwas aufgebracht...ich frage ihn, ob etwas Bestimmtes passiert wäre?.....Er sagt.....die Sam...Sambaje....Sambaje...wäre angegriffen worden......das Schiff wäre an der....Komt..wellküste...
F: nochmal bitte!
A: bei der Ko...Komow..olt Küste...
F: Commonwealth?
A: ja so...so..Küste!...Da hätte er das Schiff gesehen....herantreiben.....wäre durch das Wasser zur Küste getrieben!.Das Schiff wurde angegriffen..ähm...diese...diese Bargu...Bar....Barguisen (womöglich Portugiesen)...diese verdammten (unverständlich) Schweine!...Er meint, das die das waren! Die haben das wahrscheinlich gemacht, die haben das spanische Schiff angegriffen! (leicht nervös)

Behalten Sie sich das Wort *Commonwealth* kurz im Gedächtnis. Es ist sehr wichtig, denn dazu wird es gleich noch einiges zu sagen geben.

F: ist das ein Spanier, der Dir das sagt?
A: nein! Der kommt aus England, der hat noch Waren...Vieh und Stoffe...der sucht den Kontrolleur...der die Sachen aufnimmt, die ganzen

Fässer und was er so dabei hat!...Ich bin nur da, um zu helfen,...und die ganzen....Fässer und...

F: hatte er das zu Dir gesagt?

A: ja zu mir und.....zu noch jemandem der dort hilft...ja....zu den anderen Männern!..Das Schiff wurde angegriffen auf der See...und trieb an die Küste...er hatte dieses Schiff dorthin treiben sehen..muss sich da irgendwie kurz drum gekümmert haben oder so....und hatte dann erfahren, was passiert war!

F: erzählte er genau, was passiert war?

A: er erzählte nur, dass es angegriffen wurde....es war ein spanisches Schiff...und das viele...dabei getötet wurden!.....Es war ein schwerer Kampf...waren so Ausbeuter (Freibeuter)...auf der See!

F: gibt es Piraten?

A: ...es gibt ähh....wie diese wo diese Schiffe dann angreifen....die berauben auf der See....diese Räuber...die gibt's!

F: haben die einen speziellen Namen?

A: ...die Seeräuber!

F: hattest Du schon mal welche gesehen?

A: ....als Kind war mal....war mal etwas auf der See....aber das...ging noch gut aus!

F: war das als Du mit Deinen Eltern in das neue Land kamst?

A: ja das war damals!

Ich möchte nun kurz auf die Bezeichnung *Commonwealth* eingehen, die Bodan in der Schilderung nannte. Vielleicht haben wir hiermit ein kleines Indiz für die Richtigkeit der angegebenen Jahreszahlen, welches mit der frühen Kolonialisierung in Verbindung steht. Gemäß meiner Recherche kam diese Bezeichnung erst Ende des 15. Jahrhunderts in die englische Sprache und übersetzt bedeutet es „Allgemeinwohl". Darüber hinaus fand ich einen Artikel, der auf eine Schrift von Thomas Smith von 1583 n. Chr. hinwies, welcher die Bezeichnung Commonwealth in einen besonderen Zusammenhang brachte. Ich zitiere:

Als Allgemeinwohl wird eine Gesellschaft bezeichnet...bestehend aus einer Vielzahl freier Menschen versammelt und vereint durch Einvernehmlichkeit untereinander.

Demnach stand der Begriff Commonwealth ganz eindeutig für das Allgemeinwohl, welches auf freiem demokratischem Bündnis basierte! Nun, wehrte Leserinnen und Leser, eine Demokratie passt nun mal nicht zu einer Monarchie, denn in dieser Zeit regierte Königin Elisabeth I. von 1558 bis 1603 n. Chr. in England! So passt dieser frühe Begriff jedoch exakt in ein Land, in dem sich Menschen frei und einvernehmlich einfanden, um dort ein neues und besseres Leben zu finden. Cantuck wurde weder von einer Königin noch von einem König regiert, das geht ganz deutlich aus den Sitzungen hervor. Es war frei und unabhängig und das Land wurde *nicht* für irgendeinen Monarchen eingenommen. Demnach war die Aussage über eine „Commonwealth Küste" sehr passend für *ein freies Land*, in dem Bodan von 1524/26 bis 1576 n. Chr. gelebt hatte!

Kapitel 9.
Juicemen, San Moral und die Indianer

Mit diesem Kapitel möchte ich nun etwas mehr auf Situationen mit den Ureinwohnern eingehen. Wie wir bereits wissen, lebten sie anfänglich etwas zurückgezogen und weniger integrativ. Das soll aber nicht bedeuten, dass sie sich völlig isoliert verhielten, denn es gab auch Situationen, indem vereinzelte Ureinwohner Cantuck aufsuchten, um diverse Dinge zu tauschen. Aber in San Moral zeigte sich ein völlig anderes Bild. Dort in der Nähe befanden sich andere Stämme, die sich weitaus kontaktfreudiger verhielten. So lebten einige sogar schon mit den Siedlern zusammen, wie wir noch lesen werden. Dieses Miteinander war nicht von Dauer, was bereits die vorherigen Kapitel schon erahnen lassen. Wie schon die Reden in dem Gebetshaus von Cantuck deutlich machten, verdächtigte man die Ureinwohner, Siedlungskinder zu entführen oder diese sogar zu töten. Und so war es sehr interessant festzustellen, dass man auch in dieser großen Siedlung San Moral, eigentlich genau das Gleiche tat ...

F: Du siehst ein Holzhüttchen?

A: ...ja...in Moral!

F: Montreal?

A: Mon..roal!

F: dort siehst Du eine Holzhütte?

A: da steht eine Frau drin!

F: und?

A: ...sie predigt!

(Zeichnung Frau B.) Die rufende Frau in San Moral (Montreal).

F: was sagt sie denn?

A: ..ich glaube sie trägt eine Bibel mit sich herum....ein Gottesbuch..trägt sie mit sich!

F: sagt sie etwas?

A: ..with God...and help......our Child (unverständlich)......Es geht um ein Kind!

F: was ist mit dem Kind?

A: ...ein Junge!.........Es ist die Mutter von einem Jungen...der Junge ist verschwunden!...Sie spricht jeden an!.....Sie....erklärt jedem wie der Junge aussieht....und das man ihr helfen soll!....Der Vater von dem Jungen...ist schon seit Tagen auf der Suche nach ihm.......sie gibt dem Bärenvolk die Schuld!

F: was sagt sie über das Bärenvolk?

A: ..sie glaubt, dass die etwas mit dem Verschwinden zu tun haben...das sie ihn mitgenommen hätten!

F: glaubst du das auch?

A: ich weiß es nicht!...Ich würde wahrscheinlich auch so reagieren....wenn ich an ihrer Stelle wäre!

F: wieviele Leute sind denn jetzt dort?

A: das ist eine frei stehende Hütte!....Das ist....wie so ein...ein Podest! (spricht das Wort englisch aus)

F: ein Podest?

A: wie so ein Podest....wo man baut..um so Reden zu halten!...Da steht sie hoch drauf....das wurde gebaut!

F: das wurde für sie gebaut?

A: nein, das hat man...für alle möglichen..Ansprachen gebaut!

F: also für alle die Reden halten möchten?

A: ja, für jeden der irgendwie da etwas mitteilen möchte!.....Ob von der...Kirche..für biblische Zwecke...solche Glaubenssätze....oder nur eine Ansprache für....irgendjemanden!

F: weshalb bist Du eigentlich an in diesem Ort?

A: .....ich habe mehrere Sachen zu erledigen!...Ich hab da...einen großen Beutel so Schiffsnägel...die bring ich noch (unverständlich)..und dann geh ich noch....zu Juicemens Haus!....Und ich hab noch...feinen Stoff!

Dieser Juicemen war eine recht interessante Persönlichkeit. Er schien ein fester Bestandteil der Nachbarsiedlung San Moral gewesen zu sein und betrieb, so würde ich es beschreiben, eine Art Vorläufer späterer Saloons. Juicemen handelte mit dem begehrten Feuerwasser und womöglich führte genau das zu seinem Spitznamen, den man getrost mit > Saft-Mann < übersetzen kann. Eine sehr passende Beschreibung für seine Tätigkeit, denn er belieferte nicht nur seine Mitmenschen, sondern auch einen in der Nähe befindlichen großen Stamm von Ureinwohnern mit Schnaps. Dieser Umstand hatte dazu geführt, dass er sich in eine Indianerfrau verliebte, sie später zur Frau nahm und so mit ihr gemeinsam in der Siedlung San Moral seinem Geschäft nachging. Bodan lernte ihn durch seine Transporte kennen, die er mit seinem Pferd hin und wieder verrichtete. Dieses Pferd, welches er Dogbo nannte, hatte er im Laufe der Zeit in Cantuck durch einen Tauschhandel mit Holz erworben. Vermutlich ritt er auch oft in seinem eigenen Auftrag nach San Moral, um mit verschiedenen Waren, in dieser weit größeren Siedlung gute Geschäfte zu machen. Aber hin und wieder erhielt er auch Aufträge von Kapitänen, wie zum Beispiel diesen ...

F: bist Du mit Deinem Pferd in San Moral?
A: ja!
F: was machst du dort?
A: ...ich habe...so ein Pergament!
F: was ist damit?
A: das ist...von dem Kapitän...
F: hast Du es gelesen?
A: ...der Kapitän Glock gab es mir!...Ich muss das..nach Moral bringen...um es dort..einem Mann zu geben!...Der hat dort ein Haus.....wo man etwas trinken kann!...Dem muss ich das bringen!
F: weißt Du, was auf dem Pergament steht?
A: ich weiß, was drin steht...ja!
F: was denn?
A: ..der Käpt´n Glock hat auf diesem Pergament...mit der Feder festgehalten...um..zu Übermitteln, dass es...ich glaube 24.....24...wie er sagte...Tag und Nacht wechsel...dauern würde...
F: 24 Tag- und Nacht?
A: ja!
F: was dauert so lange?
A: so lange braucht das!...Ähm.....das ist Ware für diesen....Mann..die der Käpt´n in 24 Tagen...mitbringt....aus Britannien!...Von dort bringt er dann diese...Kisten mit....die dann hierher gebracht werden müssen!...So weiß der nun....Bescheid....deshalb hat er die Information...auch mit der Feder festgehalten! (Rest unverständlich)
F: achso und er hat Dir das noch mal gesagt, was er schrieb?

A: ...ja....damit ich weiß um was es geht, aber......ich weiß nicht, ob der das lesen kann?

F: ich verstehe, was Du meinst. Falls er das nicht kann, weißt Du auf jeden Fall, worum es geht!

A: ja!

Wie wir sehen, hatte sich der Kapitän zweimal abgesichert, indem er Bodan die schriftliche Nachricht gab und ebenso mündlich über den Inhalt unterrichtete. Völlig logisch, denn zu dieser Zeit war es immer noch nicht jedem vergönnt, lesen oder schreiben zu können. Interessanterweise lag dieser Kapitän in Cantuck vor Anker und nicht in San Moral, obwohl eine deutliche Handelsbeziehung zu erkennen war. Das lässt mich wieder einmal vermuten, dass dieser Umstand mit der Gefahr der Untiefen des Sankt-Lorenz Stromes zu tun hatte, denn wenn wir uns zurückerinnern, konnte man dort aufgrund der Felsen nur mit dem Boot anlanden. Wahrscheinlich war es auch nur zu bestimmten Zeiten möglich, diesen Strom risikolos befahren. Noch heute braucht man Lotsen, die einen sicher durch diesen Strom geleiten! Von dieser Seite aus betrachtet, war Cantuck für den beginnenden Handel weit interessanter, was wir noch erfahren werden. Letztendlich kam es jedoch später zu vielen Abwanderungen in andere Siedlungen, womit Cantuck immer unbedeutender und von der Population her deutlich ärmer wurde.

F: gibst Du ihm nun die Nachricht?

A: ...ich sag ihm, dass ich...vom Käpt'n Glock komme...um ihm die Mitteilung zu bringen....wann er wieder einläuft....und das er...in zwei Tagen wieder auslaufen wird!...Er sagt mir, dass...sich nichts geändert hätte...mit dem was er normal immer nimmt!.....Ich geb ihm diese...Rolle...Papier!.......Er bietet mir was an...

F: was denn?

A: ...sein weißes Zeug (verzieht stark das Gesicht).....es brennt!

F: Du verziehst das Gesicht? Was ist denn?

A: ....das brennt im Hals!

F: weißt Du, was das ist?

A: ....es raubt einem die Sinne!

F: raubt einem die Sinne?

A: ja! Wenn man zu viel davon trinkt!

F: wie heißt denn das? Was genau ist das?

A: ......würde sagen, es ist brennendes Wasser!

F: nennst Du es so?

A: ja, es brennt im Hals!

F: gibt es einen speziellen Namen dafür?

A: ....hmm....hmm.....

F: nennt er vielleicht einen Namen?

A: ...er lacht und sagt, das ist wie Feuer!....Wäre Feuerwasser! (hebt die Augenbrauen)

F: und schmeckt es Dir?

A: nein! (lächelt)

F: ist es das erste Mal, dass Du dieses Feuerwasser trinkst?

A: ..nein! (lächelt)

F: Du lächelst, warum?

A: ...(lacht in sich hinein)...

F: was ist denn?

A: ...(lächelt)...wie ich es das erste Mal probiert hatte (lacht ein wenig dabei)......da war einer....nein..es waren zwei!.....Wie nennen sie sich?...Mo...Mokas.....vom Bärenvolk, die haben....die haben (lächelt breit)......ne Flasche getauscht (wirkt leicht angetrunken)...gegen Kleintierfelle!.....Dann haben sie davon getrunken (lächelt wieder)......und sind dann (lacht in sich hinein).....wackelnd und nicht mehr Herr ihrer selbst (lachend ausgesprochen)...aus dem.....Haus raus...und.....haben immer so komisch gemacht! (lacht)...Beide hatten so komisch und schnell gesprochen (lacht)...komische Geräusche...und immer mit dem Kopf gewippt! (lacht)

F: lustig? (lache selbst)

A: ...ah..ja! (lacht)

Auch hier fand sich wieder ein sehr lustiger und angetrunkener Bodan, wie wir ihn schon im sechsten Kapitel erleben durften. Gerade mal neun Fragen weiter und der Alkohol hatte seine volle Wirkung erreicht. Ein ständiges Grinsen fand sich in Frau B´s Gesicht, welches den Moment sehr plastisch hervortat.

(Zeichnung Frau B.) Die betrunkenen Indianer. Man beachte die Form der Flasche!

F: was sagtest Du dazu?

A: (lacht)....(spricht lachend)...das Zeug kann einem schon den Verstand rauben! (lacht)

F: und wie fanden sie das?

A: (lächelt)...jaaa die haben die Flasche (unverständlich)....Die Bewohner hier...belustigt das, wenn sie die so sehen! (lacht).....Man muss wissen, wie viel man trinken kann...von dem Zeug!...Die treten so...wie so Storchvögel (lacht) wie so Storchvögel (lacht)..und dann den Kopf immer so wippend (lacht, wirkt vollkommen amüsiert)...

F: und das bringt Dich dann auch zum Lachen?

A: ja! (lacht)....Ich hab den mal gefragt...wie viele Felle er denn mittlerweile schon hat? (lacht)....Die kommen doch sehr oft mit ihren Fellen!....Die Felle sind gut, die sie immer tauschen! Bekommen dann eine Flasche von dem brennenden Wasser!.........Ah! (hebt die Augenbrauen).....Er sagt, dass er die Felle...wieder weiter verkauft!

F: wer sagt das?

A: dem ich das Pergament gebracht habe!

F: kennst Du seinen Namen?

A: ......(grinst)...

F: was ist? Kennst Du seinen Namen?

A: ......(lacht)...

F: was ist denn?

A: ..Juicemen! (lacht)

So lernte Bodan diesen Juicemen näher kennen. Immer dann, wenn er sich in der Stadt befand, kehrte er auch bei ihm ein. So entstand mit der Zeit eine kleine Freundschaft zwischen den beiden. Aber wechseln wir nun zu einer anderen Sitzung, in der Bodan wieder nüchtern war.

F: kennst Du Juicemen mittlerweile gut?

A: ..der hat einen guten Pfad zu dem Bärenvolk!

F: ach, wie das?

A: einen...guten Pfad hat der zu denen! Sehr guten Pfad!! (hebt die Augenbrauen)...Der hat eine Frau von denen!

F: eine Frau? Hast Du sie mal gesehen?

A: ja!

F: gefällt sie Dir?

A: ..die sehen so speziell aus!

F: wie meinst Du das?

A: na die sind anders! Die Augen...das Gesicht.....diese langen....kräftigen dunklen Haare!....Das ist...speziell!

F: gefällt Dir das?

A: ....es sieht gut aus, ja!....Aber gefallen..hm...(spitzt die Lippen)...

F: besitzt sie große oder eher kleine Brüste?

A: ....(die Augenbrauen ziehen sich plötzlich ganz weit nach oben)....darüber redet man nicht!! (ganz energisch, Augen rollen unter den Lidern, wirkt nachdenklich)

Ich wollte unbedingt herausfinden, wie er sich bei einer indiskreten Frage verhalten würde, so wie ich es schon in den anderen Publikationen getan hatte. Seine Antwort war absolut typisch für den herrschenden Zeitgeist. Jede Persönlichkeit trug die für ihre Epoche konditionierten Erziehungsprozesse in sich, welche ganz klar zu den entsprechenden Reaktionen führten.

F: redet man nicht über so etwas?

A: nein!! (ganz energisch)

F: aber Du kannst sie doch sehen, oder nicht?

A: ja, aber da achtet man nicht drauf!...Man sieht es, aber man achtet nicht darauf!

F: und wenn Du sie mit Deiner Johanna vergleichst?

A: (lächelt ausgeprägt)

F: ja, was?

A: (Gesicht wird plötzlich schlagartig ernst)...die kann man nicht mit Johanna vergleichen!!

F: nein?

A: nein!! (energisch)

F: und weshalb nicht?

A: ..die Johanna hat...hellere Haut!...Ein ganz anderes Auftreten....wenn sie...aus dem Haus...Wasser holen geht!...Die hat eine ganz andere Art sich zu bewegen!! (energisch)

F: und wo liegt der Unterschied zu dieser Frau vom Bärenvolk?

A: sie hat...einen sehr gesenkten Blick!

F: Deine Frau?

A: nein!! (ganz energisch)...Dem Juicemen seine Frau!! Die hat immer so einen gesenkten Blick!...Die lächelt...nicht so...die hat mehr den Kopf gesenkt!....Johanna hat den Kopf immer nach oben! (stolz)

F: also die Körperhaltung ist anders?

A: ja, sie ist auch neugieriger...zum Teil!...Ja sie ist.....ne tolle Frau! (schwärmerisch)

Der männliche Charakter war unverkennbar, nur die weibliche Stimme von Frau B., schien irgendwie nicht so zu passen. Gleich vorweg, Frau B. ist hetero veranlagt, demzufolge gibt es auch keinen Raum für Spekulationen in dieser Hinsicht. Dasselbe zeigte sich ja auch in den vorangegangenen Publikationen und verdeutlicht umso mehr, dass es sich um unterschiedliche Persönlichkeiten handeln muss!

F: wie unterhält sich denn dieser Juicemen mit seiner Frau? Versteht er sie?

A: ....ich würde sagen...dass ist so ein wenig eingespielt...sie weiß was er möchte!...Er zeigt es ihr....aber viel verstehen glaube ich, tut sie nicht!....Ich würde meinen, er hat aber auch einiges von dieser Sprache angenommen!

F: wie lange bist Du denn mit Deinem Pferd nach San Moral geritten?

A: ...das ist verschieden! Manchmal...so zwei Tage!.....Ist ein zwei Tage ritt!

F: zwei Tage?

A: es kommt immer drauf an...

Erinnern Sie sich noch an den ersten Tag, als Bodan mit seiner Familie San Moral erreichte? Sie hatten lediglich einen von einem Maulesel gezogenen Karren für das Gepäck und liefen *drei Tage zu Fuß* nach Cantuck. Mit einem Pferd ging es natürlich schneller und so sind zwei Tage passend, denn ich hatte die Wegstrecke durch ein Navi überprüft.

F: siehst Du viele von diesem Bärenvolk, wenn Du so durch das Land streifst?

A: ja! (hebt die Augenbrauen)

F: sehr viele?

A: ja! Viele laufen weg....die schauen und dann sind sie weg!

F: und weshalb?

A: ..ja, die sind anders wie wir!

F: und dieser Juicemen kam mal irgendwann mit denen in Kontakt?

A: Juicemen, ja! Der hat irgendwie....ja der hat überall...die..Finger!

F: kannst Du mal beschreiben, wie er aussieht?

A: ...ich weiß nicht, wie der das macht, aber der ist...zweimal so viel wie ich! Zweimal so viel....der ist....breit...vom Aussehen her! Der....sieht aus wie ein Bär!

(Zeichnung Frau B.) Juicemen aus San Moral. Die Proportionen sind nicht so ganz stimmig. Juicemen war um einiges kräftiger.

(Zeichnung Frau B.) Juicemens Saloon anno 1550 n. Chr.

F: und wie trägt er das Haar?

A: ....(lacht)..der hat die Haare komisch!..Er hat die so komisch gelegt...vom...rechten Ohr laufen die Haare über den Kopf und vom linken Ohr nach hinten....sieht komisch aus! Seltsam! (lächelt).....Sieht aus wie ein Elch! (grinst)

F: wie ein Elch?

A: ja, vom Gesicht her!

F: und wie trägt diese Indianerfrau die Haare?

A: ...die Frau trägt sie offen! Die fallen ihr immer wieder in das Gesicht, dann sieht man ihre Gesichtszüge nicht so!...Nur wenn sie den Kopf etwas anhebt, dann sieht man ihre Gesichtszüge!

(Zeichnung Frau B.) Die Indianerfrau von Juicemen, Ginda.

F: welche Kleidung trägt diese Frau?

A: ...die hat....so ein gewebtes Kleid...mit so einer...wie eine Lederweste drauf!..Sieht so anders aus!

F: also nicht die typische Kleidung von euch?

A: nein! Sie trägt so eine Kleidung von uns....aber dann...ihre Lederkleidung, die sie tragen!....Mal mit Fell...mal ohne...aber sie hat immer etwas davon an!

F: woher unterscheidet sich denn Cantuck von diesem San Moral?

A: ..Cantuck...ist direkt...am Meer!..Das Meer ist viel näher...und da kommen sehr viele Schiffe...die dort einlaufen...von da aus geht einiges!

(Zeichnung Frau B.) Der Blick vom oberen Cantuck aus auf die offene Meeresküste.

F: gibt es dort viele Indianer?

A: ...in Moral gibt es auch sehr viele....von diesen Bärenvölkern!...Es gibt dort sehr viele!

F: wo genau?

A: so angrenzend!

F: mehr als in Cantuck?

A: in Cantuck gibt's die auch, aber....die in San Moral sind irgendwie....ähm...die sind...mutiger!....Die sieht man bei Juicemen sehr viel...sind auch neugieriger!....Die sind ja von da! Ich glaube nicht, dass die direkt weglaufen!

Anhand der geschichtlichen Überlieferung von Jacques Cartier besuchte dieser 1535 ein Irokesendorf, das sich in der Nähe des „Mount Royal" befand, also dem Berg von Montreal. Wir werden später noch von Bodan, über die Vernichtung dieses Stammes erfahren und interessanterweise, berichtete Samuel de Champlain, der 1603 Cartiers Spuren folgte, dass das Dorf zu diesem Zeitpunkt nicht mehr existierte! Allerdings wird die „bereits bestehende Siedlung „Saint Mount Royal" aus welchem Grunde auch immer nicht erwähnt. Erst 39 Jahre später, spricht man von der Gründung eines *militärischen Forts als Grundsteinlegung für die heutige Millionenstadt Montreal!* Aber mal ehrlich, aus welchem Anlass baute man zuerst eine Festung anstelle einer friedlichen Ortsbesiedelung? Das macht doch nur Sinn, wenn man bereits schon mit heftigen kriegerischen Auseinandersetzungen zu tun hatte. Man bedenke, dass die Geschichte hier von den Anfängen spricht! Das klingt für mich bei Weitem unlogischer als die von Frau B. gemachten Aussagen über eine *friedliche Einwanderung* von anno 1524/26! Selbstverständlich erbaute man diese Festung, da bin ich mir völlig sicher, aber *erst* ab dem 17. Jahrhundert und nicht in der Zeit, als Bodan lebte! Es erscheint vielmehr als eine Reaktion auf die immer schlechter gewordenen Verhältnisse mit den Ureinwohnern, die sich *eben **erst** durch die vorangegangenen Jahre* (frühe Besiedlung) überhaupt zuspitzen konnten.

F: halten sie sich in Cantuck mehr zurück?
A: ja, das ist eher....vereinzelnd wo sie hingehen, wo sie sich hintrauen!...Aber nicht so offen über die Straße und dann an den Häusern vorbei...wie ich das in Moral gesehen habe! Dort gehen sie durch...dort halten sie jedem Felle hin!...Die haben schöne Felle! Die sind wirklich gut...sind so gut verarbeitet! (schwärmt)

Viele Sitzungen zeigten, wie sehr Bodan die Qualität der indianischen Felle und deren Leder zu schätzen wusste. Sie mussten einer ganz besonderen Gerbtechnik unterzogen worden sein, welches ein wunderbar weiches Leder hervorbrachte. Ich hatte es versucht herauszufinden, leider ohne Erfolg, da er nie wirklich sah, wie die Ureinwohner die Herstellung betrieben. Diese außerordentliche Qualität veranlasste ihn sogar, ganz alleine einen kleinen ansässigen Stamm in der Nähe Cantucks aufzusuchen, um sie zu erwerben. Wir werden noch darüber lesen! Ich wollte unbedingt etwas mehr über die Stammesunterschiede dieser Ureinwohner wissen, so befragte ich ihn weiter.

F: gibt es Unterschiede im Aussehen der verschiedenen Stämme?
A: man sieht schon....dass sie.....im Grunde genommen, alle gleich sind, aber....wenn man genauer hinschaut...sind schon Unterschiede da!....Die einen tragen....anderen Kopfschmuck...haben die Haare anders!......Die haben die Haare so in der Mitte....so komisch!.....Die anderen die tragen sie offen...mit etwas Schmuck drin....das ist verschieden!

Mit dem Hinweis auf die Stämme, die ihre Haare so komisch in der Mitte trugen, dürften wohl die Irokesen gemeint sein. Diese befanden sich anhand von Überlieferungen tatsächlich in der Nähe von Montreal.

F: wie viele solcher verschiedenen Stämme sind Dir denn bekannt?
A: ...ich habe drei gesehen, die verschieden sind!.....Diejenigen die am ruhigsten sind, sind die...wo die Ginda herkommt!
F: weißt Du, wie der Stamm von der Ginda heißt?
A: ....ahm...wie hieß der noch? (flüstert und spricht zu sich selbst)......Kuendaks....ich glaube so...
F: wie?
A: Kuendaks...Kuen...Kuendak...(nachdenklich)...so....hatte mal einer gesagt.........Gindas Kuendaks!

Ob es sich tatsächlich um eine Stammesbezeichnung handelte, wird wohl fraglich bleiben. Allerdings gibt es die Möglichkeit, mit dieser Bezeichnung zu spekulieren. Montreal liegt in der Region **„Quebec"** und das Wort stammt von den Indianern, die in dieser Region lebten, den Algonkin *Kebec* (ausgesprochen: **Kuebek**), was so viel wie *„wo der Fluss enger wird"* bedeutet. Ich finde das man durchaus eine sehr große Ähnlichkeit zu Frau B´s genannten Namen *„__Kuendak__"* erkennen kann. Aber gehen wir nun mit Bodan und Juicemen zu einem anderen Stamm, der auch in dieser Umgebung lebte ...

A: ....wir ziehen....einen Karren, da sind...zwei Fässer drauf!...Die helfe ich jetzt ziehen!...Hinter San Moral..da geht ein Weg runter!...Sind Bäume...sind sehr viele.....dahinter ist ein großes Bärenvolk!
F: lebt dieses Volk bei Moral?
A: ..dahinter!...Hinter Moral geht ein Weg runter...da kommen erst noch....Bäume...und da kommt...weites Land, wo sehr viele...
F: sehr viele?
A: ..Sinjas....Sinjas....die dort leben! Haben viele Zelte!...Aus Leder...Zelte.....Sinjas...sind das....ha (wirkt plötzlich ganz erstaunt)...

Leider konnte ich keinen Hinweis für diese Bezeichnung finden, dennoch scheint die Bezeichnung passend für einen Indianerstamm.

F: was?
A: .....wir gehen.....nur bis zum Rand...wo die ersten Zelte sind!...Da kommt einer auf uns zu!...Er unterhält sich...mit Ginda!.....Es kommen welche, die nehmen diese Fässer mit...und bringen.....ohhh (ganz erstaunt, zieht die Augenbrauen schnell nach oben).....sehr schöne Felle...und...eine Schüssel, so ein Holzgefäß...da ist so ein Kräutergemisch drin!....Das nehmen wir auch mit!

Zeichnung Frau B.) Juicemen, Bodan und Ginda beim Handel Feuerwasser gegen Felle.

F: was habt Ihr denn in diesen Fässern gehabt?

A: (lächelt plötzlich)

F: Du lächelst? Was ist?

A: ich glaub, das war...Feuerwasser! (grinst)

F: mögen sie dieses Feuerwasser?

A: ..jaaa!

F: magst Du es auch?

A: ..(lacht)..es lässt einen gut fühlen!

F: hattest Du schon vorher etwas davon getrunken?

A: ..zwei...zwei! (grinst)

F: fühlst Du Dich gut?

A: ja...es brennt so am ganzen Körper!

F: wie fühlt sich das im Kopf an?

A: ....es weckt den Bären in einem!

F: und wie fühlt sich es sich im Ganzen an?

A: wie ein Bär!

F: kraftvoll und stark?

A: jaa! (grinst)

F: kannst Du dann noch gut denken?

A: ..bei zwei...mmhhja...

F: und wenn es mehr werden?

A: nein!! (energisch)...Man muss aufpassen!!....Wenn man zu viel trinkt, dann kann es passieren das man...einschläft und nicht mehr wach wird!! (mahnend)

Vermutlich trug auch der Alkohol dazu bei, dass die indigene Kultur immer mehr verschwand. Noch heute herrscht in den Indianerreservaten ein großes Alkoholproblem! Zu Bodans Zeit dürften wohl genügend Menschen an einer Alkoholvergiftung gestorben sein und hätten wir heute nicht das Wissen und die medizinischen Mittel, würden wahrscheinlich noch genauso viele daran sterben.

F: befinden sich dort viele Zelte, wo ihr nun seid?

A: ja! Das ist groß!

F: was würdest Du sagen, wie viele Zelte stehen dort?

A: ....also hier im oberen Bereich stehen...zwölf...dreizehn....ja und...dann geht's ein bisschen runter und unten stehen noch sehr viele!

F: warst Du mal in solch einem Zelt drin?

A: nein!

F: warum nicht?

A: ich weiß nicht...ich wurde noch nicht dazu eingeladen!

F: hast Du jetzt Angst, während eures Aufenthaltes?

A: nein! Juicemen....gehört ja dazu!...Ginda lebt ja mit ihm!

F: seid Ihr unbewaffnet?

A: ja!...Derjenige...der zu uns kam, ging zu Juicemen, nahm seine Hand und führte sie zu seinem Herzen....an die Brust!

F: und was heißt das?

A: ...das heißt, dass er...ihn in sein Herz geschlossen hat!

F: weshalb geht Ihr dann nur bis an den Rand dieses Dorfes?

A: ..weiß es nicht!...Wir sind an den ersten Zelten...dort!...Viele kommen und schauen zu....sind auch viele Kinder, die da umherspringen!

F: bekommt Ihr nun diese Felle?

A: ja! Die...die bringen die...und dann (fängt plötzlich an zu lachen)

F: was ist denn?

A: die sind schon komisch! (lacht)

F: weshalb? Erzähl mal!

A: ..wenn sie reden, das erinnert mich an einen Truthahn (grinst)...der macht genau solche Geräusche! (lächelt)

F: ja?

A: ja! Dieses Toc..Toc..Toc (grinst)

F: kannst Du es mal nachsprechen, was sie so sagen?

A: (spricht komische Wörter)...poc toc..toc...

F: übersetzt die Ginda, was sie sagen?

A: ..sie ist ruhig!...Sie kann nur ein paar Wörter in unserer Sprache!.......Sie ist sehr ruhig!

F: hast Du auch mal ein Wort von denen gelernt?

A: .."Wei..Tak...Wei...Kiwak"!.....Ich weiß aber nicht was das heißt!....Das ist das, was sie sehr oft sagen, wenn sie...was mitteilen wollen!

Zu der Aussage fand ich recht passende Bezeichnungen der Cree-Indianer, die alle die gleiche Endung „*iwak*" enthielten: In(**iwak**), Wi In(**i-wak**), Wiyin(**iwak**). Sie bedeuten so viel wie „*Volk mit gemischter Herkunft*"! Der gleiche Wortlaut, wie er sich oben im Text befindet, habe ich in Klammern gesetzt. Die heute bekannten Stammesnamen hatten zu Bodans Zeit meist eine ganz andere Bezeichnung. So war auch der indianische Name der Mohawk zum Beispiel: Kanien'kehá:ka/Kanien'kehake. Die Ähnlichkeit der von Frau B. genannten Wörter ist wohl unverkennbar! Etwas weiter unten bekommen wir noch einen Hinweis, wie sich der Stamm nannte, der San-Moral (Montreal) am nächsten war.

F: wie viele Felle bekommt ihr nun für diese beiden Fässer?

A: viele!

F: und die sind gut?
A: ja! Die haben gute Felle!
F: und wie viele Felle bekommst Du jetzt davon?
A: ..*ich* nehme zum größten Teil die Felle mit!
F: warum das?
A: ...in Cantuck ist....ein Seemann...dieser Käpt´n Whisler...der nimmt diese Felle mit!
F: also reitest Du mit diesen Fellen von San Moral nach Cantuck?
A: Moral nach Cantuck..ja!
F: nannten die Leute in San Moral diese Ureinwohner immer Bärenvolk oder hatte man auch einen anderen Namen für sie?
A: ...Indian...Indian!
F: und wie nennt sich der Stamm selbst?
A: ...ich glaube..Ke...woks....Moks....Woks......ist Kewoks!! (sicher)

Hier zeigt sich genau das, was ich eben bezüglich der Stammesnamen erwähnte. Die ursprünglichen Nennungen der Indianer waren für die Siedler meist nicht aussprechbar oder einfach viel zu lang und umständlich. So nutzte man kurze, für jeden Siedler verständliche Namen. Das lässt sich an dieser Stelle sehr gut erkennen: Die ursprüngliche Stammesbezeichnung für die Mohikaner war **Kanien'kehake** und wurde durch die Siedler zu **Kewoks**, wie sie uns Bodan nannte. Dieser Name wandelte sich in viel späterer Zeit zu **Mohawks**, also zu den in unseren Breitengraden bekannten **Mohikanern**.

Das macht eigentlich viel mehr Sinn, denn das Wort „*Kewoks*" liegt dem Wortstamm „*Kanien'kehake*" weitaus näher! Von ihm zu „Mohawks" dürfte es dann nur noch ein kleiner linguistischer Schritt gewesen sein. Interessanterweise gibt es die Bezeichnung *Mohawks auch erst ab dem 17. Jahrhundert,* also bedeutend später! Das stärkt ein weiteres Mal die bereits gemachten Zeitangaben von Bodan, denn diese sprachliche Entwicklung schien hier noch am Beginn zu sein und passt eben nicht in ein späteres Jahrhundert! Anhand geschichtlicher Überlieferungen lebten die Mohawk-Indianer (Irokesenstamm) tatsächlich auch in dem Umfeld der heutigen Stadt Montreal. Diese lebten aber in Langhäusern und nicht in Zelten, was wiederum die Aussagen Bodans stärkt, denn er war mit Juicemen und Ginda bei den „Sinjas" und diese besaßen Zelte!

Bodan zeigte ein immer größer werdendes Interesse an den indianischen Fellen und ihrem Leder. So wagte er sich eines Tages ganz alleine zu einem Stamm, der in der Nähe von Cantuck siedelte, um diese begehrte Ware zu erhalten ...

A: .....ich habe von meiner Frau...einen Beutel mit getrockneten Kräutern!.....Wenn man sich nicht gut fühlt....und diese Kräuter aufgießt....und das trinkt...fühlt man sich besser!
F: weißt Du, wie man diese Kräuter nennt?
A: .....ich weiß es nicht! Das sind Sachen, die meine Frau macht...die sich darum kümmert!...Aber..das tausche ich jetzt!..Die haben zwei drei Zelte da!...Man muss immer erst warten, bis einer von denen auf einen zu kommt...die sind so!...Ich trau denen nicht so!......Aber die haben das Leder und die Felle...die sind...so gut! Vielleicht wollen sie tauschen?
F: hat dieses Bärenvolk einen Namen?
A: ...ich glaube (runzelt die Stirn)...Welat hops..sie sagen immer „We lat hops"!
F: kannst Du mal ein Beispiel geben, wie sie reden?
A: ..die reden sehr schnell...(hebt die Augenbrauen)...
F: kannst Du es mal versuchen, nur damit ich mal höre, wie das klingt?
A: .."We lat hop..korra..kata kre ma"!..."We lat hop..kata kre ma"!

Frau B. sprach die Worte zu meiner Überraschung schnell und flüssig aus. Es klang absolut nach einer indianischen Sprache, eben so, wie man es aus den Filmen kennt! Was hätte ich drum gegeben, hierfür eine Übersetzung zu erhalten, aber der wunderbare „Google Übersetzer" fand hier leider auch mal seine Grenze.

F: und was heißt das?
A: ..ich glaube, dass er sein Volk damit beschreibt!

F: was passiert denn nun? Kommt da jemand?

A: ja!

F: wie sieht er denn aus?

A: ...von der Sonne gebräunte Haut...schwarzes Haar...stechende Augen..die haben alle stechende Augen!..Es wird irgendwas geredet! (runzelt die Stirn)

F: sagt er etwas zu Dir?

A: ..ja!..."*Tor-mess*"...das was sie oft sagen...Tor-mess....Tor-mess...ja...sowas in der Art!

A: ...."*Hello!*"......Ich grüße mit der Hand!...Ich zeige ihm meine Kräuter!..Er riecht dran.......er versteht das nicht! (presst die Lippen zusammen)

F: er versteht nicht, was er mit diesen Kräutern tun soll?

A: Ja!......Aber..es hat ihn auch nicht interessiert!......Das Messer, das ich trage...(presst die Lippen fest aufeinander)...

F: Dein Messer?

A: ...das interessiert ihn...ja!

F: und?

A: ..ich weiß nicht, ob ich es ihm geben soll...(presst die Lippen zusammen, wirkt nachdenklich)...

F: warum nicht?

A: ...ähm....es ist ein schönes Messer....es hat Verzierungen!...Der Griff....er wurde angefertigt aus einem Geweih!....Da wurde die Klinge mit eingearbeitet!

F: und das gibst Du nicht gerne her?

A: nein! (verzieht den Mundwinkel)

F: und wie hat er Dir nun gesagt, dass er Dein Messer möchte?

A: das sieht man an seinen Blicken und an den.....den Handbewegungen!...Er greift ja immer danach!

F: und was machst Du?

A: ich hab das Messer so in Beinhöhe am Oberschenkel...befestigt!....Man sieht es sofort!....Er will das haben!.....Die Kräuter will er nicht!..Da schüttelt er davon ab!

F: und was machst Du jetzt?

A: ..ja....hm....ich werd ihm wohl das Messer geben (wirkt leicht nervös)...weil so einfach gehen...das ist auch nicht so gut! (unsicher)

F: aber dann hast Du doch keine Bewaffnung mehr?

A: ..ja...aber wenn man sich dieses Volk da...hm...da muss man schon schauen, dass man....ein bisschen aufpasst!.........Ich hab ihm das Messer jetzt gegeben! (verzieht den Mundwinkel)

F: gefällt es ihm?

A: oh...ja! Er freut sich sehr!

F: hast Du keine Angst vor ihm?

A: ...solange er sich freut....nein!

F: wie machst Du ihm klar, was Du möchtest?

A: .....ich hab auf die Felle gezeigt!....Sind sehr gut..die Felle...und dann haben sie noch Lederstücke!.....Ich such mir da ein paar Teile aus.......er...er stimmt nur zu!....Ich nehm mir da welche mit!

F: woher weißt Du, wie viel Du mitnehmen darfst?

A: solange niemand...eingreift, während ich mir das nehme!....Ich nehm mir so fünf.......die hab ich mir genommen!

F: sind das fünf Lederstücke?

A: das sind so....ja...große und kleine Lederstücke!

F: interessiert es Dich nicht, wie sie das mit dem Leder machen, da es doch viel besser ist?

A: hm..ich versteh sie ja nicht!...Die wissen ja nicht, was man will...wenn man auf das Leder zeigt...dann nehmen sie es nur in die Hand und zeigen, was man ja auch selbst sieht....das es sehr gut verarbeitet ist!....Die Felle sind auch so schön hell! (wirkt begeistert)

F: das interessiert Dich mit diesem Leder, nicht wahr?

A: ja sehr! (hebt die Augenbrauen)

F: was hast Du denn jetzt mit diesen Stücken vor?

A: ja! Ich hab gesehen...die Indianer haben ja...Zelte komplett mit...diesem Leder....ich brauch das!

F: was brauchst Du?

A: ich brauch diese...diese Information!! (energisch)

F: ach so, Du meinst, wie das Leder hergestellt wird?

A: nein..dieses „Warum"?...Warum dieses Volk...so lebt?

F: weshalb interessiert Dich das?

A: weil wir in..diesen Holzhütten leben!

F: wie meinst Du das?

A: wir leben in diesen Holzhütten....und dieses Leder, welches diese Völker haben...dadurch können sie in diesen Zelten leben!

(Zeichnung Frau B.) Der kleine Stamm in der Nähe von Cantuck, wo Bodan sein Messer eintauschte.

Eine spätere Sitzung zeigte, dass sich Bodan weiterhin gedanklich mit dieser Sache auseinandergesetzt hatte. Insbesondere über das Leben im Winter und der damit verbundenen Kälte. Als ich ihn noch einmal darüber befragte, erklärte er mir Folgendes dazu ...

A: ...ich habe mir...dieses Leder....in der Hütte um das Fenster herum gespannt!..Da die Sommermonate vorbei sind und es kalt ist!...Die halten...noch dazu...etwas Kälte ab....wenn es abends kühler wird!

F: ist es dadurch wärmer in Deiner Hütte?

A: ja, ich hab das um die Fenster herum gespannt!

Besonders im Hinblick auf den Winter fand ich noch eine interessante Schilderung über Schneeschuhe, die ich noch unbedingt passend zum Thema erwähnen möchte!

F: wie sind denn so die Temperaturen im Land?
A: ..die Spätmonate sind kalt!..Die sind sehr kalt, die halten sehr lange an! Aber dann, diese Mitte der Monate, die sind angenehm!
F: gibt es viel Schnee in diesen Spätmonaten?
A: ja...gibt schon Schnee!
F: wenn es viel geschneit hat und er sehr hoch liegt, wie könnt Ihr euch dann fortbewegen?
A: ....wenn der hoch liegt, dann gibt es da spezielle Schneeschuhe!
F: wie sehen die aus?
A: die sind..wie so geflochten! Die sind sehr breit, damit sackt man in dem Schnee nicht so ein!...Die werden an den Füßen, an den Schuhen, werden die mit Lederriemen festgebunden!.....Damit kann man, wenn der Schnee sehr hoch ist, sich besser fortbewegen!
F: stellt Ihr die selbst her oder werden die mit dem Schiff gebracht?
A: ...die haben wir hier!

Fast jeder indigene Stamm Amerikas erfand eine eigene Art von Schneeschuhen! Anhand von Überlieferungen wurden die einfachsten und primitivsten Schuhe im hohen amerikanischen Norden erfunden. Die längsten Schneeschuhe finden sich beim Indianervolk der Cree (heute noch existent), sie sind fast zwei Meter lang. Der normale Schneeschuh ähnelt einem Tennisschläger.

F: und wer stellt die her?
A: ...der diese Felle....alle Felle hat. Der macht die!
F: ist das eine Erfindung von ihm?
A: das weiß ich nicht!
F: und wie kommen dann die Pferde durch? Oder reitet man dann nicht?
A: nein! Das geht ja nicht! Man ist zu Fuß unterwegs!
F: kommen in diesen Spät-und Wintermonaten auch Schiffe an?

A: ..selten! Es kommt drauf an...ich kann mir vorstellen das manche...es versuchen, aber hier nicht ankommen!

F: und weshalb?

A: ..ist zu gefährlich...die eisigen Winde...die Temperaturen! Es ist einfach zu kalt!

F: also kommen die meisten dann in den Sommermonaten?

A: ja! Man ist in den Wintermonaten beschäftigt....damit man auch selbst überlebt!...Das keine Krankheit einen heimsucht!

Schreiten wir nun etwas weiter in der Zeit vor. Das Verhältnis zu den Ureinwohnern schien über die Jahre schlechter geworden zu sein und das war in den Sitzungen immer deutlicher zu bemerken. So fand sich eines Tages tatsächlich eine Anlandung britischer Soldaten in Cantuck! Sie galt jedoch weder der Siedlung noch den Franzosen, sondern schien mehr auf das Land, die Ureinwohner und deren Gebiete ausgerichtet gewesen zu sein. Ich fand bis zum Ende aller Sitzungen keinen einzigen Hinweis auf eine königlich britische Vereinnahmung von Cantuck oder San Moral. Sie blieben bis zum Tode von Bodan, *völlig autonom* in der Neuen Welt! Hier nun die Schilderung über die britischen Soldaten.

F: wer regiert das Land, in dem Du lebst?

A: ...es ist ein großes Land!...Es wird nicht von einem...regiert!...Es kommen immer wieder welche mit dem Schiff an, die glauben.....Teile vom Land an sich reißen zu können!..Es ist sehr unruhig...geworden!! (runzelt die Stirn)

F: ja, erzähl mal was passiert!

A: ...dieses Bärenvolk, deren Reviere, werden immer mehr...belagert..besetzt!.....Von denen werden immer mehr unterdrückt!

F: wie passiert das?

A: ...da kommen sie mit Schiffen und marschieren dann in das Land ein...besetzen einen Teil...

F: wer ist das? Sind das Engländer?

A: ja auch!....Auch die Spanier! Und noch welche, aber die kenne ich nicht......sie ziehen....sie ziehen durch.....Moral!...Da war ein großes Bärenvolk, es existiert überhaupt nicht mehr!

F: existiert nicht mehr?

A: ....da ist jetzt eine Siedlung!...Es war ja hinter Moral....man hatte sie bekämpft und die noch da sind...die wurden vertrieben!....Es gibt.....einen Leutnant.....Hand..slow...

F: nochmal bitte!

A: Handslow!...Den hatte ich gesehen...als er eingelaufen war!..Der ist bei uns eingelaufen, mit dem Schiff! Es waren zwei drei Schiffe! Der hatte eine Karte dabei......die haben auf der Karte Markierungen gemacht, wie sie ins Landesinnere...einmarschieren!........Die waren nicht freundlich!

F: waren das Soldaten?

A: ..ja! Die kamen von England...ja!

F: kannst Du mir mal solch einen Soldaten beschreiben? Wie waren die gekleidet?

A: ..ja! Die hatten (unverständlich)...so eine Kopfbedeckung aus Metall...

F: wie sah die aus?

A: die saß so nach vorne...bisschen ins Gesicht...und nach hinten zum Nacken runter...und dann hatten sie solch einen...Brustschutz an! Der hatte vorne an den Ärmeln so Löcher, da wurden die von beiden Seiten...so aneinandergehängt!...Das ist vorne so um die Brust und den Rücken...zum Schutz!...Dann hatten sie darunter Hemden, die etwas dicker waren!....Am unteren Arm....wie so ein Metallteil, das um den Arm gelegt ist...das nach unten hin gebunden wurde...mit irgend so einem Riemen!........An den Beinen, da hatten sie auch etwas...das hat man so hinten....das war so über die Hose gelegt, auch so ein Metallteil!...Dann trugen sie...Schwerter und Lanze....in der Hand!...Trugen Handschuhe....die Hände waren zu!

F: Handschuhe?

A: die waren gebunden...an der Hand...wo der Arm anfängt....da waren die gebunden!

(Zeichnung Frau B.) Britischer Soldat anno 1560 n. Chr.

(Zeichnung Frau B.) Ein anderer Soldat.

F: und die Schuhe?

A: ..die waren aus Leder!...Es waren so hohe...die waren hoch mit diesen Metallen die an den Beinen befestigt waren!....Die gingen etwas über die Schuhe...nicht bei allen! Manche hatten die Schuhe drüber!...Das war alles gebunden...um wahrscheinlich mehr Halt zu bekommen!....So sah das aus!

F: unterschied sich dieser Leutnant von den anderen oder sah der genauso aus?

A: ..der sah genauso aus!

F: genauso bekleidet?

A: ja! Er hatte nur so einen komischen....Stoff über....diesem Schutzteil hängen!...So..ein schwerer Stoff!....Über der Brust hing der!

F: und welche Farbe hatte dieser Stoff?

A: er hatte mehrere Farben!...Ist so gelb...und...blau...und auch rot war drin...

F: aber was macht Dich so sicher, dass er der Leutnant war?

A: weil man das gesagt hatte!

F: hattest Du mit ihm geredet?

A: ...ah..nein! Ich stand dabei, ich hatte das mitgehört!

Ich bat den unbewussten Anteil, genau zu dem Moment des Ereignisses zu gehen, um einen tieferen Einblick von der Situation zu erlangen.

F: gib mal wortwörtlich wieder, was gesagt wird!

A: ..."Truppe zwei übernimmt den Proviant!"....."Gruppe eins...geht vorne mit...zwei mittig und drei hinten!"...."Wir schreiten zur aufgehenden Sonne!"........."Handslow!"......Es sind so......bestimmt 150 Män- ner!....Manche tragen solche Holzkisten auf dem Rücken...ich glaub, da ist der Proviant drin!

Sucht man im Internet nach dem Aussehen britischer Soldaten um das Jahr 1560 n. Chr., findet man praktisch nichts darüber. Die Geschichte lässt uns sogar wissen, dass England vor 1642 n. Chr. über kein einziges stehendes Heer verfügte, sondern diese durch den König ausgehoben wurden, wenn Bedarf bestand. Also musste jemand vom britischen Kö- nigshaus für die Aushebung dieser Soldaten verantwortlich gewesen sein und das mit klarem Ziel, denn so etwas kostete Geld! Bodan dürfte zu diesem Zeitpunkt etwa 42 Jahre alt gewesen sein. Die Beschreibung besitzt einen absolut authentischen Charakter und passt in diese Zeit, besonders wenn man sich hierzu einmal die spanischen Soldaten der damaligen Epoche zum Vergleich ansieht. Eine spätere Zeit schließe ich völlig aus, denn keiner der Soldaten trug eine Muskete, sie trugen Schwerter und Lanzen! So unterstützt auch diese Schilderung absolut die Zeitangaben von Frau B.!

(Zeichnung Frau B.) Die Anlandung britischer Soldaten in Cantuck.

F: aber woher weißt Du, das er ein Leutnant ist? Sagt das jemand?
A: natürlich! Es kommt immer wieder jemand, der ihn mit Leutnant anspricht!
F: wie spricht man ihn genau an?
A: nur mit Leutnant!...."Leutnant....die...die...Kimber ist eingelaufen!"
F: wie? Die...?
A: die..Ki....ich versteh es nicht richtig....die Kimber ist eingelaufen....die sagen nur Leutnant!
F: was siehst und hörst Du noch?
A: ...sie diskutieren!..."Er will das Wasser nicht tragen!"..."Wir wechseln ab!".......Die einen reden von der Heimat....."Meine Frau wird mich vermissen....Elisabeth!".......seine Frau...

F: ja, weiter!

A: es wird alles zusammengetragen, was sie mitnehmen....Seile....sehr viele!

F: viele Seile? Weißt Du warum?

A: ich weiß es nicht!.....Die tragen sie um die Schultern!

F: redest Du mit ihnen?

A: nein! Ich will das nicht!

F: warum?

A: ..ich habe Angst!

F: Angst?

A: ich habe zwei Söhne! Nicht das sie die mitnehmen wollen!

F: könnte das passieren?

A: ...ich weiß es nicht, ich halte mich lieber etwas zurück!

F: weißt Du, was sie nun tun wollen?

A: ich weiß es nicht genau!..Aber ich höre.....wenn sie....erzählen...das ist ein großes Land und es gibt vieles, was noch erkundet werden muss!....Ich traue denen nicht!

F: warum?

A: irgendwann werden sie vielleicht noch unsere Siedlung einnehmen!

F: das sind doch Briten oder nicht?

A: ja!

F: seid ihr denn keine Briten?

A: doch!

F: aber?

A: wir sind ja schon...sesshaft!....Wenn jemand etwas haben möchte, dann ist das egal, ob das jetzt Briten, Franzosen oder Spanier sind! Dann will er das haben!

F: würde denn eine Gefahr bestehen, das zum Beispiel ein Spanier kommt und eure Siedlung einnehmen möchte? Oder ein Franzose?

A: ..es kann alles passieren!

F: wie schützt ihr euch denn?

A: ...ich weiß es nicht..ich beschütze mich und meine Familie!....Ich hab hier noch eine Axt und hab ein großes Messer!

F: also müsste sich in der Siedlung jeder selbst verteidigen?

A: ..äh..ja!

Diese Stelle bestätigt ein weiteres Mal, das die Siedlung Cantuck, seit ihrer Gründung keinerlei Maßnahmen zur Verteidigung geschaffen hatte! Das wiederum zeigt deutlich, dass man keinen Angriff der Ureinwohner je befürchtete, noch eine Invasion anderer Nationen. Aber zurück zu diesen Soldaten, denn es lässt einiges an Spekulation zu. Zum einen fand ich die vielen Seile sehr interessant, denn aus welchem Grunde schleppte man solch eine Menge überhaupt mit sich herum? Je mehr Material man führte, desto größer war die Belastung einzelner Soldaten! So etwas musste militärisch Sinn gemacht haben. Ich könnte mir vorstellen, dass man ganz gezielt Einheimische fangen und als Sklaven nach England verbringen wollte. So hätte man die vielen Seile zum Fesseln der Opfer benötigt. Ebenso wäre vorstellbar, dass die britische Krone sich einen Landesüberblick mit diesem *ersten* Expeditionschor verschaffen wollte. Demnach hätte man die Seile auch für das Übersetzen von Flüssen gebrauchen können, um entsprechende Floße zu bauen. Aber egal wie man es betrachten möchte, solche Expeditionen dürften wohl zu den *ersten* wirklichen Kampfhandlungen gegenüber den Ureinwohnern geführt haben.

Anhand der Aussagen von Frau B. schienen sich auch erste Spannungen zwischen England und Frankreich auf diesem Kontinent zu zeigen. Unstimmigkeiten, die wohl mit den entsprechenden Gebieten zu tun hatten. San Moral, so war es in den Sitzungen klar hervorgegangen, besaß mehr französische Siedler, wohingegen Cantuck fast nur aus Briten bestand. Wie wir wissen, vernichtete man ein großes Indianervolk, welches bei San Moral (Montreal) gelebt hatte. Aber das hatte man garantiert nicht mit einem kleinen 150 Mann Heer geschafft. Bodan vermutete zwar, wie wir gleich lesen werden, die Briten dahinter, aber er bezog sich auch auf das Einmarschieren unterschiedlicher Armeen, die sich in dem Land bewegten, erkundeten und Indianer bekämpften. Auch das ist wiederum ein Indiz dafür, dass weder Frankreich, England noch Spanien zu diesem Zeitpunkt über tatsächlich königliche Gebietsansprüche in Nordamerika verfügt hatten, denn der militärische Einmarsch einer fremden Nation auf eigenem Gebiet hätte auf jeden Fall Krieg bedeutet! Aber von einem Krieg berichtete Bodan nicht, lediglich von Unstimmigkeiten! Das Ganze hat so ein wenig den Anschein, als wäre man aus dem königlichen Dornröschen Schlaf erwacht und hätte begonnen, sich das alles einmal von der Nähe her anzuschauen. In dieser Zeit regierte Königin Elisabeth I. in England, und wie ich bereits bemerkte, dürfte es ca. 1560 n. Chr. gewesen sein, als die britischen Soldaten in Cantuck anlandeten. So zumindest begannen die allerersten größeren Feindseligkeiten gegenüber den Ureinwohnern. Die Auswirkungen darüber fanden sich im Kommenden bestätigt. Aber lesen Sie selbst!

F: warst Du mal wieder bei Juicemen?

A: ...ich war schon...lange nicht mehr dort!...Juicemen lebt nicht mehr! (wirkt etwas traurig)

F: er lebt nicht mehr?

A: nein! (traurig)

F: was ist denn passiert?

A: ..Juicemen musste mit seinem Leben bezahlen, weil er...vom Bärenvolk....eine Frau vom Bärenvolk an seiner Seite hatte!

F: diese...?

A: Ginda!...Ja! Es war am Anfang alles...ruhig...aber irgendwann kamen immer mehr...und es wurde unruhiger!....Jetzt weiß ich nicht......die einen sagen....sie hätten Juicemen..erhängt....und die anderen sagen erstochen!....Ich weiß es nicht! (presst die Lippen zusammen, traurig)

F: aber warum denn das?

A: weil er zu dem Bärenvolk gehalten hatte!

F: gab es denn solche Probleme mit ihnen?

A: ...ich weiß, dass einige sich...gegen...die Menschen die hier einwanderten...gewehrt hatten!...Man kann das ja auch in manchen Dingen verstehen!....Die meisten waren aber friedlich! Es war oft, wenn von diesem Bärenvolk ein alter Hauptmann starb und es kam dann der junge König nach!...Dann war es so, dass sie wieder anfingen zu kämpfen, bis sie dann wieder merkten, das sie...keine Chance hatten!

F: hattest Du auch mal gegen sie gekämpft?

A: nein!....Ich weiß das alles nur, weil man es mir erzählt hatte und ich ja auch mal nachfragte!

F: und was weißt Du nun über die Sache bei San Moral? Gab es dort eine große Schlacht? War es die britische Armee?

A: ...ich weiß das Unruhe in Moral herrscht!...Bei den Franzosen und den Briten!...Aber...es ist ja alles nicht wie am Anfang...es ist alles größer geworden!...Es verbreitet sich, jeder möchte...gewisse Teile erobern und haben!

F: herrscht Krieg zwischen den beiden Nationen?

A: ..ich sag es mal so, es gibt Unstimmigkeiten! Und mittlerweile ist es so, dass man Unstimmigkeiten...bekämpft!..Das ist so, man be-kämpft!...Es ist so!! (energisch)

F: und wer sorgte dafür, das dieses Bärenvolk bei Moral vernichtet wurde?

A: ich glaub, das waren die Briten! (nachdenklich)

F: weißt Du, warum sie das taten?

A: ..sie sehen sich mächtiger!...Eifersucht gegenüber dem Bärenvolk, das ja...zu diesem Land eigentlich gehört!

F: wie denkst Du darüber?

A: mhhja.....wir Briten haben schon...etwas mehr zu bieten!...Wir sind...zivilisierter! Vom Bärenvolk...die haben zwar auch gute Dinge....ich bin ja immer noch so von ihrem Fell begeistert...aber...wir sind einfach überlegener!..Das ist so!! (energisch)

Unverkennbar fühlte sich Bodan immer noch als Brite, obwohl er mit sechs Jahren bereits den englischen Boden verlassen hatte. Es zeigt aber auch recht gut, dass die Siedlung Cantuck, bis zur Mitte seines Lebensalters durch Briten beeinflusst wurde. Später werden wir erkennen können, dass sich auch ein französischer Einfluss verbreitete. So fand sich zu meiner Überraschung sogar viel später eine französische Schwiegertochter in Bodans Familie.

F: lebt die Ginda noch?

A: das weiß ich nicht!

F: hattest Du Dich mal mit Ginda unterhalten?

A: ja etwas!

F: und?

A: ...erzählt hat sie selbst nie...sie hatte nur immer Antwort gegeben, wenn man gefragt hatte!

F: was hattest Du mal gefragt?

A: ....ich hatte sie gefragt...wie es sein kann, das ein anderer...aus ihrem Volk...einen kleinen Wolf bei sich hätte...und noch einen großen Wolf...

F: was meinte sie?

A: ...das es Jungtiere seien...von einer...toten...Wolfsmutter,...die man bei ihnen...groß gezogen hätte!..Und dadurch hätten sie sich...an sie gewöhnt!....Ich fand das faszinierend, das er immer bei ihnen war....ihnen folgte...unter ihnen lebte!

Kapitel 10.
Eine französische Intrige

Kommen wir nun zu einem ganz besonderen Erlebnis, welches mich damals ungläubig den Kopf schütteln ließ. Nicht aus dem Grund, dass ich irgendetwas von den Schilderungen von Frau B. angezweifelt hätte, sondern wegen des tiefen logischen Hintergrundes, der sich mir erst durch mehrere Sitzungen offenbarte. So begann sich langsam wie aus einem dichten Nebel der Vergangenheit eine faustdicke Intrige herauszuschälen, die sich damals in der seitlich gelegenen Bucht von Cantuck ereignete. Wie wir bereits wissen, leitete der Regent Hilton die Siedlung, und da er viel für das Wohlergehen der Siedler tat, wollte ich unbedingt auch etwas mehr über sein Wirken erfahren. Da er Ansprachen hielt, bat ich den unbewussten Anteil von Frau B., genau zu solch einer zu gehen! Demnach möchte ich auf keinen Fall zu viel verraten und lasse nun denjenigen zu Wort kommen, der vor 500 Jahren selbst zugegen war ...

A: ..."*Den Handel zwischen den....orientalischen Ländern...muss man pflegen!*".....Er hat vorne solche Kräuter und Pulver aus diesen Ländern hingelegt!...Sachen die man dort bekommt, die sie mit hierher bringen!....Man kann sich nun die Sachen anschauen!....Er sagt: „*Das ist die Zukunft!*"...."*Es werden Schiffe kommen....die laufen von Spanien in diese Länder...und von dort hierüber!*"........"*Auch Frankreich spielt eine Rolle...was den Handel betrifft!*"
F: ja weiter!
A: ..."*Cantuck aufwärts....dort wird man dann einen Teil von dem Land...etwas umbauen für die Schiffe....für den Schiffsbau!*"....Ich verstehe das nicht..(zieht ganz stark die Augenbrauen nach oben)...
F: soll das heißen, man beginnt nun Schiffe in Cantuck zu bauen?
A: dort wird ein Teil für die Schiffe (nachdenklich, runzelt die Stirn)...die dort Schiffe bauen...oder Schiffe wieder reparieren? (wirkt nachdenklich)...Das will er unbedingt, das soll dorthin!...Aber meint er

jetzt Richtung Moral oder in die andere Richtung? Das weiß ich jetzt nicht!..Das macht mich nachdenklich!

Die Verwirrtheit in Frau B´s Gesicht war nicht zu übersehen. Nachdenklich rollten ihre Augen unter den Lidern hin und her.

F: warum? Was denkst Du denn?
A: ....ich denke...in welcher Richtung soll das sein und wo?
F: interessiert Di...?
A: in Richtung Moral...da sind sehr viele Felsen!!..Für dort ein Schiff in das Wasser zu lassen...das wäre sehr aufwendig!..Ich weiß auch nicht...ob das Holz dafür geeignet ist...zum Schiffbau? (nachdenklich)
F: das Holz, das bei euch wächst?
A: ja!.....Obwohl auch hier gute Bäume sind!...Das muss man mal abwarten...

Da Bodan ein erfahrener Holzfäller war, ließ er es sich nicht nehmen, persönlich auf seine Fähigkeiten hinzuweisen.

A: ..ja...also....ich erzähl ihm von meinen Fähigkeiten (wirkt bescheiden)
F: gib mal genau wieder, was Du zu ihm sagst!
A: .."Ich bin schon jahrelang hier in den Wäldern tätig...mit dem Baumfällen!"..."Ich weiß welche Bäume man am besten Fällen kann...und für welche Zwecke man sie bearbeiten kann!"......Das hab ich ihm jetzt gesagt!
F: was meint er?
A: .....er nimmt seine beiden Hände und packt mich an den Schultern..sagt: „Guter Mann..eine derartige Kraft können wir hier immer gut gebrauchen!"...."Ich danke dir, für dieses vertrauliche Gespräch!"...."Sobald das anläuft, werde ich auf jeden Fall auf dich zukommen!"...Dann schüttelt er mir die Hand! (wirkt sehr stolz, lächelt)
F: was denkst Du jetzt in diesem Moment?
A: ich fühl mich gut!! Haaa (sehr stolz, glücklich, grinst)

Die Anerkennung, die Bodan empfand, legte sich mit einem glücklichen Grinsen über Frau B´s Gesicht. Es war das, was sich auch bei den vorherigen Persönlichkeiten (Katharina, Samuel, Buckles) immer wieder zeigte. Etwas Elementares, das uns alle irgendwie betrifft: Wertschätzung unserer Fähigkeiten, Anerkennung unserer Person und das „Dazugehören"! Bereits ein paar Monate später sollte sich das Vorhaben über einen möglichen Schiffbau realisieren und interessanterweise war der Regent Hilton zu einem Senator aufgestiegen.

F: der Auftrag kommt von dem Senator?

A: Senator Hilton!

F: was sagt er denn?

A: ...es geht um diesen Schiffsbau!...Unten am Hafen, wenn man dort so am Wasser vorbei geht...an der rechten Hand...rechts um diesen Felsen herum...da ist wie so eine Bucht, dort wird ein Schiff gebaut! Da muss man Holz (wirkt nachdenklich)....verstehe das nicht...

F: wie meinst Du das mit dem Holz?

A: ..ja....um dieses....dieses Schiff hier zu bauen!

F: Du verstehst nicht, weshalb dieses Schiff bei euch gebaut werden soll?

A: warum er das hier bauen möchte?..ja!

F: sollst Du Holz dafür schlagen?

A: ich habe den Auftrag mit dem Holz...ja!........Also der Auftrag gilt nicht mir alleine...ich beteilige mich nur daran!.....Es ist nicht einfach...es sind sehr kräftige Bäume.....es sind zum Teil mehr als (unverständlich)

F: und wie werden solche Bäume transportiert?

A: ..da muss man vor Ort schon anfangen...sodass sie gezogen werden können!

F: und wie werden sie gezogen?

A: ..werden gefällt und dann soweit zu recht gemacht!.....Das Holz wird zerlegt...und auf so einen...großen Ziehkarren gebracht...womit man sie dann hinunterziehen kann!.....Es ist schwer! Man braucht viele Männer...die da mitarbeiten...und das nur für einen Stamm!...Bis der zerlegt ist!...Da braucht man...zwischen vier und fünf Tage....bis man den dort unten hat!

F: wird der Stamm in der Mitte gespalten?

A: der wird nicht nur in der Mitte gespalten!....Der wird schon vorgearbeitet, dass er die Breite und die Größe hat!...So wie sie gebraucht werden!

Hier sprach jemand von etwas, womit er sich auch auskannte. Frau B. kann man solch ein Wissen nicht zusprechen, denn mal ehrlich, welche Frau befasst sich schon mit dem Fällen von Bäumen und deren Zerlegung?

F: und wer baut nun dieses Schiff?

A: ..ja! Das ist...ahh...ich weiß nicht genau, wie der heißt...

F: ist das ein Engländer?

A: ..nein! Es ist ein...ich hab´s gleich...(nachdenklich)...

F: ja?

A: der fuchtelt immer so viel mit den Händen in der Luft!...Frankreich!!

F: also ein Franzose!

Es wäre viel zu einfach zu sagen, dass all diese Informationen von einer Person kamen, die sich in einem hypnotisierten Zustand befand und demnach nur Erinnerungen von sich gab. Nein! Hier versucht sich die Persönlichkeit Bowden Caswell zu erinnern, nicht Frau B.! Diese letzten Zeilen zeigen, worauf ich schon mehrmals bei allen „rekonstruierten Vorleben" hingewiesen hatte, dass es sich um eine *eigenständige Bewusstseinsstruktur* handeln muss.

A: ja!

F: und sein Name?

A: ohhhh....ein ganz schlimmer Name! (zieht die Augenbrauen nach oben)

F: gib ihn mal wieder!

A: Monsieur...Gra..Grao..Monsieur...Gran..dsch..Granch....Grandchi..ef
.....Grandchieffe oder so was! (verzieht den Mundwinkel)....Fuchtelt
immer mit den Händen!...Und er hat so einen...komischen Hut auf dem
Kopf!

(Zeichnung Frau B.) Der französische Bauleiter „Le grand Chef".

Auch hier handelte es sich mit höchster Wahrscheinlichkeit nicht um den eigentlichen Namen, sondern vielmehr um den Rang, welche die französische Person bei dem Vorhaben innehatte. Die oben genannte Bezeichnung dürfte dem „Grand Chef", also dem *großen Chef*, sehr nahekommen und wäre absolut passend, da er das gesamte Bauvorhaben leitete!

F: was ist das für ein Hut?
A: ich weiß nicht, der hat die Haare anders!...Der Hut ist so...hat vier Seiten, aber nicht gleich lang!...Dann geht es über den Kopf, so ein bisschen zur Seite hoch...so...ich weiß nicht, was das für ein Material ist!..Aber...er sieht nicht aus wie ein Mann!! (leicht verspottend)
F: wie eine Frau?
A: ja, so was in der Art! (verspottend)
F: und wie verstehst Du ihn? Spricht er in Deiner Sprache?
A: ..er spricht...ja!...Er spricht...dann wirkt das gebrochen!....Wenn er aufgebracht ist, dann spricht er nur in seiner Sprache!....Aber wir bringen nur das Holz daher!...Das wird dann dort abgelegt...und es sind so um die 30 Männer, die das dann weiter verarbeiten!...Dann gibt es da noch...so einen Vorbau!...Der ist für die Halterung von dem Schiff, das erbaut werden soll!.....Das ist so vorgerichtet!
F: also wird dann praktisch in diesen Vorbau das Schiff...?
A: hineingebaut!....Das muss ja halten!

Von Anbeginn der Schilderungen greifen die Vorgänge vollkommen logisch ineinander! Zuerst einmal die Platzwahl für den Bau, eine Bucht, die eine spätere Wässerung für das fertige Schiff überhaupt zuließ. Dann die Fällung der Bäume, die Vorarbeit an Länge und Breite und schließlich deren Transport. Zu guter Letzt, die Halterungen für das Grundgerüst des zu erstellenden Schiffes. Die Erklärungen, die ich auf meine Fragen erhielt, lassen ohne Zweifel Insider-Wissen erkennen und kamen innerhalb von Sekunden aus Frau B´s Mund. Beachten Sie hierzu die weiteren Ausführungen!

F: wie kommt denn später das Schiff in das Wasser, wenn es auf Land in dieser Bucht gebaut wird?

A: ...deswegen ist diese Halterung so konstruiert!..Das Schiff steht auf solchen Holzteilen und wird dann später drüber gerollt!...So über das Holz....als wenn man Holzstämme nebeneinanderlegt die rollen!...Deswegen wird ja die Konstruktion dort aufgebaut, damit es nicht auf dem Boden, sondern auf diesem Holz steht!...Später werden die immer wieder nach vorne gelegt...bis es sich dann in das Wasser bewegt!...Vorne werden noch diese Felsen zum Teil abgetragen...die noch störend sind!

Es handelte sich natürlich bei der Konstruktion um den sogenannten Stapellauf, der praktisch unabdingbar war, ein Schiff solcher Größe zu wässern. Woher kommen alle diese wunderbar ineinanderpassenden Informationen und damit meine ich nicht nur die aus dem vorliegenden Buch! Eine Katharina brachte unzählige detailbezogene Informationen über das Leben vor, während und nach dem Zweiten Weltkrieg. Ein Samuel ließ uns tief in die Ausbildung und das Wirken eines Mönches blicken, das bis zum heutigen Tage seines Gleichen an Informationsvielfalt sucht. Ein Buckles brachte uns unvergleichliche Einblicke in die Wirren der Rosenkriege und ließ uns Wissen, wie man einem König Edward IV. diente. Kann man wirklich noch trotz dieser schier grenzenlosen Datenmengen, sowie den völlig unterschiedlichen Epochen an einer Wiedergeburt zweifeln?

F: was für Felsen werden dort abgetragen?

A: damit das Schiff auch in das Wasser hineinkommt!

F: meinst Du die Steine im Boden?

A: ..im Wasser selbst...wird...das auch mit Holz gemacht....es darf nichts kantig sein! Aber diese zum Land hin, die Steine, die muss man entfernen! Das Holz muss man immer wieder drunter schieben können und es darf nichts Kantiges...an das Schiff kommen...sonst reißt es auf...oder könnte dadurch beschädigt werden!..Es ist alles schon so vorgedacht!

F: ist diese Bucht bei Cantuck?

A: es ist..Cantuck!..Beim Hafen...an der Seite...da kommen ein wenig Felsen im Wasser, so ein Stück...und wenn man da mit einem Schiff drumherum fährt, dann kommt man an diese Bucht!

Ich fand diese Bucht sowie die ehemalige Siedlung während der Recherchen. Ich werde im Kapitel Veritas noch einmal darauf eingehen!

F: war diese Bucht am geeignetsten, um ein Schiff zu bauen?

A: von dort aus kann man arbeiten...und kann ein Schiff am besten in das Wasser einlassen!

F: und Du lieferst jetzt Holz dorthin?

A: ..*wir* verarbeiten das Holz! Manchmal..kommt dieser...Grand ...chietfe...keine Ahnung (hat wieder Schwierigkeiten den Namen richtig auszusprechen)..und zeigt uns dann, welche Teile er für das Schiff...in bestimmten Größen...braucht....die dann verarbeitet werden müssen...wie an den Enden!

F: und woher weißt Du genau, welche Größe er haben möchte?

A: ...es sind Zahlen, die er nennt!..Anhand der Zahlen wissen wir, was er braucht!

F: kannst Du mal wiedergeben, wie er das sagt?

A: wenn er sagt: „*Fünf eins*", wissen wir, was er damit meint!

F: und was meint er damit?

A: das ist die gesamte Länge...mal eins ist dann...diese Breite!...Das heißt, er braucht die ganze Länge...und..in der Breite..von „*eins*"! Und „*zwei zwei*"...ist mehr so eine Klotz-Form von diesem Holz! Es muss...an zwei Plätzen bearbeitet werden, nicht nur an der Bucht....sondern auch schon vor Ort...damit man es überhaupt zur Bucht transportieren kann!...An der Bucht...wird das Holz auch noch....mit solchen Fässern, mit so einem komischen Zeug...wird das Holz auch noch bearbeitet!...Wir bringen es nur in die richtige Größe...laden es auf diese Karren...und ziehen es runter! Dort wird es abgeladen...und die, die dort sind, verarbeiten es weiter!

F: hast Du vielleicht mal gesehen, was die dort genau machen?

A:	...zuerst sind da wie so...Holzpfähle *in* dem Boden!...Dann liegen so Holzblöcke dazwischen...zwischen den vielen!....Von dort aus liegen dann ganz breite Holzteile...die genau aneinander angepasst werden...soweit ich das jetzt sehe!

F:	ist das nun schon das Schiff selbst oder die Halterung dafür?

A:	diese Holzteile die ineinander kommen, das ist...dieses ganz untere Teil, welches man ja eigentlich vom Schiff nicht sieht!...Es ist dieser Grundaufbau von diesem Schiff...würde ich sagen!...Von dort aus wird dann dieses Schiff hochgebaut und darin werden wie so Kerben hineingeschlagen!...Ich sehe jetzt, dass sie das so ein wenig vorgearbeitet haben!...In dieses Holzteil...kommen dann Teile...die genau hineinpassen!...Da sind sie am arbeiten dran!

Bei der Beschreibung handelte es sich um das Grundgerüst, welches im Prinzip einer Fischgräte ähnelte.

(Zeichnung Frau B.) Grundgerüst des Schiffes.

F:	wird das Holz mit irgendwas behandelt?

A:	es ist so ein braunes rötliches Zeug!

F: weißt Du, was das ist?
A: ich weiß es nicht!....Es riecht ein bisschen streng!
F: wo wird das draufgemacht?
A: auf das Holz selbst! Das Holz wird damit eingerieben!
F: jedes Stück?
A: alles! Ist so klebriges Zeug!....Sieht so aus wie....vom Baum...
F: wie Harz?
A: wie Harz, ja so! Das wird so überall dazwischen gemacht!

Es handelte sich mit größter Wahrscheinlichkeit um Holzteer (Pech), welches man zum Schiffsbau verwendete. Seine Konsistenz ähnelt durchaus dem Baumharz.

F: weißt Du, woher sie das haben?
A: es laufen immer wieder Schiffe damit ein...die auch Materialien bringen...teures Metall....Metallringe!
F: Ringe?
A: ja so Ringe!...Die sind sehr teuer, das weiß ich! Das sind Befestigungen für (unverständlich)...Metalle womit man das Holz verbindet...damit das auch hält! Das man dann in dieses Holz hineinbringt!.....Das sind aber spezielle Leute, die sich damit auch auskennen!
F: also man benutzt diese Ringe, um Holzteile damit zu verbinden?
A: ..ja oder diese...Metallstäbe...die sie dort haben!...Wenn solche Schiffe kommen, sind die schwer bewacht! Die haben diese Materialien, die sind sehr kostbar!

Diese Aussage war sehr bedeutungsvoll, da sie im Grunde das Motiv für die noch kommende Intrige enthielt.

F: ist dieser Franzose immer vor Ort?
A: ..überwiegend...ist er da!
F: hatte der Senator ihn mitgebracht?
A: er kam später nach!..Ich vermute, dass man den ganzen Bau schon vorgeplant hatte!

F: was redet denn dieser Franzose mit euch?

A: ..man muss immer einen großen Abstand halten von diesem Mann! (hebt die Augenbrauen, leicht verspottend)

F: warum das?

A: der redet mehr mit den Händen und Armen! Wenn er sich dreht, dann hat er immer die Arme ausgestreckt.....der meint immer wir wären dumm!!! (wirkt ärgerlich)

(Zeichnung Frau B.) „Le grand Chef"

F: aus welchem Grund?

A: weil er nur immer *zeigt*, welche Bäume er haben möchte...oder versucht...uns mitzuteilen, wie wir etwas machen sollen!...Ich denke aber, dass wir das schon selbst wissen, wie man so etwas macht!! (verärgert)

F: geht er mit euch in den Wald und zeigt auf die Bäume, die er gerne hätte?

A: er hat eine Zeichnung auf dieser Rolle!...Ich glaube, da schaut er immer...für welche Stelle von dem Schiff...was gebraucht wird!

F: ist das ein Plan zum Bau des Schiffes?

A: ..ja!...Dann rollt er das auf und....schaut sich an, wo etwas ist!...Meistens sind es dann zwei oder drei Bäume!...Bis dann alles so ist, da vergeht ja sehr viel Zeit! Das ist ja nicht sofort fertig, das braucht ja seine Zeit!

Ich könnte noch weitaus mehr Hintergrundinformationen liefern, da ich in den Sitzungen viel tiefer in die Arbeit von Bodan eingedrungen war, aber um im Fluss der Geschichte zu bleiben, kürze ich nun wieder etwas ab.

F: wer bezahlt das alles?

A: ...das ist dieser.....dieser aus Spanien...mit dieser Glocke auf dem Kopf!

F: wie? Glocke auf dem Kopf?

A: ja!

F: ist das ein Helm?

A: ja so was...(gelangweilt)...

F. und der bezahlt euch?

A: von dort kommt er....ja der kommt und bringt dann....diese...diese Löhne!

Bodan erklärte, dass an dem Bau dieses Schiffes mehrere Nationen involviert waren! Ein Franzose, der die Leitung als Bauherr innehatte, ein Spanier, der dafür bezahlte, und ein englischer Senator, der damit für Konjunktur in seiner Siedlung sorgte. Anfänglich konnte ich mir das Ganze überhaupt nicht erklären, aber es wird sich noch einiges zeigen, so bitte ich meine Leserinnen und Leser noch um etwas Geduld.

F: wie bezahlt man Dich?

A: ......sind so braune......sind so Zahlungsstücke...

F: braun?

A: ja! So braunes Metallstück!

Ich hatte ganz bewusst darauf verzichtet, etwaige Angaben über Münzen im Internet zu recherchieren. Es kostet einfach viel zu viel Zeit, solchen Dingen nachzugehen, die ich aufgrund eines begonnenen Psychologiestudiums einfach nicht mehr besitze. Vielleicht werde ich die Suche nach Münzen irgendwann einmal angehen, wenn ich mich beruflich zur Ruhe gesetzt habe.

F: wie sieht es denn aus?
A: ...da ist ein Gesicht drauf!..Ein Mann von der Seite!
F: noch was?
A: .....libre sans mal bra!
F: steht das auf dieser Münze?
A: ...man sagt das so! Das wurde so gesagt!.....Was da drauf steht......sind ganz komische Zeichen!
F: weißt Du, was sie bedeuten?
A: ...ich weiß es nicht...

Ich hatte es so notiert, wie ich es verstand, und der französische Charakter war unverkennbar. So fand ich bei der späteren Recherche wieder etwas sehr Interessantes. Bodan ließ klar verstehen, dass sich diese Wörter *nicht auf der Münze befanden*, sondern es nur so gesagt wurde. Die Wörter waren „*libre sans mal bra*". Geben wir dem letzten Wort noch ein S, also „bra(s)" und machen eine freie Übersetzung, dann erhalten wir folgende Aussage: *„Frei ohne schmerzenden Arm"!* Diese Aussage passt doch hervorragend auf die Menschen, die vorher in England für wenig Geld hart arbeiten mussten und nicht wirklich frei waren. In der Neuen Welt hingegen waren sie frei und wurden für ihre Tätigkeiten auch entsprechend entlohnt!

F: wie viele Geldstücke erhältst Du für Deine Arbeit?
A: ..das kommt immer darauf an!...Wenn man schneller ist und auch viel mehr arbeitet...bekommt man mehr!...Wenn es richtig gut klappt...und

wir schneller diesen Baum fertig haben...und hinunter zum Weiterverarbeiten bringen...dann haben wir schon mal fünf!...Ja....fünf von diesen Stücken!

F: und das zahlt dieser Spanier?

A: der kommt und gibt es dann..weiter! Dann wird erst geschaut....wer alles da ist...und wer etwas bekommt!...Es wird dann an denjenigen ausgezahlt, der da ist!...Wenn man in dem Moment nicht da ist, bekommt man nichts!

F: dann hättest Du ja umsonst gearbeitet?

A: ..dann ist es so! Man muss schauen, dass man dort ist!...Wenn es so weit ist und wenn man dann nicht da ist, dann sind diese Arbeiten von diesen Tagen zunichte gemacht! Dann gibt´s nichts!

Welch hervorragende Idee, die Arbeitsmoral bei Laune zu halten! Niemand kannte den Tag der Entlohnung und wer zu diesem Zeitpunkt nicht anwesend war, erhielt auch nichts. Aber es gab auch noch andere Wege für den Arbeitgeber, die Kosten möglichst gering zu halten ...

F: und die Bezahlung wird immer so durchgeführt?

A: man muss immer aufpassen!..Die...die *drucksen* auch!

F: wie meinst Du das?

A: ja dann....wird behauptet, dass man die Zeit nicht...gehalten hätte...oder man schlecht gearbeitet hätte!

F: ist Dir das schon einmal passiert?

A: ..ahhm...ja! Aber wenn man anfängt, sich zu beschweren, dann ist man weg!! Dann braucht man nicht mehr zu kommen!! (presst die Lippen zusammen)

Wenn man solch eine Bemerkung von ca. 1563 n. Chr. vernimmt und sie mit den heutigen Arbeitsverhältnissen vergleicht, gewinnt man den Eindruck, dass sich unser Arbeitsmarkt wieder in dieselbe Richtung zu bewegen scheint. Interessanterweise konnte man so etwas natürlich nur tun, wenn es auch genug Leute dafür in der Umgebung gab, und das zeigt wiederum, welche Entwicklung Cantuck in ca. 39 Jahren vollzogen hatte.

F: was glaubst Du, wie viele Bäume für solch ein Schiff noch gefällt werden müssen?
A: ...(lacht in sich hinein)...ich habe schon gesagt, ob ich das noch erlebe! (grinst)
F: wie alt bist Du denn jetzt?
A: ..hmmm...ich weiß es nicht....wie alt bin ich jetzt?......Hah...Kilman und Simon sind schon größer!
F: Deine Söhne!
A: ja Kilman und Simon!...Ich glaube, ich bin...44...45...

Dieser Schiffsbau hätte demnach ca. 1563 n. Chr. stattgefunden.

F: weißt Du, wie alt Deine Kinder sind?
A: ....Johanna weiß das besser! Frauen sind da ein wenig anders!....Aber..warum? Wichtig ist das ja nicht!.....Es ist wichtig, dass man die Kraft hat und das man....noch gestanden ist! Denn es interessiert mich ja nicht, ob ich jetzt so oder so alt bin!....Ich bin jetzt in einem guten Alter!...Meine Söhne die sind auch...sind auch...ja....gesund....sind gesund und stark!
F: also es interessiert Dich nicht, in welchem Alter Du bist oder in welchem Jahr Du jetzt lebst?
A: ...das interessiert mich an sich nicht so...aber...es wird ja immer wieder erwähnt!

Im Voranschreiten der Sitzungen fanden sich ganz eindeutig ansteigende Jahreszahlen. Sie lagen alle zwischen 1524 und 1574 n. Chr.! Obwohl ich unentwegt bemüht war, einen zeitlichen Fehler zu finden, blieben die Aussagen Frau B´s immer die Gleichen. Bis zur Drucklegung dieses Buches gab es keinen einzigen Hinweis auf das siebzehnte Jahrhundert, welches ja bekanntlich erst dann für die historisch überlieferte Auswanderung steht.

A: es ist noch lange kein Ende! Es hat erst begonnen!

F: meinst Du diesen Schiffbau?

A: ja!.....Es ist nicht mehr so wie früher, als ich noch ein Junge war...da lief alles nur innerhalb...unserer...Gemeinde!...Jetzt läuft das alles so..als gäbe es nichts, was das Ganze trennt.....zwischen Frankreich...oder ob das England ist...ob das...die Spanier sind...es ist alles irgendwie ein Miteinander!...Es kommen viele Menschen...es wird viel verändert!..Man sieht immer wieder viele neue Menschen!

F: lebt Ihr alle recht friedlich miteinander?

A: ..ja für mich ist friedlich etwas anderes!! (energisch)

F: warum?

A: weil immer wieder irgendwelche....ja...es kommen immer wieder Menschen, die dann...ein bisschen Aufruhr bringen!...Die es dann nicht leicht haben, sind diese Bärenvölker!

F: weil ihr euch immer mehr ausbreitet?

A: ihre Situation ist..sie wandern!....Sie müssen immer wieder wandern! Früher als ich noch ein Junge war, sah man viel mehr solche...kleinen Gruppen! Ob das am Fluss war.....aber jetzt...ist es weniger und sie sind auch vielmehr in diesen dichten Wäldern!...Sie sind nicht mehr so nah! Manchmal sieht man einige und wenn sie einen von uns sehen, dann verschwinden sie wieder!

Es klang, als würde Bodan den Fortschritt und die damit verbundene Verdrängung der Ureinwohner bedauern. Das zeigt aber auch, wie sehr sich die Dinge in der Neuen Welt entwickelt hatten.

F: hast Du schon gehört, wie dieses neue Schiff benannt werden soll?

A: ....etwas mit Louis...

F: Louis?

A: ja, irgendetwas mit Louis, aber ich glaube das nicht!

F: hatte der Franzose das gesagt?

A: ja!....Ich glaube eher das es irgendwas....irgendwas Spanisches...ist!

Ich wollte unbedingt mehr über diesen ungewöhnlichen Schiffbau erfahren, so schritt ich in einer späteren Sitzung zeitlich etwas voran. Es zeigte sich, dass Bodan etwas mehr darüber wusste als zuvor!

F: wird das ein Handelsschiff? Was für ein Schiff soll es denn werden?
A: ...nicht direkt ein Handelsschiff!
F: sondern?
A: das ist ein...wie nannten sie das?...Ein Herzog...aus Spanien!...Das wird für eine...eine Gesellschaft gemacht! Das ist ein Gesellschaftsschiff!...Für Spanien...
F: was weißt Du denn darüber?
A: Ma...Maqu...Maquera....nein...Maquerra..so ein Herzog...Mar..quer ...ra.......bal..bal...balmo....ahmmm....bal..irgendwas mit bal...bol.... Marquera ist ein Herzog....baldofin...quera...boldefin......Sanokretebal...

Frau B. gab diese spanisch klingenden Wörter stammelnd von sich, die ich während der Sitzung kaum verstand. Als ich jedoch später begann die Audiodateien in die Textform zu bringen, viel mir etwas auf. Das Wort **„Maquerra oder Marquella"**, zeigt eine unverkennbare Ähnlichkeit zu dem spanischen Adelstitel **„Marquesa"**! Die meisten von uns dürften mit der Bezeichnung „Marquis", mehr vertraut sein. Diese steht jedoch im Rang noch unter einem Herzog. Was mich aber nicht weiter verwundert, denn man kann gut erkennen, dass Bodan diese Dinge hörte, sie selbst aber nicht richtig verstand. Weiter unten rätselte er sogar darüber, ob es sich vielleicht um einen Vornamen handeln könnte.

F: was?
A: das verstehe ich überhaupt nicht, dass das der....Marquella?......Ist das jetzt sein Vorname?...Ich weiß es nicht...ist das der Name, den man ruft? Ich weiß es nicht!..Marquella..Ba...Balfress...Baldofress...

Einen Marquis - *Baldofress* - fand ich nicht, aber im Spanischen steht dieses Wort für „Glatze"! Vielleicht hatte der gute Herr damals tatsächlich eine Glatze und die Arbeiter gaben ihm den Spitznamen „Herzog Glatze".

F: ist das derjenige der das Schiff bauen lässt?

A: das ist derjenige, der das Schiff nachher bekommt!..Das ist dieser Herzog Bal..Marqu...

F: gut! Also der hat das Schiff in Auftrag gegeben! Und was hat nun dieser Senator Hilton damit zu tun?

A: ...ich weiß (unverständlich)...Er war in England...ein...wie nennt man das noch mal? (nachdenklich)....So ein Leutnant, der dort..Verbindung zu Spanien hatte...und da kam auch der Kontakt irgendwie zustande...der weiterhin über die Jahre lief!...Als er in unser Land kam, hatte er sich erst mal....etwas aufgebaut und hat dann diesen Kontakt zu...Spanien aufrecht gehalten!...So hatte dann...alles seinen Lauf genommen!

F: heißt der Ort in dem Du lebst immer noch Cantuck?

A: das ist immer noch Cantuck!

Kommen wir nun endlich zu dem eigentlichen Ereignis, welches dem Kapitel seinen Namen gab. Hier der Angriff der Piraten ...

A: ...wir sind oben und bearbeiten das Holz!....Ich entferne mit dem Holzspalter, die Äste von diesem Stamm! (wirkt plötzlich unruhig, Augen rollen unter den Lidern)

F: was ist denn?

A: ..wir hören......diese Unruhe...dieses Schreien!...Ich nehm den Spalter und dann laufen wir alle hinunter!...Ich sehe wie sie...mit Händen kämpfen......mit Schwertern aufeinander gehen!! (Plötzlich nervös, sehr angespannt)...Die einen haben ein Schwert, die anderen nehmen das Holz zur Wehr....Holzstücke um sich damit zu verteidigen!!....Wir laufen runter!..Vom Steg.....von der anderen Seite...von dort kommen sie!...Am Hafen haben sie...die große Hütte geplündert...Sachen die dort gelagert sind!......Sind zwei Schiffe!!

F: sind die jetzt in der Bucht?

A: ja! Wir laufen runter!!......(wird immer nervöser).........Ich packe einen..der...einem von den Philips Bauern, ein Schwert in die Seite von der Brust schlug!....Ich packe ihn und reiß ihn zurück....(presst stark die Lippen aufeinander).......er greift nach mir.....(sehr unruhig)......ich schlag ihm den Holzspalter auf den Kopf!!! (energisch, verzieht das Gesicht)....Die Haut...der Kopf ist aufgegangen durch den Schlag!! (verzieht stark das gesamte Gesicht)....Bewegt sich nicht mehr!!! (belastet)....Ich geh sofort hoch...schaue nach dem anderen......ich lauf weiter....ich klettere auf.....dieses Schiffteil und versuche, denen zu helfen!....Ich will dem anderen....den Holzspalter überziehen....(verkrampft plötzlich das Gesicht)....ich bekomme einen Schlag...hier auf die Schulter.......ich breche etwas...zusammen.....und drehe mich um.........und sehe, wie die Klinge auf mich zukommt......an mir vorbei!!! (außer sich, extrem nervös).....Ich hab den Holzspalter fallen lassen.......ich packe ihn....und schlag ihm auf die Hand (zuckt einmalig am ganzen Körper)....er hat lange Haare...ich greif ihm hinein.......wir hängen so im Holz...(verzieht das Gesicht, sehr nervös).......ich hab ihm in sein Haar gegriffen!!.....Das Holz ist etwas wackelig.......ich reiß ihn neben mich.....auf den Holzstamm und...schlag nur noch zu!!! (wirkt extrem belastet)

(Zeichnung Frau B.) Die drei Menschen, die von Bodan getötet wurden.

F: wohin schlägst Du?
A: ..ins Gesicht!!......Ich zieh mich.......um wieder hochzukommen....ich springe von dem Holz runter.....ahhhh...ich reiß den mit....ich zieh ihn mit am Haar hinunter.......und schlage so lange drauf.........bis er sich nicht mehr rührt!!! (extrem belastet)......Ich sehe das sie...versuchen...zu entkommen...rüber zu dem Schiff....in dem...das Material für den Schiffsbau ist!..........Sie haben viele getötet!!!.....Ich lauf an dem einen Pfosten vorbei.....dort liegt einer von ihnen..........ich laufe an dem Pfosten vorbei (wirkt sehr nervös, sehr belastet)....und nehme das...Schwert!!...Ich weiß nicht...wie man damit...kämpft!...Ich.....hab das jetzt.........einem......(atmet, wirkt sehr belastet).....einem Verletzten......von denen...in den Bauch gerammt...im Laufen!!!

(Zeichnung Frau B.) Das Kampfgeschehen in der Bucht von Cantuck.

F: was? Du hast jetzt einen Verletzten getötet?

A: ich habe einen....getötet, der einen von unseren...verletzt hat!

F: und Du hast ein Schwert in seinen Bauch gerammt?

A: ja!!! (energisch, nervös, verzieht das Gesicht)

F: weiter!

A: ...die meisten sind jetzt Richtung...Wasser hinunter.......von oben kommen...ganz viele....Männer von dem Hilt...(unverständlich)

F: was, von dem ...?

A: Senator Hilton!!...Kommen runter...jaaaa!!! (wirkt völlig begeistert, ganz erfreut)....Sie greifen die jetzt an!!! (energisch, freudig).........Es sind nicht mehr viele von denen....sie laufen runter und springen ins Wasser! (wirkt ruhiger)

F: es waren doch zwei Schiffe, die euch angegriffen hatten oder nicht?

A: ja! (bedeutend ruhiger)

F: wie viele Männer waren denn das?

A: es waren zwei Schiffe....es waren viele!...Es waren..ich weiß nicht wie viel...aber es waren viele!

F: wo sind die nun alle?

A: ...zum Teil sind sie..tot! Die anderen sind zu dem Schiff rüber!....Ihre zwei Schiffe haben nicht angelegt!...Sie kamen um die Bucht herum...sie haben das Schiff jetzt mitgenommen!...Das Schiff mit dem Material für den Schiffbau...das haben sie jetzt mitgenommen!.......Ich sehe...man versucht noch, mit den kleinen Booten beizukommen........aber das gelingt nicht!

F: bist Du verletzt?

A: ..ja!..

F: wo denn?

A: im Brustbereich hab ich etwas abbekommen...und meine Hände tun mir weh...weil ich so auf den drauf geschlagen hatte!...Ich hatte ihm in das Gesicht geschlagen....als er mir dieses Schwert...in das Gesicht schlagen wollte! Dann hatte er das Holz getroffen...und war gestolpert und dann hatte ich ihn an den Haaren neben mich gezogen....und hatte dann nur noch mit der Faust draufgeschlagen!

F: ich dachte mit dem Holz?

A: nein! Mit der Faust, ich hatte kein Holz!...Ich hatte dem einen ja den Holzspalter auf den Kopf geschlagen....der hatte sich nicht mehr gerührt....und den anderen hatte ich durchbohrt...weil er den einen..verletzt hatte!

Wie gewohnt verlief meine Fangfrage wieder im Sande. Solche Kampfszenen auf Leben und Tod, wie wir sie schon im Vorgängerbuch erleben durften (Band 2) besitzen in ihrer Erzählung eindeutig männliche Verhaltensstrukturen! Aus diesem Grunde erlaubte ich mir, ein paar Versuche mit weiblichen Bekannten zu machen. Ich bat sie unabhängig voneinander, sich in ihrer Fantasie eine Schlacht um Leben und Tod vorzustellen und diese mir dann zu schildern. Das Ergebnis war beeindruckend! Niemand meiner Probandinnen war in der Lage, auch nur annähernd eine wirklich nachvollziehbar subjektive Kampferfahrung zu schildern. Ist ja auch verständlich, denn die Mehrheit der Frauen hatte nie eine körperliche Auseinandersetzung erlebt, im Gegensatz zu den männlichen Personen, die bereits in ihrer Schulzeit schon damit konfrontiert wurden. Der Mann besitzt nun mal das aggressivere Gen. Die Schilderungen von Frau B. zeigen die mit dem Kampf verbundenen Emotionen, die es noch viel schwieriger machen würden, solches in ein paar Sekunden zusammenhängend zu fantasieren. Bodan hatte drei Menschen getötet und er wird uns dazu auch noch etwas zu sagen haben ...

F: was ist das für ein Gefühl, wenn man jemanden durchbohrt?
A: ...man rettet sich ja!....Man tut es ja nicht...ähm.......wenn ich es nicht tue, dann bin ich es, der stirbt!...Also muss ich...muss ich es tun!! (klingt entschlossen)
F: aber wie ist das Gefühl, wenn man mit dem Schwert in jemanden hineinsticht? Wie fühlt sich so etwas an?
A: ..es kommt in dem Moment ein Ekel in einem hoch (verzieht leicht das Gesicht)...weil man...das ja nicht möchte...und dann sticht man zu...und....man wartet auf die Reaktion,...wie derjenige, dem man das antut, darauf reagiert!...Aber man kann nicht viel nachdenken, da man nicht weiß, ob noch jemand hinter einem steht!...Man muss...ähm....sind nur so kurze Momente...wenn man einem in das Gesicht schlägt nur um nicht selbst...(presst die Lippen kurz zusammen).......oder jemand anderem helfen will..wenn man sieht, dass derjenige es nicht packt...dann schlägt man einfach so zu! (klingt immer noch etwas aufgeregt)

Lassen Sie das einmal auf sich wirken! Es klingt wie eine Nachverarbeitung und Rechtfertigung der Geschehnisse. Bodan hatte aus reinem Selbsterhaltungstrieb getötet, ist er somit schuldig? Lassen Sie uns hierzu kurz in ein paar biblische Gedanken übergehen. Gott übergab Moses die zehn Gebote auf dem Berg Sinai, welche er in zehn

Positionen auf einer Steintafel vermerkte. Auf der allerersten Position nannte er sich selbst mit seinen Worten: „Ich bin Dein Herr, Dein Gott! Du sollst nicht andere Götter haben neben mir". Auch sein zweites Gebot galt ihm selbst, nämlich seinen Namen nicht zu Missbrauchen. Es ist ja zu verstehen, dass Gott die ersten beiden Positionen für sich beanspruchte, aber spätestens an der dritten Stelle hätte man doch eines wohl der wichtigsten Gebote erwarten dürfen: „Du sollst nicht töten!". Aber Fehlanzeige, die Heiligung des Feiertages war ihm doch noch wichtiger. So finden wir erst an der *fünften* Stelle, dass man eben mal nicht töten soll. Schien ihm das Gebot tatsächlich weniger wichtig als die Vorherigen oder wusste er, dass es schwierig sein könnte, sein Gebot einzuhalten, wenn es um das eigene Überleben ging. Denn hätte Bodan nach seinem Gebot gehandelt, hätte er mit größter Wahrscheinlichkeit die Kämpfe nicht überlebt!

Irgendwie passt das doch alles nicht so richtig zusammen. Auf der einen Seite steht der von Gott tief eingepflanzte Überlebenstrieb. Dieser ist so stark, dass er noch mit aller Kraft versucht dem Tode zu entgehen. Auf der anderen Seite sein Gebot, welches in einer lebensbedrohlichen Situation ganz sicher das Ableben bedeuten würde! Solch ein Moralgesetz kann nur dann funktionieren, wenn wir uns in einer Gesellschaft befinden, welche für jeden Einzelnen Sicherheit garantieren kann! Das fleischfressende Tier lechzt doch auch nach seiner *gottgegebenen Mahlzeit*, um *sein Überleben* wiederum zu sichern. Also wie wichtig muss dieser Überlebenstrieb unserem Schöpfer gewesen sein, denn wir finden ihn in *jedem* Lebewesen auf diesem Planeten. So muss er gewusst haben, dass das Tier, welches er schuf, auch gegenüber seiner Schöpfung Mensch gefährlich werden konnte. Er hat ja nun mal nicht nur Veganer in die Welt gesät, sondern hielt das Fressen anderer Spezies sogar für effizienter. Das können Sie mit einer kleinen Bewegung ihrer Zunge sehr schnell feststellen, denn auch Sie verfügen über die nötigen vier Reißzähne in ihrem Mund! Je mehr ich über diese Dinge sinniere, umso fehlerhafter erscheinen sie mir! Kann denn durch so etwas überhaupt Karma entstehen? Weiter unten werde ich noch auf diese Frage eingehen.

Aber noch mal zurück zu Frau B´s gemachten Aussagen. Sie ist eine sehr sensible, liebevolle und warmherzige Person, der nicht im Traum einfallen würde, jemanden zu verletzen. Sie besitzt ein sehr ausgeprägtes Mitgefühl für das Leid anderer Menschen, denn sie kennt es selbst nur zu gut. Unbestreitbar zeigen die Texte, dass hier jemand sprach, der getötet hatte und die daraus resultierenden Gefühle ganz klar kannte! Und mal ehrlich, wüssten Sie nicht, dass es aus dem Mund einer Frau kam, Sie würden immer an eine männliche Person denken, nicht wahr?

F: liegen dort viele tote Menschen?
A: ..es liegen nicht nur von denen einige, sondern auch von unseren! (presst die Lippen aufeinander)
F: sind sie alle tot?
A: nicht alle!..Vom Feinde sind nicht alle...
F: ja?
A: ....die werden ins Wasser geworfen!
F: die Überlebenden vom Feind?
A: ja! Von denen!
F: aber sie werden doch ertrinken?
A: ja!! (völlig kalt, emotionslos)
F: wie denkst Du darüber?
A: ..ist richtig so!!! (energisch, emotionslos)
F: denkst Du wirklich, dass es richtig ist, die verletzten Feinde ertrinken zu lassen?
A: ja!!! (ganz entschlossen, energisch)
F: aber weshalb?
A: dann haben sie noch Zeit darüber nachzudenken...bevor sie in die Hölle fahren!!

Bodan war ein ruhiger und gelassener Mann gewesen, aber dieser Kampf hatte seine Spuren hinterlassen. In keiner Sitzung zuvor fand ich eine derartige emotionale Kälte wie in dieser Situation. Und so kommen wir auch zu dem eigentlichen Moment, auf den ich in diesem Abschnitt eingehen möchte - das Karma!

Wenn wir uns noch an seinen Vorgänger Buckles erinnern mögen, er tötete auch Menschen auf den Schlachtfeldern. So war ich mir ziemlich sicher, sein Karma in der nächsten Persönlichkeit zu finden. Aber Fehlanzeige, es gibt keinen einzigen Hinweis darauf! Auch Bodan tötete, dennoch fand sich in der darauffolgenden Persönlichkeit (kommender Band 4) keine Auswirkung dafür. Aber aus welchem Grunde entstand das Karma von Pater Samuel, welches sich so stark auf alle nachhaltigen Persönlichkeiten ausgewirkt hatte, indem kein wirklicher Gottesglauben mehr bestand. Ich hatte ja bereits entsprechende Hinweise in den vorangegangenen Büchern gestreut, aber nun lässt sich der Zusammenhang viel besser verstehen. Das schwere intrinsische Leid, das Samuel auf der Todesinsel empfunden hatte, dieser unsagbare *psychische Schmerz*, brannte sich tief in den unbewussten Anteil. Dieser war bedeutend stärker als der Schmerz, den er durch die Pest erfahren musste. Sein inneres Leiden war unendlich! Man hatte ihn gezielt hintergangen (Bischof) und trotz seines tiefen Glaubens an Gott, erhielt er keine Hilfe von ihm. Stattdessen wurde er mit der Pest infiziert und musste einen elendigen, quälenden Tod erdulden. So entstand im Unbewussten eine Art Schutz, solch einen (psychischen) Schmerz nie wieder erleben zu müssen! Genau das übertrug sich in die nächste Inkarnation und wirkte so auf all die nachkommenden Personen! Das wird umso verständlicher, wenn man in Betracht zieht, dass der unbewusste Anteil immer ein und derselbe seit der Entstehung war und immer noch ist. Nur so lässt sich erklären, dass eine völlig neue Persönlichkeit durch das Empfinden einer Vorherigen affektiert ist. Demnach erfüllt sich Karma nur durch den unbewussten Anteil!

Bodan sowie Buckles töteten Menschen, um nicht selbst getötet zu werden. Das steht im Einklang mit unserem Instinkt (Unbewusstem), denn genau er ist es, der den Trieb des Überlebens initiiert. Für beide war es, wie wir lesen konnten, eine sehr schlimme Erfahrung. Dennoch entstand in ihnen kein psychischer Schmerz an Schuld gegenüber ihren Handlungen. Sie bereuten ihre Taten nicht, sondern erklärten sie damit, überlebt zu haben. Lassen Sie uns hierzu noch kurz an Katharina denken, die im Sterbebett ihre Taten (Ehemann töten lassen, etc.) bitter bereute und bis zum Todeszeitpunkt noch um Vergebung flehte. Welches Karma Frau B. danach traf, dürfte den Leserinnen und Leser von „Wir kommen alle wieder!", ausreichend bekannt sein. So kann ich zum jetzigen Zeitpunkt eine ganz klare Aussage gegenüber dem Karma treffen:

Karma entsteht durch die bewusst analytische Verurteilung des eigenen Handelns, gekoppelt mit einhergehenden starken Emotionen, die einen tief verankerten „Schutzreflex (negativ/positiv)" in der unbewussten Struktur speichert. Dieser findet sich dann in der nächsten Inkarnation wieder und wird unbewusst ausgeführt!

Weshalb solch ein Schutzreflex (Karma) überhaupt in uns entstehen kann, werde ich in einer späteren Publikation (Genesis) tatsächlich erklären können. Aber genug davon, denn wir sind noch nicht am Ende dieser Geschichte, lassen wir somit Bodan wieder zu Wort kommen!

F: was sind das für Feinde? Wie sprechen sie denn?
A: ich verstehe sie nicht!
F: ist das eine Sprache, die Du kennst?
A: nein!...Sie sind dunkel von ihrer Statur, sie haben......keine gute Kleidung an!
F: und ihre Schiffe?
A: ....sie waren von dem Rumpf her, sehr schmal!...Es waren keine breiten Schiffe...sie hatten nicht den typischen Baustil.....den ich

kenne!....Die Segel waren auch anders.....es war ein Segel...vielleicht..zwei große...

F: waren das eher kleine Schiffe?

A: ..die waren nicht so groß!

F: waren sie größer als das Transportschiff von euch?

A: ..das war...größer...aber nicht viel breiter!..Diese hier waren sehr schmal gebaut!

F: schmal und lang?

A: ja, so!...Die Bauart kenne ich nicht so!

F: trugen die Feinde etwas auf dem Kopf?

A: ...die hatten....so....das sah aus, als würde man dick gedrehten ...Stoff auf dem Kopf tragen!......Als wenn man so einen Stoff rollt und dass um den Kopf...bindet!

F: trugen alle so etwas?

A: ...manche die hatten nichts....die hatten so......so...Stücke...so wie Lederstücke in den Haaren...so eingebunden...

F: und die Kleidung?

A: ..die waren nicht.....die waren kaputt...waren nicht edel!

F: waren sie alle dunkelhäutig?

A: das waren alle!....Sie hatten Augen so dunkel wie die Nacht!

Unzweifelhaft darf man wohl auf eine orientalische Herkunft schließen. Frau B. meinte in der Nachbesprechung, dass eine gewisse Ähnlichkeit mit den Piraten bestand, denen der kleine Bodan bei der Überfahrt in die Neue Welt begegnet war. Nur die Schiffe wären etwas größer gewesen. Das erscheint plausibel, wenn man bedenkt, dass sich auch der Schiffbau in der Zeit weiter entwickelt hatte. Aber zu diesem Zeitpunkt war mir immer noch nicht wirklich klar, aus welchem Grunde man überhaupt ein noch im Bau befindliches Schiff angreifen sollte. Aber je mehr ich darüber befragte, umso nachvollziehbarer wurden die Angaben.

F: aus welchem Grund hat man überhaupt angegriffen, es gibt doch nichts zu plündern?

A: ..sie haben das Schiff mitgenommen!! (ganz energisch)

F: welches? Das Materialschiff?

A: ...auf dem Schiff waren Pläne! Da war Material.....Sachen für den Schiffbau!...Das haben sie mitgenommen!

F: aber weshalb ein Angriff?

A: sie haben geplündert!..Sie waren ja nicht alle hier...sie haben Cantuck geplündert und dort Sachen auf ihre...auf ihre Schiffe gebracht!...Sie scheinen gewusst zu haben, dass hier das Schiff gebaut wird!.....Ein Teil von ihnen kam über das Land...die anderen hier vom Wasser aus!

F: was konnten sie denn plündern?

A: ...auf dem Schiff gab es gewisse edle Teile!! (energisch)

F: edle Teile?

A: ja, für das Schiff....und Pläne....diese Schiffspläne...es waren Schriften!

F: waren die wertvoll?

A: ja!..Es sind diese Angaben..denke ich...auf jeden Fall wollten sie dieses Schiff (Materialschiff) mitnehmen!

F: sorgt dieser Hilton dafür, dass man die Verletzten in das Wasser wirft?

A: ja unter anderem!...Man schaut nach unseren...die mit mir arbeiteten.....die verletzt sind (verzieht das Gesicht, die Stirn runzelt sich)

F: was war denn jetzt?

A: ....ich habe gesehen.....wie sie einen neben dem Schiff(bau)....vom Boden aufhoben!...Er hat nur noch gezuckt...am ganzen Körper!....Ich sitze hier und schaue nur noch umher..(presst die Lippen zusammen)...

F: ja, beschreib alles, was Du siehst!

A: man hält seinen Körper fest!...Sein ganzer Körper zuckt nur noch!........Ich sehe das die Schiffe sich entfernen!...Einige von ihnen sind noch im Wasser...sie versuchen, da noch hinzukommen....schwimmen hinterher!....Sind noch einige im Wasser! Das Schiff bewegt sich sehr schnell!....Neben mir liegt einer tot!...Den nehmen sie soeben weg!.....Nein! Der war nicht tot, der hat noch....der

Körper hat sich noch bewegt.....aber....es wird eh nicht lange halten...ahhmmm (verzieht leicht das Gesicht, belastet)...

F: was denkst Du in diesem Augenblick?

A: ich denke über meinen Körper nach!! (energisch)

F: über Deinen Körper?

A: ja!! Ich muss wieder hochkommen!!...Mir schmerzt alles!! (presst die Lippen stark aufeinander)

F: bist Du schwer verwundet? Blutest Du?

A: an der Hand!...Ich glaube nicht...nein...aber, der hätte fast meinen Kopf getroffen.....wenn er nicht auf den Holzstamm geschlagen hätte....dann hätte er meinen Kopf getroffen!!!

Die psychische Belastung durch die Kampfhandlungen saß tief in seinen Knochen und dieser Moment ließ ihn erkennen, wie knapp er dem Tode entronnen war. Die tatsächliche Schwere der Belastung zeigte sich darin, dass Bodan nicht mit den Gedanken bei seiner Familie war, sondern noch die Kampfgeschehnisse vor Ort zu verarbeiten schien.

F: wie denkst Du über diesen ganzen Vorfall?

A: ...es war bestimmt vorher geplant!

F: was meinst Du genau?

A: dieser Angriff!....Irgendwie kommen sie dann zuerst her und schauen sich das alles an...sind meistens geplant!...Ohne vorher alles zu wissen, machen die das nicht! Da wird geschaut, wo man sich das Meiste nehmen kann!

F: was ist mit diesem Franzosen, lebt er noch?

A: das weiß ich nicht!...Ich habe ihn noch nicht gesehen!

F: sind auch Freunde von Dir gefallen?

A: ..Dylan!

F: was ist mit ihm?

A: den hat es auch erwischt! (presst die Lippen zusammen)

F: siehst Du ihn?

A: ...er ist auch tot! (leicht bekümmert)

F: machst Du Dir keine Gedanken, was mit der Johanna ist?

A: natürlich!!! (plötzlich sehr ernst, leicht entrüstet)...Ich muss dahin....sobald ich hochkomme!!........Ich glaube nicht, dass sie an meinem Haus waren! (wirkt sicher)

F: weil Du etwas weiter draußen lebst?

A: ....das da war geplant!! (ganz ernst, energisch)

F: wo ist denn nun Senator Hilton?

A: ..er ist vorne am Wasser!

F: hörst Du ihn etwas sagen?

A: ......das man sie in das Wasser werfen soll..sagt er!

F: gib mal wortwörtlich wieder, was er sagt!

A: .."*Das waren „Lowyards!*" (spricht das Wort im Englischen klar und deutlich)

F: Lowyards? Gib mal ganz genau wieder, was er sagt!

A: ..."*Es waren „Lowyards" denn aufgrund.....!*"...Das habe ich auch gesagt, das ist geplant gewesen...denn in der Art und Weise wie sie vorgingen...(völlig entrüstet, aufgeregt)...

F: erzähle alles, was geredet wird!

A: ..er tritt zu uns hin...und er fängt an zu schreien.."*Derjenige...der das unterstützt hat...ich werde ihn finden!*"...."*Das lasse...euch gesagt sein!*"....Er schlägt noch irgendetwas an den Stamm....in voller Wut!...Irgendjemand hat damit etwas zu tun...mit dem Ganzen!

Es war nicht der Name eines Volkes, der sich hinter der Aussage „Lowyards" verbarg, sondern vielmehr ein klarer Hinweis auf die Herkunft der Übeltäter. Übersetzt bedeutet es so viel wie *„low Yards - niedere Höfe"*, was für die Situation auch wieder absolut passend erscheint (schlechte Kleidung etc.).

F: wer sollte dieser Jemand denn sein?

A: jemand der von hier ist!......Es muss sich auch die Bezahlung auf dem Schiff befunden haben!...Es muss nicht wenig gewesen sein!

F: ach so! Der Angriff galt dann in erster Linie diesem Transportschiff, um die Bezahlung zu erbeuten?

A: ..ja jemand muss das.....mitgeteilt haben....dass hier....dieser Schiffsbau und die dazugehörigen Dinge sind!....Und das man auch in Cantuck sehr viele Waren lagerte, die man stehlen konnte!

F: ist das im Bau befindliche Schiff beschädigt?

A: es war noch...im Rohzustand...noch nicht viel!...Es waren ein paar Seitenteile....die schon vorgebaut waren....es ist nicht viel, aber das Schiff mit dem ganzen Material ist weg! Es wird keiner weiter machen, wenn man nicht bezahlt wird!...Und man kann auch diese Bezahlungen nicht eintauschen, denn es ist ja auch nichts mehr an Waren da!

Wie viel Sinn doch in diesen Äußerungen steckt! Wenn man sich den komplett geschilderten Prozess vor Augen führt und sich dieser schier unendlichen Datenmenge einmal bewusst wird, so kann man nur noch ungläubig mit dem Kopf schütteln. Wie viele Gedanken hätte sich Frau B. im Vorfeld machen müssen, um solch eine komplexe Geschichte zu erfinden. Fehler darin fand ich keine und wenn es sie tatsächlich geben sollte, dann werden es wohl eher meine Eigenen sein, denn ich rekonstruiere die Aussagen und setze sie in die entsprechenden chronologischen Abläufe. Aber dazu möchte ich Ihnen versichern, dass ich mit größter Sorgfalt und Hingabe, wie auch bei den drei Vorgängern gearbeitet habe.

F: was passiert nun?

A: ....wie heißt der noch mal...dieser...dieser Franzose? (nachdenklich)

F: was meinst Du?

A: dieser Franzose....ist nirgendwo? (wirkt sehr nachdenklich)....Er ist nirgendwo....aufzufinden!....Der Senator...dieser Hilton...der......ich raffe mich hoch....der ist auch wieder gegangen!.....Ich glaube, er sucht ihn auch!..(unverständlich)...Der hat irgendetwas damit zu tun!

F: und was machst Du jetzt?

A: ...ich versuche hochzukommen, um nach Hause zu gehen!

(Zeichnung Frau B.) Senator Hilton von Cantuck

F: gut, dann erzähl mal alles, was nun weiter passiert!
A: ich mache mich auf den Heimweg...schnellstens!!! (klingt leicht besorgt)...............Das Haus ist leer!!! (wirkt erschrocken)...Johanna!!!?
(verzieht das Gesicht, völlig angespannt)......Wo ist Johanna!?? (sehr
nervös, Augen rollen unter den Lidern)...................Wo ist Johanna!!!?
(extrem besorgt, Augen rollen stark unter den Lidern)..........Sie sind nicht

da!!!..........Ahhhm (atmet ganz tief ein, wirkt sehr belastet und angespannt)...

Das Gesicht von Frau B. ließ die Sorge erkennen, die in Bodan geherrscht haben musste. Man kann so etwas einfach nicht adäquat beschreiben. So würde ich mir für meine Bücher eine Art 3-D E-Book wünschen, welches in der Lage wäre, die Emotionen eines Protagonisten bildlich darzustellen.

A: ....(lächelt plötzlich)...
F: was ist?
A: ..(lächelt über das ganze Gesicht).........das ist meine Johanna!!! (ganz stolz, freudig)
F: was?
A: sie haben sich versteckt! (lächelt, stolz)
F: versteckt? Wo denn?
A: hinter dem Haus ist sie entlang....und hat sich...dort mit meinen Söhnen versteckt.....zwischen den Bäumen!...Sie hatte sich einen Platz gesucht...wo sie sich verborgen hielt!
F: und wie konntest Du sie dann bemerken?
A: ich hatte über sie gerufen....bin dann hinter das Haus.....ich hatte Angst!
F: was sagte sie denn zu dir?
A: sie ist mir in den Arm gefallen und sagte: *"Ich wollte nur schauen, ob alles in Ordnung bei Dir ist!"*...ich sagte *„Warum?"*.......sie hatte das in Cantuck mitbekommen......und hatte sich dann...in dem Wald, zwischen den Bäumen, wo es ganz dicht ist...versteckt!..Viele Sträucher stehen da!...Dort hatte sie gewartet...um nicht im Haus zu sein...es war gut!! (wirkt glücklich)
F: was sagst Du zu ihr?
A: ..das ich sie liebe! (lächelt ein wenig).......Ist wie ein Schock der in einem ist!....Einer meiner Söhne hält einen...Stock in der Hand, um sie zu verteidigen! (beginnt zu lächeln)
F: sagen Deine Söhne auch etwas zu Dir?

A: ...sie wollten auch kämpfen!.....Aber dann haben sie ihre Mutter beschützt! (stolz).....Sie waren auch sehr aufgeregt!...In solch einer Situation waren sie noch nicht...dass so viele Menschen (unverständlich).....Man hatte zuerst Cantuck unten...geplündert...beraubt...dann sind einige zu Fuß...und die anderen mit den Schiffen von der anderen Seite gekommen...an der Bucht vorbei und hatten dort angegriffen!

Immer wieder, ohne den geringsten Fehler, wird die Umgebung geschildert, die mit bereits allen gemachten Angaben in diesem Buch übereinstimmen. Wie wir wissen, lebte Bodan etwas außerhalb von Cantuck und nicht *„unten"*, wie er es deutlich mit der Plünderung schilderte.

F: konnte die Johanna alles von dort sehen?
A: Johanna..nein!! So weit sieht man das nicht!..Aber...ich glaube, Johanna war in der unmittelbaren Nähe...und hatte das...mitbekommen!...Ist nach Hause gelaufen...und ist mit den Jungs in den Wald, um sich zu verstecken!
F: sagst Du ihr, dass Du Feinde töten musstest?
A: ..nein!! Das erzähle ich ihr nicht!...Ich möchte ihr das nicht sagen!
F: fragt sie denn nicht, was los war?
A: ich habe ihr gesagt, dass wir uns verteidigt haben...aber ich.....rede nicht über die Details!

Keine heroische Ausschmückung seiner Taten. Eher ein sehr bedachtes, reserviertes Verhalten gegenüber seiner Frau.

F: sagte dieser Senator Hilton später noch etwas zu diesem Vorfall im Gebetshaus?
A: ..im Gebetshaus...nein!! Es war nicht im Gebetshaus, es war davor...auf dem Weg....da hatte Hilton etwas mitgeteilt und wollte nicht in dem Gebetshaus über diese Sache reden!
F: und?

A: ..er hatte mitgeteilt....drei von unseren...vom Schiffsbau wurden getötet!...Vier...verletzt...und dann noch diejenigen, die nur leichte Verletzungen hatten!......Der...wie heißt der noch mal...Grannechef...der Franzose!......So ein (unverständlich) kommt davon...von diesen Plünderern, wenn ich das richtig verstehe...hatte er die Informationen von dem Ganzen hier (Schiffbau) weitergegeben!...Deswegen war er auch nicht da!

F: wie meinst Du das?

A: ..mit dem Schiff......ist mit denen weg!...Man hatte den noch mal gesehen...unten...wie das Ganze angefangen hatte, und dann war er auch...anscheinend...mit auf das Schiff...und ist dann mit denen weg!

F: und wie denkst Du nun darüber?

A: ..ich hätte ihm das nicht zugetraut!

F: und wie geht das nun mit dem Schiffbau weiter?

A: ...man muss sich erst mit dem, der den Auftrag gegeben hat, in Verbindung setzen!.......Es geht noch ein Schiff nach Spanien, dann sehen wir weiter!

F: sagt das der Hilton?

A: ja!

F: hast du keine Fragen an ihn?

A: ...nein! Eigentlich nicht...es ist ja beschlossen!...Wir müssen halt abwarten...schauen, dass wir...uns bis dahin selbst versorgen!

F: ach so, weil man die ganzen Vorräte plünderte?

A: ja!....Ist ja alles zusammengebrochen!

F: sind die Hütten in Cantuck auch zerstört?

A: ..ja, zum Teil!....Eingänge...Türen...Fässer wurden zerschlagen, die man zu Hause stehen hatte......ja...

F: macht Ihr euch keine Gedanken über eine Verbesserung der Verteidigung?

A: ...er sagt nur: *„Es wird sich einiges ändern!"*

F: sagt er auch, was sich ändern wird?

A: .."*Man wird von anderen Ländern aus Schutzmaßnahmen aufgreifen!"*

F: was?

A: .."*aufgreifen und umsetzen!"*

F: den Schutz?

A: ja! Schutz!....Wie man sich schützt! Das wird man aufgreifen und umsetzen...von anderen Ländern!

Und das tat man dann auch, wie wir weiter unten noch kurz lesen werden. Somit möchte ich diese Geschichte nun zum Ende bringen. Vielleicht wird sich irgendwann einmal, bei einer Recherche in spanischen oder französischen Archiven ein derartiger Vorfall finden.

A: ich bin unten am Hafen...

F: und?

A: ...Hilton reist nach Spanien...aufgrund des gestohlenen Schiffes!

F: wird nun an dem Schiff weitergearbeitet?

A: ...zuerst wird geschaut...was zerstört wurde.....und dann müssen wir warten!......Es ist viel verloren gegangen!....Ob die Spanier das noch wollen?

F: was wird denn in der Siedlung über diesen Vorfall geredet?

A: ....stehen alle unter Schock!....Da sie jetzt aus den fernen Ländern kommen!...Diese Angriffe....waren bloß wegen des Franzosen!

F: was wird denn gesagt?

A: .....viele glauben...hier ein besseres Land gefunden zu haben...aber das Alte holt einen wieder ein!.....Man muss mehr Waffen....für die Menschen hier besorgen......damit sie sich besser wehren können!

F: wie denkst Du darüber?

A: das ist richtig! (ganz nüchtern)...Man muss sich verteidigen können...nicht nur die Männer...auch die Frauen!

F: und wie wollt ihr das machen?

A: ......man wird.....eine...Kolonne...aus Frankreich (unverständlich)...

F: was?

A: man sagt, eine Kolonne aus Frankreich soll kommen!

F: eine Kolonne?

A: ja!

F: eine Armee?

A: ......ja...sind so...es sind Schiffe...die sollen aus Frankreich kommen!....Schiffe sollen eine Zeit lang hier das Gewässer... beschützen.....bewachen...oder so...

F: weshalb denn französische Schiffe?

A: ..es hatte irgendwas mit dem Franzosen zu tun!

F: ist eure Kolonie englisch oder französisch?

A: ...die kommen aus meiner alten Heimat, das ist alles englisch!....Aber...dieser Franzose...der hat was damit zu tun!

F: und woher weißt Du das mit den Schiffen?

A: ich nehme das auf! Das wird geredet!

F: ach so, der Hilton ist noch dort?

A: es ist nicht der Hilton, der redet!....Hilton ist nicht da, der ist schon weg...es sind diese Begleiter!.....Vielleicht suchen sie den Franzosen schon...weil er....auch Verrat am eigenen Land begangen hat!

F: bist Du jetzt unten am Hafen?

A: oberhalb an der Siedlung!...Dort sind viele Leute auf dem Weg...jeder fragt jeden!...Jeder sagt etwas und hört zu....um zu wissen was kommt!

F: redest Du auch mit jemandem?

A: ..ich höre zu....und stimme zu!....Weil...das ist schon richtig....wenn so etwas passiert!......Sollten die Spanier....diesen Schiffbau wieder aufnehmen lassen...könnte so etwas noch mal vorkommen.....und da muss man nun etwas dagegen tun!....Ich denke, dass sie auch aus Spanien welche hierher schicken.....damit so etwas nicht mehr passiert!

F: weshalb baute man solch ein Schiff in Cantuck und nicht in England, Frankreich oder Spanien?

A: ...ich glaube, es ist wegen des Holzes!..Es gibt hier bei uns...für große...Schiffe....sehr große Bäume!...Das ist durchgehendes Holz!...Das ist gut....schwer zu fällen...aber...sehr gut für große Schiffe....man kann damit viel tun!..Man hat nicht viele Stellen...an denen man...Holz verbinden muss...ist durchgängiger!

Genau solch eine Aussage verleiht dieser Geschichte ihre Glaubwürdigkeit. Anfänglich erschien mir das alles sehr fragwürdig, aber diese Intrige basiert auf völlig nachvollziehbaren Gründen. Die Siedlung Cantuck war nur deshalb zu einem leichten Ziel für eine Plünderung geworden, da sich die Mehrzahl der Männer beim Schiffbau befand. Das Materialschiff, welches die Bezahlung und das wertvolle Metall zum Bau enthielt, lag ohne Schutz in der Nähe der Bucht und stellte somit den größten Fang für diese Räuber da. Über all diese Dinge wusste der Franzose Bescheid, der den gesamten Bau geleitet hatte. Bedenken Sie hierzu, dass Frau B. vorher *nie* eine einzige Frage von mir kannte, und genau diese Vorgehensweise halte ich bis zum heutigen Tage bei! Meine Fragen besaßen keinen festen Ablauf, sondern entstanden in Abhängigkeit meines Interesses. Und erst durch das Sortieren aller Aussagen, konnte im Nachhinein diese Geschichte überhaupt entstehen. Besonders in den ersten Sitzungen waren verschiedene Sachverhalte überhaupt noch nicht klar, da es einfach zu viele Aussagen gab, die noch keinen Bezugspunkt aufwiesen. Erst mit der Zeit setzten sich die Dinge wie ein Puzzle zusammen und ließen ein klares Bild dieser Vergangenheit entstehen. Nun noch schnell ein Auszug, der circa ein halbes Jahr nach den Ereignissen in Cantuck stattgefunden hatte.

F: was hat sich denn nun mit diesem Schiffbau ergeben? Weißt Du schon etwas darüber?
A: die...Spanier.....die wollen Entschädigung!.....Die wollen etwas zur Entschädigung haben.....den Verlust!
F: von wem? Von eurer Siedlung?
A: ..ja...ich glaube, das wird noch ausgehandelt!....Ich glaube, das ist die erste Wut.....aber wir können ja nichts dafür!
F: wie geht das nun weiter? Ist dieser Hilton zurück?
A: der ist zurück!
F: was sagt er denn?
A: das er wieder fort müsse!....Das er wieder....eine längere Zeit fort müsse...und das alles so bleiben soll, wie es ist!
F: was bedeutet das?
A: abzuwarten!.....Er wird wahrscheinlich noch....nach England fahren!.......Es wird noch eine Absprache mit einer.....ich glaube...mit einer

Elisabeth gemacht und.....von dort aus würde er dann noch....nach Spanien..fahren!......Ich verstehe die Zusammenhänge nicht!

Königin Elisabeth die Erste auch unter dem Namen „Die jungfräuliche Königin" bekannt, regierte England und Irland von 1558 bis 1603 n. Chr. Ihre Regierungszeit fällt somit in die Zeit dieser Geschichte, denn gemäß Bodans Aussage, die er über sein Alter äußerte, war er zu diesem Zeitpunkt zwischen 44 und 45 Jahre alt. Demnach dürfen wir von dem Jahr 1560 n. Chr. ausgehen, wie ich es weiter oben bereits erwähnt hatte. Da Cantuck zu diesem Zeitpunkt nicht unter der königlichen Flagge Englands stand, praktisch autonom war, verwundert es auch nicht, dass Bodan kein wirkliches Wissen über die zu der Zeit amtierende Monarchin besaß. Das stellt meines Erachtens keinen Fehler da, sondern eher ein weiteres Indiz für die frühe autonome Besiedlung Nordamerikas, welche die britische Krone in den Anfängen überhaupt nicht zu interessieren schien. Vielleicht findet sich auch aus diesem Grund, kein Nachweis über die Siedlung Cantuck.

F: weißt Du, wer Königin oder König von England ist?
A: ......ich weiß es nicht!
F: warum nicht?
A: ...weil ich mich dafür nicht interessiert habe!...Ich lebe dort nicht mehr!
F: hast Du vielleicht mal irgendetwas darüber gehört?
A: ....ich weiß es nicht!
F: und wer ist euer König?
A: wir haben gar keinen König!
F: nein?
A: nein!! (energisch, stolz)...Wir sind eine Siedlung...wir haben uns....hier sesshaft gemacht!....Sind hierher und haben unser Leben aufgebaut!...Jeder hat so seinen Bereich...wir sind mit San Moral zusammen!
F: Ihr seid zusammen?
A: wir *arbeiten* zusammen....ja!
F: haben die dort einen König?

A: ....so einen richtigen König glaube ich nicht...ich weiß es aber auch nicht!

Kapitel 11.
Abwanderungen

Wie alles im Leben blieb auch Cantuck nicht vom Wandel der Zeit verschont. In den frühen Anfängen arbeitete seine Siedlung mit San Moral zusammen, wie es uns Bodan sagte. So führte er verschiedene Botengänge für Kapitäne aus, die am Hafen von Cantuck vor Anker lagen, und transportierte kleinere Dinge mit seinem Pferd. All das lief in ganz kleinen Schritten ab, denn zu Beginn existierten *nur* diese beiden Niederlassungen. San Moral besaß die französische- und Cantuck die englische Mehrheit an Bürgern. Allerdings siedelten sich immer mehr Menschen in der Neuen Welt an und so kam es auch später zu Vermischungen und Neugründungen von Kolonien. Das Letztere war für Cantuck zu einer Frage des Überlebens geworden, denn sein Standort schien nicht mehr so sinnvoll zu sein, wie es das einst gewesen war. Folglich kam es eines Tages zu massiven Abwanderungen vieler Siedler in andere Kolonien. Bodan jedoch zählte nicht zu ihnen, denn er erklärte seine Treue zu Cantuck mit einem eindeutigen Schriftstück, welches er mit seinen eigenen Worten auf einem Tuch verfasste. Er hing es, wie auch andere, als Zeichen der Loyalität gegenüber seiner Siedlung an seine elterliche Hütte. Genau dieser Moment wird uns eine Schrift bescheren, die eindeutig dem Jahrhundert von Bodan zugerechnet werden kann! Aber dazu später noch mehr. Hier zuerst einmal ein interessanter Hinweis, dass man in der Siedlung Cantuck auch Aufzeichnungen über ihre Bewohner besaß.

A: ..mit einer Feder...wurde ihr Name erwähnt...aufgeschrieben! Damit man sich an sie erinnert, die das hier mal aufgebaut hatten!

F: wurde das mal vorgelesen?

A: nein! Man kann das selbst lesen!..Ich habe es nicht gelesen...ich hatte nur zugehört!

F: dann hör mal zu und gib mal wieder, was man sagt!

A: ....die einen schimpfen!....Die Eintragungen sind zum Nachschlagen!....Da stehen Namen und Zeiten drin.....und die eine Frau regt sich auf!...Es kommt oft vor, dass sie sich untereinander nicht verstehen!...Dieser Alison Smith...hatte sich eingetragen....und da sollen die

Zeiten nicht stimmen...sagt die Frau!..Der müsste einiges ändern!.......Warum erwähnt man eigentlich so etwas? (nachdenklich)

F: sind in diesem Buch alle Namen von den Leuten, die in Cantuck leben?

A: soweit ich weiß ja!

Es wäre sicherlich eine Sensation geworden, hätte Bodan einmal in dieses Buch geschaut, aber bedauerlicherweise war dem leider nicht so. Kommen wir nun zu dem eigentlichen Grund der Abwanderungen. Cantucks örtliche Lage schien für den Handel an Land nicht mehr geeignet zu sein.

A: ...es geht um eine Verbindung..mit einer Kutsche...von San Moral!

F: von San Moral nach Cantuck?

A: nein! Das...kann ja nicht stattfinden....dafür ist das zu hügelig....es ist ärgerlich!

F: was? Wiederhol mal bitte, was wortwörtlich gesagt wird!

A: ..."*Keiner der angegebenen Punkte geht....das man die Fracht von hier...vom Hafen aus...nach San Moral..bringen kann!*"..."*Das Ganze...wird umgelegt...nach Revelle!*"..."*Von dort aus ist die Verbindung besser nach San Moral!*".."*Von dort aus können Kutschen fahren...die immer in einem gleichen Abstand...hin und her pilgern!*"....Man sucht eine Verbindung...vom Meer...die reibungslos nach...San Moral und weiter geht!...Dafür werden hier...in Cantuck.. weniger Schiffe anlegen!..Das wäre zwar kürzer....von der Entfernung... aber schwieriger...

F: schwieriger von Cantuck aus?

A: es wäre schwieriger von Cantuck aus, aber kürzer..bis nach San Moral als wie von der anderen Seite! Aber die andere Seite ist einfacher..vom Weg her...um Menschen besser und schneller dahin zu..befördern!....Um das geht es momentan in dem Gespräch..(wirkt nachdenklich)...dann wird es weniger hier!...Werden weniger Schiffe hierher kommen! (presst die Lippen zusammen)

F: ist das nun schlechter?

A: ..ich weiß noch nicht, wie sich das auswirken wird!

F: wer redet denn eigentlich darüber?
A: ..das ist der vom Hafen....der uns diese Information vermittelt!..Ich weiß nicht, wie der Mann heißt!

Diese Informationen besitzen einen eindeutigen Bezug zu den ersten Beschreibungen, die Bodan über die Umgebung von Cantuck gemacht hatte. Der Weg nach San Moral zeigte ein schwieriges und unwegsames Gelände. Man darf hier nicht übersehen, dass zu diesem Zeitpunkt keine einzige Straße im Land vorhanden war! Kleine Transporte zu Pferd, wie ich es anfänglich schon oben beschrieben hatte, stellten von Cantuck aus keine Probleme dar, aber ein reibungsloser und beständiger Versorgungsweg mit Karren und Material zu Lande, war nicht umsetzbar. Demnach bekam die Siedlung ein Handelsproblem, welches auf Dauer nicht gelöst werden konnte, und so kam es dazu, dass man sich im Gebetshaus von Cantuck einfand, um die Situation zu erörtern. Die oben genannte Siedlung „Revelle" konnte ich leider keiner genauen Position zuordnen.

F: erzähl mal ganz genau, was nun passiert!
A: ..es sind hier alle anwesend...die in Cantuck bleiben wollen!..Die für dieses Fleckchen Erde sind!..Die dafür sind, dass man hier bleibt!
F: weshalb möchten denn andere Cantuck verlassen? Gibt es da einen Redner?
A: ist der Hilton!.....Hilton sagt, dass man...nicht mehr...so auf diese Seefahrt angewiesen sei!..Das es hier...nicht mehr gefragt wäre!....Das man im Landinneren...besser leben könnte! Das man von dort...Wege baut...zu anderen...Orten...sodass alles miteinander verbunden ist!...Da man von hier aus...San Moral....durch diese felsige Strecke....nur sehr schwer bewältigen kann...ist das nicht gut!

Hier ging es um Expansion und Vernetzung mit bereits bestehenden Kolonien! In den Anfängen der Siedlung Cantuck, war man sehr von dem Schiffshandel abhängig. Aber nun war die Zeit vorhanden, in der man auf den eigenen Beinen auch im Landinneren ohne einen Hafen überleben konnte. Schreiten wir noch etwas weiter in der Zeit voran.

A: ..die Schiffe...die legen hier nicht mehr an!....Es geht nun über das Land....man will in das Landesinnere!....Die wollen, dass man hier alles aufgibt und in das Landesinnere geht!
F: aber wenn doch keine Schiffe mehr anlegen, dann entsteht doch kein Handel mehr bei euch?
A: ..der ist nicht mehr gefragt!
F: warum?
A: weil man andere Möglichkeiten zum Anlegen der Schiffe hat...viel näher zu San Moral...wo man Zeit spart!
F: und wo ist das?
A: unterhalb von San Moral..oberhalb von uns!
F: was gibt es dort?
A: das ist einfacher....da sind die Wege im Landesinneren besser....und so muss man sich...dann anpassen!...Man muss da...mitziehen!...Dort gibt es auch bessere Flächen für die Tiere....als dort wo wir im Moment leben!
F: weißt Du, welche Siedlung zu San Moral nun näher liegt?
A: ...oh..ich weiß den Namen nicht mehr von diesem Ort...
F: also der Ort liegt oberhalb von euch und in der Nähe von San Moral?
A: ja vor dem Berg...wo das Wasser von dem Berg herabfließt....ist eine Bergquelle....von der anderen Seite, kommt man an den Fluss!
F: wie heißt denn der Ort?
A: ..(wirkt nachdenklich)...Sant....Sant...ahh....Saint Challe...es ist kein englischer Name!
F: ist das eine französische Siedlung?
A: ..mhjaa..San Challe...

Es könnte sich vielleicht um das heutige Quebec gehandelt haben, denn dort gibt es einen Fluss mit der Bezeichnung „Saint Charles"! Es ist ein linker Nebenfluss des Sankt-Lorenz-Stromes und man kann nur von der „anderen Seite" an diesen Fluss heran. Quebec liegt von Cantuck aus gesehen nördlich oberhalb und nicht auf derselben Seite des Stromes. Ich weiß, dass Sie damit im Moment überhaupt nichts anfangen können, denn Sie wissen ja noch nicht einmal, welcher Ort das ehemalige Cantuck war. So möchte ich nun den Namen der heute noch existierenden

Ortschaft nennen. Es handelt sich um die kanadische Stadt „**Gaspé**" in der Region Quebec! Sie liegt am nordöstlichsten Ende der Halbinsel Gaspésie in der Nähe des Sankt-Lorenz-Stromes.

F: und diese Siedlung liegt neben Cantuck?
A: nicht daneben...das ist schon....man muss hinter Cantuck an dem See vorbei...unterhalb...sind noch keine richtigen Wege gebaut...ist kein halber Sonnengang...wo man dann... durch das Land fährt, um anzukommen!...Aber von dort aus, ist die Verbindung nach San Moral gut!...Und dann werden Wege gebaut....durch das Land...
F: dann legt kein Schiff mehr in Cantuck an?
A: die legen hier nicht mehr an....die legen ja alle unten an!
F: also sie umfahren Cantuck und legen dann an dieser anderen Küstensiedlung an?
A: genau!..Weil dort die Verbindung und die Wege einfacher sind! Die Wege von Cantuck aus...sind viel schwieriger...zu bauen...weil das hoch liegt!...Man müsste, um das zu verbessern,...so oder so....weiter ins Land hinein!...Und da kann man ja gleich eine andere Küste ansteuern....um dann direkt den Verbindungsweg zu nehmen....als wenn man bei Cantuck anlegt...und dann alles über die Küste hinwegbringen muss! Und so hat man...weniger Küste und mehr ebenes Land!
F: aber weshalb geht es darum, San Moral zu versorgen?
A: Moral ist groß!...Da liegen noch einige rundherum...und...
F: ach da liegen noch andere Siedlungen?
A: ja! Das ist ja alles so ein bisschen verbunden! Wie weit das jetzt geht, weiß ich auch nicht...aber....es gibt immer Menschen...die an einem Ort auch mehr zu sagen haben!...Und je mehr man zu sagen hat...um so mehr kann man für sich erreichen...für seinen Ort...das war schon immer so!
F: das bedeutet San Moral ist nun richtig groß?
A: San Moral ist groß geworden!
F: weißt Du, wie das entstanden ist?
A: ich weiß es nicht genau...aber sicherlich nicht viel anders als wie überall!

F: seid ihr dort in diesem Gebetshaus?

A: ja!

F: was passiert weiter? Was macht der Senator Hilton?

A: ..er hat eine Schriftrolle!...Er notiert Dinge....notiert.....diejenigen die in Cantuck bleiben wollen!....Er wird auch bleiben...das sagt er...aber es wird nicht mehr so..wie es mal war!...Es bleiben die Menschen, die sich gut versorgen können...man muss die Verbindung zu den anderen Orten aufbauen...um sich mit den Dingen zu versorgen, die man braucht...auch für die Wintermonate!....Es wird notiert, wer nun hierbleibt!

F: wird jeder eingetragen?

A: ja! Das man...sieht...wer mitgeht und wer nicht!

F: und die gehen jetzt in diese französische Siedlung?

A: ja!....Sind einige...die hier oben nicht mehr existieren können....weil der Schiffhandel fehlt!...Die gehen auf jeden Fall weg...um zu überleben! Und diejenigen, die auf solche Dinge nicht angewiesen sind, die bleiben dann hier wohnen! Es gibt aber auch welche, die gerne hierherkommen...die von weit her reisen, um hierzubleiben! Vielleicht auch nur für den Übergang oder so!

F: trägt sich da jeder selbst ein?

A: nein! Man unterhält sich nur!

F: und was machst Du?

A: ich höre zu! Ich möchte ja wissen, wer nun hierbleibt und wie es weitergeht!

F: für was entscheidest Du Dich?

A: ...vielleicht dazwischen...(nachdenklich)...

F: was heißt das?

A: zwischen Cantuck und der neuen Siedlung!

Bodan entschied sich dann doch ganz eindeutig für die Siedlung Cantuck, welche er das erste Mal als sechsjähriger Junge mit seinen drückenden Lederschuhen betreten hatte. So schrieb er in diesem Gebetshaus eine deutliche Botschaft auf ein weißes Tuch, welches sich kurz danach für alle sichtbar an seinem Elternhaus befand.

F: und wie sagst Du jetzt, dass Du in Cantuck bleibst?

A: ..die Fahne hängt an unserem Haus!

F: was für eine Fahne ist denn das?

A: ..ganz normales Tuch..in Weiß...hängt an meinem Elternhaus!

F: warum denn dort?

A: weil das ein Teil meiner Familie ist....von meinen Eltern her!

F: ja aber weshalb hängt das Tuch dort?

A: damit die Leute sehen, dass *wir* noch ein Teil von Cantuck bleiben!

F: tut jeder der in Cantuck bleiben möchte, solch ein Tuch an sein Haus?

A: ja!..Manche hängen nur ein Tuch dahin...damit man die Familien sieht die bleiben! Vielleicht auch, um es denen zu zeigen, die gehen! Man zeigt den Mut, alles aufrecht zu halten und nicht immer gleich davon zu laufen!

F: hast Du Dir an Deine Hütte auch solch ein Tuch gehängt?

A: nein!

F: aber weshalb hängt es an Deinem Elternhaus?

A: weil sie dort vorbeiziehen!

F: was hast Du draufgeschrieben?

A: das wir bleiben!

Diesen besonderen Moment hatte ich natürlich wieder aufleben lassen und es beförderte, wie ich es bei Frau B. schon mehrmals erleben durfte, wieder eine einzigartige Schrift auf ein Blatt Papier. Während sich Frau B. in tiefer Trance befand, begann der Stift in ihrer Hand schwarze Buchstaben zu kritzeln. Anfänglich konnte ich nicht wirklich etwas erkennen und sah nur zwei unleserliche Wörter.

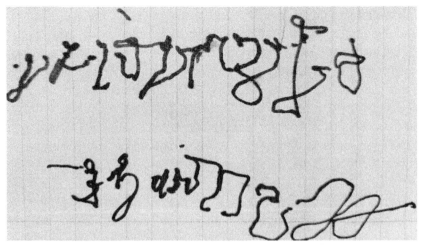

(Schrift von Frau B.) Noch unverständliche Wörter ohne Trennung.

Aber bei genauerer Betrachtung, nachdem ich mir akribisch die einzelnen Buchstaben ansah, verschlug es mir wieder einmal die Sprache. Es ist tatsächlich eine ganz deutliche Botschaft darin zu erkennen! Hier noch einmal das gleiche Bild, diesmal nur mit entsprechender Worttrennung.

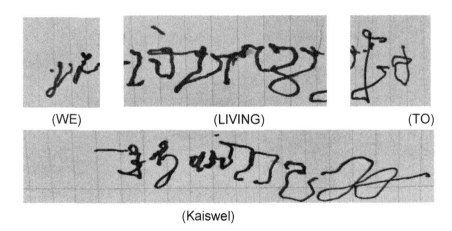

(WE)   (LIVING)   (TO)

(Kaiswel)

Die Wörter sind ganz eindeutig englisch und der nun durch die Trennungen erkenntliche Satz lautet: *„We living to(o) Kaiswel".* Übersetzt bedeutet er so viel wie: *„Wir leben auch Kaiswel".* In der oben geschilderten Sitzung fragte ich ihn, was er denn auf das Tuch geschrieben hatte und er antwortete: *„Das wir bleiben!"* Es ist der gleiche Sinn gegenüber dem, was er auf das weiße Tuch geschrieben hatte. Natürlich ist seine Mitteilung grammatikalisch völlig falsch, aber wir dürfen nicht vergessen, dass Bodan nie richtig lesen und schreiben gelernt hatte, sondern nur durch die Mutter angeleitet wurde.

Aber das Allerwichtigste dürfte wohl die Frage sein, ob diese Schriftzeichen überhaupt in das entsprechende Jahrhundert von Bodan passen? Nun, ich bin kein Experte in Graphologie, aber die Ähnlichkeit im Vergleich zu den Unterschriften zweier berühmter Persönlichkeiten lässt sich wohl nicht bestreiten. Sehen sie selbst!

Unterschrift von König Henry (Heinrich) dem 8. von England/ 1509 bis 1547
Quelle: Von Connormah, Henry VIII - Own work by uploader, traced by hand from http://img2.allposters.com/images/BRGPOD/103390.jpg,Gemeinfrei, https://commons.wikimedia.org/w/index.php?curid=8016207

Unterschrift von Königin Elisabeth die Erste von England/ 1558 bis 1603
Quelle: Gemeinfrei, hhttps://commons.wikimedia.org/w/index.php?curid=5953992

Kapitel 12.

Verschiedenes und etwas Philosophie

Dieses Kapitel entstand eigentlich nur deshalb, um vereinzelte Fragmente verschiedener Sitzungen noch in das Buch übertragen zu können, ohne jedoch den Anspruch einer Chronologie zu wahren. Es handelt sich um Antworten, die ich zu verschiedenen kleinen Nebenfragen erhielt und die Bodans Persönlichkeit noch etwas deutlicher erscheinen lassen. Zudem war es mir noch äußerst wichtig, sein philosophisches Gedankengut, welches einmal an einem Lagerfeuerchen entstand, miteinzubringen.

F: bist Du viel im Land unterwegs?

A: ..ich bin als noch unterwegs, ja!

F: mit Deinem Pferd?

A: ..ja Dogbo!...Ist ein braunes Pferd!

F: und wann legst Du mal eine Pause ein?

A: ...wenn ich Hunger hab!

F: bis Du Hunger bekommst?

A: ...bis ich weiß....wo ich was finde! Je nachdem wo ich hin reite, mach ich mir ein Feuerchen..und...schau, dass ich ein Vogelvieh oder....etwas finde...was ich mir dann zubereiten kann!

F: wie machst Du denn so ein Feuer?

A: ..mit dem Feuerstein! (runzelt die Stirn)

F: und wie?

A: mit dem Stein!! (zieht die Augenbrauen nach oben, sehr nachdenklich, Augen rollen unter den Lidern)

Es hatte den Anschein, als würde er sich in diesem Moment fragen, mit wem er eigentlich seine Unterhaltung führte. Was zu seiner Zeit jeder nutzte und kannte, musste er mir erklären und das erschien ihm irgendwie seltsam zu sein. Auch hier war wieder betont, ein eigenständig analytischer Geist zu erkennen, der mit Frau B. praktisch überhaupt nichts zu tun hatte.

F: wie machst Du das?

A: ...(wirkt etwas genervt)..wenn ich losreite...hab ich...meine Tasche am Pferd...bisschen vorbereitet!...Da sind ganz feine Holzspäne drin, die sind nicht schwer...die nehm ich dann mit!....Damit kann ich das schneller machen!..Ich sammel noch ein paar andere Stöcke!....Dann suche ich mir noch einen normalen festen Stein...an den ich den Feuerstein schlage und dann puste ich!...Während ich schlage, puste ich...das dieses...Aufglühen entsteht!...Ich puste das genau auf diese Späne, sodass diese Funken fliegen!....Man muss immer ganz zart hineinpusten....dann brennt das! Und dann leg ich noch ein paar Stöckchen drauf!..Man muss ja auch immer schauen, wo man das Feuer macht...das kann man nicht überall! Das Feuer darf sich ja nicht ausbreiten, da muss man...entweder mit Sand eingrenzen oder mit Steinen!

Die wenigsten von uns dürfte das beeindrucken, aber ich hatte einmal die Gelegenheit, mit solch einem Stein Feuer zu machen, und glauben sie mir, es ist weitaus schwieriger, als man denkt! Sollten Sie der Meinung sein, dass man solch eine Information nicht zu einem Insider-Wissen zählen kann, dann lesen Sie das hier ...

F: was führst Du denn alles so mit Dir, wenn Du lange reiten musst?

A: Messer!....Einen großen...Lederbeutel...mit Wasser....dann...

F: wie machst Du das, damit dieses Wasser nicht aus diesem Lederbeutel ausläuft?

A: ..da wird mit solch einem...das ist von dem Nadelgehölz....von den Rinden..so Harz....es wird dann so eingerieben am Rand!....So wird das abgedichtet!

F: am Lederbeutel?

A: ja, aber nur oben am Rand...wird das mit Harz...ein bisschen abgedichtet, sodass man es verschließen kann!

F: steckst Du da etwas hinein?

A: ..ja..das ich auch trinken kann!.....Das muss natürlich anständig gemacht werden, dass das Wasser nicht durchgeht! Aber normalerweise geht das nicht durch!

F: wie wird das genau gemacht?

A: ...es wird aus einem großen Stück...von einem Rind gemacht! Es wird groß geschnitten....und zusammengeführt....und dann wird oben ein Riemen durchgezogen!...Und diese Öffnungen die dadurch entstehen, die werden dann mit diesem Harz...ein bisschen abgedichtet...wenn man es zugezogen hat!..Naja....man kann schon ein wenig verlieren beim Reiten...aber die gute Hälfte ist immer drin!

Bedenken Sie, das ich seine Ausführung über die mitgeführten Dinge abrupt unterbrach und eine genaue Beschreibung über den Wasserbeutel verlangte. Innerhalb von Sekunden erhielt ich die vollständige Erklärung darüber! Eine Vorbereitung ist unmöglich, da man sich auf so etwas überhaupt nicht vorbereiten kann.

F: bekommst Du ab und an Probleme mit Deinem Pferd, wenn Du solange unterwegs bist?

A: ..wenn es sehr lange ist, dann wird es ja auch irgendwann müde!.....Hoch über den Berg...reite ich eh nicht! Das mach ich aus Prinzip nicht...da gehen wir nebeneinander...damit es sich ein wenig erholen kann!...Deswegen mache ich ja auch die Pausen!

F: wenn Du so zwei Tage unterwegs bist, wo schläfst Du dann?

A: ..na, auf dem Boden!!! (ganz verwundert)....Auf dem Boden!!!

Auch hier wieder vollkommene Verwunderung über meine Frage.

F: im Wald?

A: ..wo ich grade bin..mal zwischen den Bäumen...

F: machst Du Dir über Nacht ein Feuer?

A: ja! Das ist wichtig!

F: warum?

A: wegen der Tiere...Bären!

F: aber wenn Du schläfst, kann das Feuer doch ausgehen?

A: ..wenn ich...ja, wenn ich schlafe, dann gehts auch mal aus.....muss ich in Kauf nehmen!

F: ist es nicht gefährlich?

A: ja das ist gefährlich...aber..Dogbo ist wachsam!

F: ach, das Pferd warnt Dich?

A: ja! Pferde sind sehr...sehr...aufmerksam!...Wenn etwas in der Nähe ist oder so, das merkt man am Pferd!...Man merkt dann von dem Verhalten her, wie er sich bewegt!

Während ich so meine Fragen stellte, kam mir plötzlich der Gedanke, ob man sich auch mal in Bodans Zeit philosophische Überlegungen gönnte. Hier die Antwort!

F: wenn Du nachts an Deinem Feuer liegst, woran denkst Du so? Über was machst Du Dir Gedanken?

A: ...manchmal frage ich mich, wie die Sterne in den Himmel kommen?...Wenn ich dann so in den Himmel schau...die leuchten so auf...dann frag ich mich wo die herkommen? (Augen rollen unter den Lidern, wirkt nachdenklich)

F: hast Du schon einmal etwas Besonderes nachts am Himmel gesehen?

A: ..(plötzlich ganz energisch) ja!!...Ja!!

F: was denn?

A: so ein Leuchten....am Himmel!!

F: und was war es?

A:..es war so...wie wenn...bei einem Unwetter der Himmel leuchtet!...Wenn es donnert und...dann wird's auf einmal so hell......es ist erschreckend!!

F: macht Dir so etwas Angst?

A: ja! Es macht schon ein wenig Angst...ich weiß ja nicht was das ist!!

F: und das sieht man bei einem Unwetter?

A: ja bei Unwetter, aber das was ich sah....war bei keinem Unwetter! Das war nicht so groß....das war so ein kleines bisschen heller...ein heller Strahl am Himmel!...Wie ein heller Strahl am Himmel....dann war es weg!

(Zeichnung Frau B.) Die nächtliche Erscheinung, die Bodan am Himmel sah.

Anhand der Schilderung ist man sofort gewillt, an einen Meteor oder im kleineren Sinne an eine Sternschnuppe zu denken. Aber die Nachbesprechung mit Frau B. zeigte dann doch etwas völlig anderes, worüber ich immer noch mit ihr rätsele. Sie versicherte mir kopfschüttelnd, dass sie noch nie in ihrem Leben etwas derartig „Helles" am Nachthimmel gesehen hätte. Selbst heute noch ist sie so davon beeindruckt, wenn wir uns über dieses Erlebnis unterhalten. Es wäre wie ein kleiner Ball gewesen, welcher eine enorme Geschwindigkeit besaß und extrem geleuchtet hätte. So kann man sich gut vorstellen, wie so etwas auf Bodan gewirkt haben musste, hatte er doch eine ganz andere Vorstellung von seiner Zeit. Hier ein kleiner Einblick, wie er sich die Welt vorstellte ...

F: wie stellst Du Dir die Erde vor, auf der Du lebst?
A: ...die Erde...die Erde reicht (Augen rollen unter den Lidern)....ich stelle mir die so vor...als wenn ich einen großen mächtigen Baum umsäge!...Wenn man dann den Baumstumpf betrachtet...so rundherum...irgendwo fällt es ab!...Wir sind mitten auf...dieser Holzplatte drauf!...Dort wo die Sonne untergeht,...das ist dort, wo die Rinde des Baumes ist...und da geht dann die Sonne schlafen!...Und das Meer...ist auch so...liegt...da so drin... in dieser Holzplatte...ist da hineingebettet....ja!
F: das bedeutet, man könnte mit dem Schiff den Rand hinunterfallen?
A: ..das ist *sooo* weit...so weit kann kein Schiff fahren! (hebt die Augenbrauen)
F: warum nicht?
A: das ist der Rand! Der ist......ganz weit ist das!...Irgendwann muss man dann umdrehen...oder man wird am Rand vorbeigeleitet...mit dem Schiff!
F: und die Neue Welt? Liegt die jetzt ziemlich am Rande?
A: ich glaub, die liegt so ein bisschen zur Mitte...ich denke, dass es rundherum noch...andere Sachen gibt...

Eine wirklich beeindruckende Schilderung! Er nahm zum Vergleich genau das, was er einfach gut kannte - einen Baumstumpf! Besser hätte er seine Sicht der Welt wohl nicht vermitteln können. Kommen wir nun zu

einer Schilderung, die sein Pferd Dogbo betraf, mit dem er viele gemeinsame Jahre in tiefer Verbundenheit unterwegs war. Aber wie alles im
Leben, ging es auch mal mit Dogbo zu Ende ...

F: besitzt Du Dein Pferd nicht mehr?
A: nein! Dogbo hab ich nicht mehr!
F: was war denn mit ihm?
A: Dogbo war...alt, er lahmte! Irgendwas am Huf!
F: und?
A: ...irgendwann brach er zusammen!
F: während des Reitens?
A: nein!..Ich hatte ihn noch eine Weile genutzt, für Sachen...schwere
Sachen zu transportieren!...Geritten hatte ich ihn nicht mehr, weil er
schon etwas lahmte...und dann ging es nachher gar nicht mehr!
F: und dann brach er zusammen?
A: ja!
F: und dann?
A: ..dann habe ich ihm seine Pein weggenommen!
F: was hattest Du getan?
A: ...(wirkt ein wenig belastet, verzieht den Mund etwas)......ich hab
ihn...erschlagen! (spricht es ganz leise aus)
F: erschlagen?
A: ..er konnte nicht mehr hoch (wirkt traurig)...es wäre eh zu Ende ge-
gangen, ich konnte ihn so nicht da liegen lassen!...Ich hab ihm ei-
nen....Stein auf den Kopf (presst kurz die Lippen zusammen)...geworfen!
F: hatte das ausgereicht?
A: ..es hatte gereicht...es hatte zwar noch Momente gedauert.....ich hatte
dann immer wieder...zugeschlagen...ein Punkt am Kopf...um ihm die Be-
sinnung ganz zu nehmen! Aber er hatte so nicht mehr viel gelit-
ten!....Noch etwas gewimmert...(wirkt belastet)...
F: tat es Dir sehr weh?
A: ..(atmet schnell und tief ein)...ja etwas...schon!...Es war ein langer
Begleiter! Aber wenn der Zeitpunkt gekommen ist...und man es
sieht...dann ist es so!

F: es war dann richtig, was Du getan hast?

A: ..ja!

F: gab es denn keine andere Möglichkeit für ihn?

A: ..nein!...Ich hatte die erste Zeit viel versucht, aber....das ging nicht...es wurde immer schlimmer!

Tatsächlich fand ich in einer Sitzung seine Bemühungen bestätigt. Er hatte gezielt in San Moral einen französischen Schmied aufgesucht, der sich mit Hufproblemen auskannte. Allerdings brachte es nicht den erhofften Erfolg.

F: hattest Du Dir danach kein neues Pferd beschafft?

A: ..so viele Pferde gab es da gar nicht!..Ab und an sah man mal ein...paar Wildpferde, aber es war selten...das man mal da welche laufen sah!

F: weißt Du, woher diese Pferde kamen?

A: nein...die Pferde die ich kannte...die wurden zum größten Teil, mit den Schiffen mitgebracht!

Hier noch ein interessanter Auszug, wie Bodans „Kühlschrank" in seiner Hütte funktionierte!

A: .....ich habe mir am Boden eine Klappe gebaut...und da unten, wenn man die aufmacht, kann man Sachen...kann man Essen aufbewahren!

F: und warum? Ist das besser?

A: ja, es ist.....vorher musste ich aus dem Haus hinaus!..Das Haus steht ja auf Holz...ist ja auf Holz gebaut...da hatte ich mir dort etwas unter das Holz an die Ecke gebaut, damit das Fleisch hält!....So ein bisschen darunter geschützt....aber da musste ich immer aus dem Haus heraus gehen!...Jetzt habe ich es im Haus....habe mir eine Klappe gebaut....und dann diese Vertiefung mit Holz ausgebaut, dass ich...etwas darin aufbewahren kann und ich nicht immer raus muss....ist praktisch!

F: bleibt es dort kühler?

A: ja! Es bleibt gut kühl! Ich habe es auch rundherum...mit Steinen so zugelegt, damit vom Boden aus nichts dran kommen kann!

Sie erinnern sich bestimmt noch, wie Bodan in den Anfängen von dem maroden Dach des Elternhauses sprach. Hier nun eine weitere Bemerkung darüber, nur dieses Mal als Erwachsener! Seine Erinnerung entstand, als ich ihn ein wenig über das Abdichten seiner Hütte befragt hatte.

F: also Du dichtest dann das Holz mit diesem Blut der Bäume ab?
A: ja! Es ist Baumblut! (Harz) Wenn man an einen Baum ritzt...dann blutet er!
F: das nimmst du dann?
A: ja! Das wird irgendwann fest!...Das hilft auch sehr gut auf dem Dach!
F: achso Du machst es auf Dein Dach?
A: ja! Ich möchte nicht, dass es so ist, wie ich es als kleiner Junge erlebt hatte!..Da hatte es immer hinein geregnet, wo ich mit meinen Eltern gelebt hatte!...Daran muss ich immer denken!
F: war das schlimm für dich?
A: ja! Es war, als wenn man draußen stand, es war drinnen nicht anders! Die Luft ging da genauso innen wie außen! (wirkt nachdenklich)......Man kann da sehr viel mit diesem Baumblut (Harz) machen!

Wenn Sie sich noch erinnern mögen, bereits bei der Geburt fand sich der erste Hinweis auf das „Fenster" im Dach! Zeitlebens hatte er sich an dieses undichte Dach des Elternhauses erinnert.
F: was kann man noch damit tun?
A: ..ich habe es auch an meinem...kleinen Boot benutzt!...Dort habe ich dann diese Spalten....diese Stellen habe ich dann ausgefüllt!
F: hält das gut?
A: ..ja es geht!..Manchmal wenn ich komme, dann ist trotzdem Wasser in dem Boot, aber es hält soweit ganz gut!
F: ist es das Boot, mit dem Johnna in das Wasser fiel?
A: ...(lacht etwas in sich hinein)...

F: ja?

A: das ist ja schon lange her! (grinst).....Das Boot gibt es nicht mehr!..Das war ja viel schmaler!

Zu guter Letzt noch eine Frage über den Glauben an Gott.

F: glaubst Du an Gott?

A: ..ich habe gar keine Zeit über solche Dinge nachzudenken!

F: hat Dir mal jemand was über Gott gesagt?

A: ..hmmm.......er hat das Wissen gegeben...

F: welches Wissen?

A: .....er hat uns das Wissen gegeben......nicht nur mir......ohne ihn...könnten wir nicht leben....er zeigt uns...wie man ein Haus baut! (gelangweilt)

F: Gott hat Dir gezeigt, wie man ein Haus baut?

A: mir nicht, aber meinen....Vorfahren....irgendjemand musste es ja jemandem zeigen...und irgendwann gab wohl Gott...einem dieser Menschen...diese Erkenntnis...

F: und wer hatte Dir das gesagt?

A: meine Eltern!

Wie man in den Dialogen gut erkennen kann, gab er nur das wieder, was ihm als Kind gesagt wurde. Ein tatsächlicher Glaube an Gott war jedoch seit dem Tode Samuels (Band 1) auch bei Bodan nicht mehr zu finden. Er glaubte mehr an sich und das, was er von der Natur lernen konnte.

Kapitel 13.
Die Liebe, der Tod und die Einsamkeit

Wenn wir von Gefühlen reden, sprechen wir von psychischen Erfahrungen, wie zum Beispiel einer Begeisterung oder einer Traurigkeit. Handelt es sich jedoch um ein viel tieferes, weitaus bewegenderes Gefühl, bezeichnen wir es als eine Emotion. Aufgrund meiner Berufserfahrung würde ich heute behaupten, dass wir ohne sie ein erheblich beschwerdefreieres Leben genießen könnten. Ich weiß, dass die meisten von uns jetzt veranlasst wären zu sagen, dass eben genau das uns als Mensch ausmacht. Aber ist dem wirklich so? Gefühle ja, aber brauchen wir wirklich so tiefe und starke Emotionen, die in der Lage sind, uns komplett zu beherrschen? Zudem muss man auch die Frage stellen, wer denn eigentlich für diese Emotionen verantwortlich ist und inwieweit wir tatsächlich etwas entscheiden können? Im Prinzip steuert unser analytisches Bewusstsein weder unsere Triebe noch unsere Empfindungen. Wir haben darauf überhaupt keinen Einfluss! Wer also bestimmt im Wesentlichen unser Leben?

Die Tatsache ist, dass wir glauben, alles steuern zu können, letztendlich jedoch diktiert der unbewusste Anteil zu guten 90 Prozent unser Leben. Zehn Prozent unserer Analyse geben uns das Gefühl, eine Kontrolle zu besitzen. Jedoch tiefer betrachtet, ist das ein völliger Trugschluss, denn es zeigt sich schon in den kleinsten Dingen, dass wir eben nicht die Macht besitzen. Versuchen Sie einmal 2 Wochen nichts zu essen! Sie werden sehr schnell feststellen, wie Ihr Unbewusstes sich „gefühlvoll" bereits in den ersten Tagen Ihrer Gedanken meldet. Ich werde dieses Thema noch gezielt angehen, allerdings wohl erst in ein paar Jahren. Wie sehr wir durch Emotionen gesteuert und beeinflusst werden können, wird uns dieses Kapitel auf eine sehr bizarre Art und Weise schildern. Insbesondere der Verlust eines geliebten Menschen kann eine völlige Irritation und Resignation zur Folge haben, was mitunter zu lebenslangen Problemen und sogar zu einem suizidalen Verhalten führen kann. So etwas kann man nicht mehr kontrollieren, da die inneren Prozesse viel zu stark sind! Das kommende Erlebnis mit Bodan wird es uns etwas verständlicher machen.

Wie wir bereits zu Beginn seiner Lebensgeschichte erfuhren, war seine Johanna die Liebe seines Lebens. Sie erfüllte ihm den Wunsch nach Familie und schenkte ihm zwei gesunde Söhne, Simon und Kilman. Diese wurden erwachsen, heirateten, verließen das Elternhaus und bauten sich am Rande von Cantuck ihre eigenen Hütten, eben genau so wie es einst auch Bodan tat. Das familiäre Verhältnis war ein ausgesprochen gutes und harmonisches Miteinander. So liefen die Dinge in den gewohnten Bahnen, bis eines Tages sein Leben völlig aus den Fugen geraten sollte ...

F: wo bist Du?
A: ..es ist kalt! (presst die Lippen fest zusammen)
F: kalt?
A: ja! Es ist ein sehr harter Winter!
F: wo befindest Du dich?
A: in meiner Hütte! (leicht traurig)
F: was tust Du denn?
A: ich versuche..das Feuer anzubekommen! (klingt verzweifelt)
F: ist es schwer?
A: ja!...ist....alles so vereist! (traurig)
F: bist Du gesund? Was ist denn los?
A: ..ja!..Meiner Frau geht's nicht so gut! (besorgt)
F: was ist denn mit ihr?
A: ...Johanna friert!! (sehr mitleidsvoll)...Ich bekomme das....das Feuer nicht an!!.(nervös)...Die Bäume sind stellenweise vom Eis gebrochen!........Johanna ist krank! (wirkt immer trauriger)
F: was hat sie denn?
A: ..sie hat..Fieber.....und zittert am ganzen Körper!
F: kannst Du ihr nicht helfen?
A: ....ich muss runter....ich muss zu Simon!! (wirkt immer unruhiger)
F: warum?

A: ich brauche trockenes Holz!!....Ich muss es zu ihm holen gehen!!
F: erzähl alles, was passiert!
A: ..ich gehe....am See vorbei....in Richtung Hafen runter...
F: was sagst Du zu Simon?
A: ...das seine Mutter krank ist!...Das wir das Holz brauchen!! (unruhig)
A: ....er bündelt es!......Er kommt mit mir...er möchte mir helfen! Er nimmt noch ein Fell mit...großes Bärenfell...nehmen wir noch mit und legen es um das Holz.....in eine Holzkiste!.....Simon trägt links und ich rechts.....es ist so schwer!! Der Wind ist eisig...ahhmmm (verzieht stark das Gesicht)...

Die Situation schien unerträglich gewesen zu sein, wie mir Frau B. in der Nachbesprechung versicherte. Die Holzkiste war so schwer, dass sie immer wieder von Zeit zu Zeit die Seiten tauschen mussten, um ihre Arme zu entlasten. Ganz zu schweigen von dem Weg, den sie zu gehen hatten, denn Bodans Hütte lag an dem See und der befand sich ein gutes Stück von der Siedlung entfernt. Ich kürze somit ab und gehe zu dem weiteren Geschehen bei der Ankunft.

A: ...Simon macht das Feuer!......Ich reibe Johannas Haut....sie ist ganz kalt!...Die Arme sind kalt.....sie atmet ganz schwer...(sehr angespannt, besorgt, traurig)...
F: redet sie mit Dir?
A: ..nein! (schluckt, wirkt sehr traurig)
F: sagst Du etwas zu ihr?
A: ..es wird alles gut...(sehr emotional)...
F: meinst Du wirklich?
A: es wird alles gut!! (sehr emotional, fast weinend)
F: glaubst Du, das es besser wird?
A: es wird alles gut!!! (energisch laut, weint etwas)

Dieses schwere Leid spiegelte sich in allen Einzelheiten in Frau B´s Gesicht. Noch heute erinnere ich mich an die unglaublich starken Emotionen, die in dieser Sitzung entstanden waren und die ich förmlich nachempfinden konnte. Nüchtern betrachtet, lag eine Frau vor mir, die praktisch die Liebe eines Mannes für seine Frau empfand! Man kann vieles erfinden, aber solche Emotionen kann man nicht einfach so aus dem Nichts herauszaubern. Diese Sitzung zeigte einen bitteren Verlust eines über alles geliebten Menschen. Ich habe heute noch die Worte von Frau B. im Kopf, die sie mal zu mir sagte: „Irgendwie ist alles Gefühl!" Aber war dem immer so? Nein! *Wir wurden erst dazu gemacht!* Ups, ich wollte das eigentlich noch nicht verraten.

F: wird alles gut?
A: .....nein...(kaum hörbar und sehr emotional)...

Ein wimmerndes, zartes, kaum hörbares Nein kam aus Frau B´s Mund. Es war der Tod, den seine geliebte Frau gefunden hatte ...

F: was passiert denn?
A: ....Johanna......schläft ein (fast weinend)........die Atmung wird immer schwerer (beginnt leicht zu weinen)...ich sehe das!...........Sie nimmt mich nicht mehr wahr! (sehr emotional)
F: was passiert?
A: ahmm........ohmm.......(weint)...
F: gibt es keine Hoffnung mehr?
A: ....nein...(ganz stark belastet)...ohmmmmm...

Dieser Moment dürfte wohl der Schlimmste in Bodans Leben gewesen sein. Die Liebe seines Lebens verstarb vor seinen Augen in ihrem gemeinsamen Bett. Die emotionale Entladung war so stark, dass ich mich dazu entschied, die Sitzung mit Frau B. abzubrechen. In der Nachbesprechung versuchte sie mir zu erklären, welch emotionales Chaos in ihm geherrscht hatte, für das sie jedoch keine Worte der Beschreibung fand. So war es in einer darauffolgenden Sitzung äußerst interessant festzustellen, dass Bodan nicht mehr die Person war, die ich kennengelernt hatte, er schien irgendwie verändert ...

F: wo bist Du nun, nach dem Tode von Johanna?

A: ....in meiner Hütte (wirkt völlig komisch im Ausdruck)...

F: wie denkst Du darüber?

A: ....(presst die Lippen zusammen, wirkt künstlich im Ausdruck).........Johanna ist noch bei mir!

F: Johanna ist noch bei Dir!?

A: ...jaaa...

F: wo denn?

A: bei mir!!....Es ist kalt!....Es ist alles gefroren!! (die Aussagen wirken leer und etwas irre)

Es fällt mir wirklich schwer, hier annähernd einen Vergleich zu der Art der Aussagen zu finden, aber es klang, als wäre er völlig durchgeknallt. Die Stimme wirkte unecht hoch.

F: konntest Du Johanna nicht beerdigen?

A: nnneiiin..(leer, wirr)...

F: erklär mir das mal! Johanna starb doch in Deiner Hütte?

A: ..jhaa...

F: und wo ist sie jetzt?

A: .....(gibt eine Zeit lang keine Antwort)...(flüstert plötzlich)..Johanna ist bei mir! (klingt irre)

F: was? Wo denn?

A: .....sie liegt in ihrem Bett! (hohe Stimme, rechtfertigend)

F: was!?

A: ....(flüstert)...Sie schläft nur!

Eine wirklich schauerliche Atmosphäre lag im Raum. Das Ganze besaß einen derartig bizarren Charakter, wie ich es noch nie erlebt hatte. Der Ausdruck in Frau B´s Gesicht war eiskalt und irgendwie gruselig anzusehen. Dieser hohe intrinsische Leidensdruck hatte in Bodan eine drastische Veränderung ausgelöst. Er wollte seine Frau nicht bestatten, denn er war nicht in der Lage, den Tod Johannas zu akzeptieren. So kann man nur im Ansatz erahnen, welcher Geruch in seiner Hütte geherrscht haben musste, denn es waren mehrere Tage schon vergangen, in denen Johanna auf ihrem Bett zu verwesen begann! Diese Tatsache war auch seinen Söhnen nicht entgangen, aber lesen Sie selbst ...

F: kannst Du immer noch nicht von ihr loslassen?
A: ....es ist kalt! (spricht leise und mit höherer Stimme)
F: was heißt das?
A: ....ich......kann sie nicht...(klingt ganz leise, hohe Stimme)...
F: was?
A: ich kann sie nicht beerdigen, es ist zu kalt!
F: bekommst Du kein Loch in den Boden?
A: ....
F: wie hast Du denn Johanna dort liegen?
A: ......sie liegt dort.....im Fell eingewickelt...(klingt sehr lethargisch)...
F: und wie lange liegt sie nun schon dort?

(Zeichnung Frau B.) Die bereits verwesende Johanna.

A: ....ein paar Tage..(hohe Stimme, klingt irre)...

F: das riecht doch!?

A: ..neiiiin!!! (ganz energisch, laut)

F: was sagen denn Deine Söhne dazu?

A: ....(presst die Lippen fest zusammen)...

F: was sagen sie denn?

A: .....ich weiß nicht...(leise, lethargisch)...

F: sind sie bei Dir?

A: ....ich habe sie nicht reingelassen!

F: warum nicht?

A: ....ich habe gesagt, es ist noch zu kalt! (irre, leise)

F: was möchten denn Deine Söhne?

A: sie wollten sie mitnehmen! (leise, lethargisch)

F: und das möchtest Du nicht?

A: neiiin!!! (ganz energisch, laut)

F: weshalb denn nicht?

A: ...nein!!! (atmet tief aus, zieht die Stirn nach oben)

F: was ist denn nur los?

A: ....(flüstert)...ich kann sie nicht gehen lassen! (atmet heftig ein, wirkt extrem belastet)

F: aber das geht doch nicht!

A: ....(presst wieder die Lippen fest zusammen)...

F: gib sie doch Deinen Söhnen!

A: ich lasse sie nicht rein! (klingt wie leichtes weinen, atmet tief ein)

F: was sagen sie denn zu Dir?

A: ...das es nicht...ahhmmm.......ich soll die Tür aufmachen..........*"Das bringt Mutter auch nicht mehr!"*...oder so was.........sagt...

F: wer sagt das?

A: Simon sagt, dass es sie nicht zurückbringt.....*"Sie wird immer da sein!"*...

Wie Sie wahrscheinlich selbst schon bemerkten, wird Simon erwähnt und nicht sein anderer Sohn Kilman. Das hing damit zusammen, dass Simon sein Erstgeborener war und etwas näher zu seiner Hütte lebte.

F: und?

A: ...ich weiß es nicht (wirkt extrem belastet und schwach)...ich will sie nicht gehen lassen!" (völlig verzweifelt)

F: und wie soll das nun weitergehen?

A: ..ich weiß nicht! (flüstert)

Tatsächlich blieb diese Situation über Tage noch weiter bestehen. Bodan ließ nicht von ihr ab, obwohl sich schon massivste Verwesungszeichen an Johanna zeigten, wie mir Frau B. in der Nachbesprechung schilderte. Was jedoch faszinierend zu hören war, ist, dass Bodan tatsächlich keinen Geruch wahrgenommen hatte! Aus Erfahrung kann ich Ihnen sagen, dass man solch einen Geruch nicht ignorieren kann, dieser ist einfach zu speziell und penetrant. Nur seine ausgeprägte Liebe zu seiner Frau ließ ihn das scheinbar völlig ignorieren. Letztendlich aber sorgten seine Söhne für das Ende dieser Tragödie ...

F: wie sieht es aus?

A: ....(keine Reaktion, wirkt leer)...

F: was passiert mit der Johanna, was machst Du?

A: ..meine Söhne haben sie geholt! (leer, kraftlos, lethargisch)

F: haben sie Deine Tür aufbekommen?

A: ..ja..(lethargisch)...

F: erzähl mal genau, was passiert war?

A: ..sie haben die Tür aufgebrochen....hatten eine.....eine Kiste dabei (weint ganz schwach)...sie haben sie geholt...dort reingelegt! (sehr belastet)...

F: was denkst Du nun?

A: ..warum hat man mich nicht genommen?..Warum?.. (weinerlich).....Meine Johanna!!..Man hat sie einfach genommen!! (weint schwach)

F: tut es Dir so weh?

A: ...ja...es fehlt ein Stück in mir! (weinerlich, lethargisch)

F: das Leben geht doch weiter oder nicht?

A: ...ich weiß es nicht...

F: was hast Du nun vor ohne Johanna?

A: ....(wirkt leer, keine Reaktion)...

F: helfen Dir Deine Söhne?

A: ja...die sind da...

F: was sagen sie denn?

A: ..Mutter...wäre immer da.....in mir drin (flüstert, kaum hörbar)..„*Sie ist immer in Dir drin!*"...

So endete dieses schwere Lebensereignis, welches ihn für den Rest seines Lebens verändert hatte. Zwar erholte er sich etwas von diesem Verlust, aber der alte Bodan, wie ich ihn kennengelernt hatte, war in keiner weiteren Sitzung mehr zu finden!

Kapitel 13.
Alpha und Omega

Wir nähern uns allmählich dem Ende dieses Buches und somit auch dem Tod unseres Protagonisten. Wer meine vorherigen Bücher kennt, weiß, dass es im Grunde genommen kein wirkliches Sterben gibt, sondern nichts anderes als eine Transformation in einen neuen, frischen Körper und einer damit verbundenen völlig anderen Persönlichkeitsausprägung. Und genau das hat zur Folge, dass wir uns im Normalfall eben nicht mehr an unsere vorherigen Leben erinnern können. Dennoch passiert es und das sogar sehr häufig versteckt hinter langwierigen chronischen Krankheitsprozessen, wie ich sie schon so oft in unzähligen therapeutischen Sitzungen erleben durfte. Erst die vollständige Auflösung und Verarbeitung tief verankerter unbewusster Emotionen, lassen die damit verbundene Krankheit restlos weichen. Werden jedoch derartige Prozesse nicht einer klaren Neutralisation unterzogen, gibt es praktisch keine Heilung, da der unbewusste Anteil von seiner gespeicherten Information nicht loslassen kann. Eine eher seltene Ausnahme hierzu findet sich meist nur in Verbindung einer durchgemachten extremen Veränderung des Lebens oder der Umgebung.

Ich wäre durchaus mit meinem heutigen Wissen in der Lage, zu erklären, weshalb solche Dinge überhaupt geschehen. Allerdings bedarf es dazu einiges mehr an gründlicher Ausführung, um die Zusammenhänge überhaupt verdeutlichen zu können. Sobald sich der erste Zyklus der Buchreihe geschlossen hat, werde ich ab dem zweiten Zyklus (Genesis) gezielt darauf eingehen können. Es ist einfach absolut wichtig, die vorherigen Persönlichkeiten kennengelernt zu haben, denn sie alle sind ein Teil von dem, was *„Es"* in uns ist! Insbesondere für die evolutionäre Entwicklung und dem tatsächlich später erfolgten *„manipulierten Werdegang"!*

Ich versichere Ihnen, Sie werden über die kommenden Dinge noch staunen. In vielen E-Mails wurde mir die Frage gestellt, wann ich denn nun endlich gewillt wäre, über unseren Menschheitsursprung und deren Anfänge zu berichten. Natürlich erst dann, wenn ich auch den ersten Zyklus der Enzyklopädie abgeschlossen habe. Von allen bisherigen Veröffentlichungen wird es mich wohl die größte Anstrengung kosten, all die Puzzleteile sorgfältig ineinanderzufügen. Ich bitte somit meine Leserinnen und Leser noch um einiges an Geduld, denn es gibt noch Vorleben von Frau B., die auf dieser enzyklopädischen Reise nicht vernachlässigt werden dürfen. Letztendlich geht es mit jedem weiteren Buch um die Nachweiserbringung, dass die Wiedergeburt existiert und diese nur als die einzige plausible Erklärung für die Fülle an Informationen stehen kann.

Aber kommen wir nun zu den weiteren Ereignissen, denn auch Bodan entging dem Tode nicht. Ich hätte mir gewünscht, noch viel mehr über ihn zu erfahren, aber nach dem schmerzlichen Verlust seiner Ehefrau kam es zu keinen nennenswerten Ereignissen mehr. Er lebte zum Schluss zurückgezogen in seiner Hütte am See ...

F: wie geht es Dir?
A: ......es geht mir gut! (klingt ruhig)...Ich bin auf dem See!
F: bist Du mit Deinem Boot draußen?
A: ja!

(Zeichnung Frau B.) Bodan auf seinem See beim Fischfang.

F: wie denkst Du nun über Johannas Tod?

A: ....ja..es...es ist die Zeit...(ruhig)...

F: die Zeit?

A: ...die einen darin wachsen lässt! (wirkt gefestigt)

F: bist Du alleine oder sind Deine Söhne bei Dir?

A: ich bin alleine!.....Sie kommen hin und wieder zu mir...bringen mir Sachen....aber ich bin so..die meiste Zeit...allein!

F: arbeitest Du noch?

A: ...ja, aber nicht mehr so! Meine Söhne bringen mir jetzt, was ich nicht...habe......was ich brauche!...Sie kommen ab und an!...Ansonsten bin ich für mich!....Ab und an....reisen hier welche durch!...Manchmal kommen auch...welche von diesem Bärenvolk!

F: zu Dir?

A: die hier auch durchreisen!

F: redest Du mit ihnen?

A: ..ähm...man versteht sie ja nicht!....Man grüßt...indem man die Hand hebt...aber so....ich möchte das alles nicht mehr...

F: möchtest Du Deine Ruhe haben?

A: ja!...Ich habe das alles, als ich so jung war...geliebt.....das alles geliebt!..Die Natur...die Vögel...die Tiere!

F: wie denkst Du nun über Dein Leben?

A: ich habe das Leben gelebt, wie es zu leben möglich war! Ich habe gelebt und ich habe geliebt...und ich habe Kinder!

Der Verlust seiner Frau hatte eine tiefe Spur hinterlassen. Die restlichen Sitzungen zeigten, dass er nie wieder der Mensch wurde, welcher er zu Johannas Zeit gewesen war. Seine Aussagen klangen leer und ohne die Lebensfreude, die so oft in den Sitzungen zum Vorschein kam. Aber bis zu seinem Ende war er noch eigenständig und sorgte für seinen Lebensunterhalt. Ich möchte an dieser Stelle des Buches noch ein paar interessante Aussagen von ihm einfließen lassen, denn sie geben noch über manche Dinge Aufschluss. So fand sich zum Beispiel bei Johannas Erkrankung kein Arzt. Den Grund dafür erfahren wir jetzt.

F: wie alt wird man denn so? Wie hoch ist denn die Lebenserwartung?

A: ....hm..um die sechzig wenn man nicht krank wird...aber auch drüber!....Viele sterben früh!

F: warum?

A: ..Krankheiten!

F: sind das unterschiedliche Krankheiten?

A: ..ist meistens mit dem Fieber..wo es anfängt!

F: warst Du schon einmal bei einem Arzt in Cantuck?

A: ..(zieht plötzlich schnell die Stirn nach oben)...

F: was ist denn jetzt?

A: nein!!! (ganz energisch)

F: was war denn jetzt?

A: ..(zieht wieder die Stirn nach oben)...ich gehe zu keinem Arzt!!!

F: warum?

A: ....da kann auch einiges schlimmer werden!!

F: durch den Arzt selbst?

A: ja!!

F: erklär mir das mal!

A: ...die werden oft selbst sehr krank....und wenn sie krank sind, dann werden die anderen Menschen auch krank...und so kann es passieren, das man krank wird...obwohl man gesund war!....In Moral...da gab es einen....der soll gut gewesen sein!....Er hatte Menschen behandelt...wurde selbst krank und behandelte weiter!..Dadurch wurden andere Menschen krank und diese starben dann auch zum Schluss!...Da nahm er den ein oder anderen mit....in den Tod!

F: und deswegen gehst Du nicht zu einem Arzt?

A: ...ich brauche das nicht!....Wenn ich krank werde, dann ist das so!

Ob durch solch einen Arzt Johanna tatsächlich überlebt hätte, wird wohl Spekulation bleiben. Hier noch ein paar persönliche Dinge über ihn ...

F: was für ein Mensch bist Du?

A: ...ich bin ein Mann!

F: wie unterscheidest Du Dich gegenüber anderen? Welche Fähigkeiten besitzt Du? Bist Du außergewöhnlich? Bist Du ein netter Mensch?

A: ..ich lebe mit der Natur...und den Tieren!...In der Natur ist man (unverständlich)...man kann von ihnen viel lernen! (wirkt wie ein Vortrag)

F: lernst Du auch von Menschen?

A: ..Menschen sind....veränderbar!

F: und die Natur nicht?

A: ...die Natur handelt....Tiere verhalten sich immer nach ihrem Instinkt!

F: und Menschen?

A: ..ein Tier jagt, wenn es Hunger hat...es jagt, nur um den Hunger zu stillen!...Die Menschen wollen immer mehr!

F: und Du bist nicht so?

A: ..ich versuche, das zu erreichen, was ich zum Leben brauche!

F: hast Du Wünsche für Dein Leben? Träume?

A: ...Träume hat jeder Mensch!

F: welche hast Du?

A: ..ein Traum war immer....auf der See zu sein!

F: aber Du wolltest es nicht, oder?

A: weil ich andere Verpflichtungen hatte!...Ich hatte ja auch die Johanna....die konnte ich nicht alleine lassen!

F: wo bist Du in diesem Moment, während wir beide uns unterhalten?

A: ich bin jetzt bei mir im Haus und während ich jetzt rede, schaue ich mir den See an....schaue mir die Bäume an....ich sehe wie sie sich bewegen durch den Wind...der kalt ist!

Wir sehen, dass die Unterhaltung zwischen mir und Bodan als eine Art Selbstgespräch in seinem Kopf stattfand. Eigentlich unterhalten wir uns jeden Tag mit einer Stimme in unserem Kopf, aber da wir sie für unsere eigene halten, denken wir in der Regel auch nicht weiter darüber nach. Ob es sich jedoch tatsächlich um unsere Eigene handelt, vermuten wir nur wirklich wissen, tun wir es nicht. Ich hatte in den Anfängen einmal einen Versuch in einer Sitzung gemacht, den ich ausführlich in meinem ersten Buch geschildert hatte. Das Ergebnis war eine exzessive Panikattacke der Persönlichkeit Katharina, die zu einem konsequenten Sitzungsabbruch mit Frau B. führte. Ich musste ihr damals versichern, dass ich ein derartiges Experiment nie wieder tun würde, da sie diese unglaubliche Angst, die in Katharina entstanden war, letztendlich genauso verspürt hatte. Für sie sind schlimme Erlebnisse einer vorherigen Persönlichkeit immer eine gewisse Belastung, denn es ist nun mal eine völlig subjektive Erfahrung! Kommen wir nun aber zum Ende von Bodans Leben. In welcher Form sich der Tod uns einmal zeigen wird, hängt von unseren Genen ebenso wie von Ursache und Wirkung ab. In keinem Falle aber von irgendeinem göttlichen Schicksal, denn das wird ein weiteres Mal deutlich, wenn wir uns gleich das Ableben von Bodan anschauen. Oftmals ist es der eigene analytische Verstand, also unser Bewusstsein, der einem gravierenden Fehler unterlag und so das frühzeitige Ausscheiden provozierte. Es dürfte wohl durchweg eine der häufigsten Varianten darstellen. So kommt es sehr darauf an, wie achtsam wir uns gegenüber der Umwelt und unserem Körper verhalten. Aber es gibt da noch jemand, der etwas mitverantwortlich erscheint, denn so konnte ich es in einer Konversation mit Frau B. herausfinden. Demnach hängt die Gefahr des Ablebens auch in gewisser Weise von dem „Unterbe-wusstsein" ab. Klingt etwas komisch, ich weiß, da es doch eine Schutz-funktion besitzt, dennoch macht es von einer anderen Seite her betrach-tet, wiederum Sinn.

Wie ich bereits einmal erwähnt hatte, war unser aller Unterbewusstsein von Anbeginn des ersten Lebensfunken immer das Gleiche. Allerdings gibt es auch Altersunterschiede, die sich hinsichtlich der Erfahrung (Menge an Inkarnationen) zeigen. So ist ein „erfahrenes Unbewusstes" achtsamer als ein „weit Jüngeres". Das Letztere unterliegt einer viel hö-heren Bereitschaft, Risiken einzugehen. So finden sich Menschen, die ohne Umschweife ihr Motorrad mit 270 km/h auf der Autobahn fahren und sich keine Gedanken darüber machen, sich oder andere zu töten. Nur der „Kick" ist in diesem Moment entscheidend. Vielleicht ließe sich durch eben solch ein „jüngeres Unbewusstes" auch so manche Infantili-tät unter den Menschen erklären. Aber nun wieder zu Bodan! Um sein Ableben besser verstehen zu können, ist es wichtig, zu erfahren, wie er sich trotz seines fortgeschrittenen Alters immer noch selbst versorgte.

F: was gibt es zu essen?
A .....es gibt Fleisch!...Hab ein Feuer...an dem hängen verschiedene Teile...vom Hirsch..den hab ich gejagt!
F: war das schwer?
A: ..es kommt immer auf die Zeit an! In der Brunftzeit...sind die Tiere...anders!...Da kann man näher an sie rangehen...dann ist das Ja-gen leichter!
F: wie hast Du den Hirsch erlegt?
A: zwei Pfeile!
F: wohin?
A: in den Bauchbereich und einen in die Brust!
F: das reichte?
A: ..das er stürzte, ja! (spricht ganz lässig und erfahren) Wenn er mal liegt, dann...fahr ich mit dem Dolch..am Hals vorbei und dann...ist die Ader durch und dann ist es eh rum!

F: zerlegst Du den Hirsch selbst?

A: ..ja, ich hab ihn ausgenommen!

F: tust Du das normalerweise nicht selbst?

A: ..man kann da unten...da ist...ne Schlachtstube...die das machen...die haben sich dafür eingerichtet...für so was!

F: wie machst Du das Fleisch haltbar?

A: ..in einem großen Holzgefäß....mit Salz...wird das eingerieben....in den Sommermonaten!...Da hält es nicht so lange und da muss man dieses Gefäß in der Erde..eingraben!...Es wird dann oben mit einem Deckel verschlossen...und so eine Lage Erde drauf...und das ist...damit es nicht so schnell warm wird!

F: und das fault nicht?

A: es ist länger essbar!

F: welche wichtigen Gegenstände gibt es in Deiner Hütte?

A: ...einen Eisbrecher habe ich dort stehen!

F: beschreib den mal!

A: ..das ist eine...eine lange Stange....oben quer mit einem Holz...eine Halterung aus Holz....und unten etwas breit!...Das stößt man in das Eis hinein....um es im Winter freizubekommen!

F: was?

A: die Eisschicht...auf dem See!

F: und aus welchem Grund tust Du das?

A: um Fische zu fangen!

F: und wie fängst Du sie?

A: ..ich angel sie! Sind tiefer...die kann man aber nach oben locken!

F: wie machst Du das?

A: ..man ködert sie!

F: mit was?

A: was ich zu Hause habe!....Es muss aber frisch sein....wenn man es in das Wasser einführt!.....Von dem Rotwild...da hatte ich auch schon mal...von dem Fell....diese Fettschicht! Das hatte funktioniert!

F: fängst Du diese Fische mit einem Haken?

A: ...unten am Ende..hat man so einen kleinen Haken!...Den hatte ich...unten am Hafen...mal getauscht...aber da binde ich noch was dran!..Ich versuche oft einen eckigen Stein zu finden, damit ich es beschweren kann!..Unterhalb binde ich dann...den Köder an...und lasse ihn dann an einem Seil hinunter....nachdem ich eine Öffnung im Eis habe!

F: wie befestigst Du denn den Haken an diesem Seil?

A: geknotet!...Das knote ich da fest!...Der Haken hat ja so eine Wölbung...in die ich dieses Seil einbinden kann!

Auch wenn einem diese Schilderungen im ersten Moment nicht so wichtig erscheinen mögen, besitzen sie dennoch wieder einen sehr logischen Kern. Bodan beschwerte die Schnur noch zuzüglich mit einem „kantigen Stein". Je eckiger dieser war, desto besser konnte er auch an der Schnur verknotet werden. Letztendlich diente es dazu, den Haken tiefer in das Wasser hineinzubringen, denn bei einer vereisten Oberfläche eines Sees liegen die Fische am Grund! Für ihn war es im Winter sehr schwer, noch ein Tier erlegen zu können, so gab es zum Glück immer noch die Fische, die sich in Unmengen in seinem See tummelten. Wie jedes Jahr, wenn er im Winter seine Fleischvorräte aufgebraucht hatte, ging er hinaus auf den See, um ein Loch zu machen. Nur dieses Mal schien der See seine Mahlzeit nicht freigeben zu wollen ...

A: ......es ist...es ist kalt! (klingt schwach)

F: wo bist Du denn?

A: in meinem Haus! (klingt sehr schwach)

F: wie alt bist Du denn jetzt?

A: ...57...58...

Demnach befand sich Bodan im Winter 1576 n. Chr. in seiner Hütte.

F: und was ist los mit Dir?

A: ..mir ist es nicht so besonders....aber das ist immer so, wenn es so kalt ist! (schwach)

F: wie denn?

A: ....man hat nichts zu essen...man hat Hunger!

F: und was passiert nun?

A: ....bin am überlegen...ob ich nicht auf den See gehen soll...um Fische zu fangen! (schwach) Vielleicht wirds mir dann wieder besser! (schwach)

F: und was tust Du nun?

A: ....ja ich gehe!......Ich nehm Werkzeug mit! (schwach, entschlossen)

F: Werkzeug für die Fische zu fangen?

A: die sind jetzt unten, weil es gefroren ist...sind ganz tief!...Ganz tief unten! Es ist schwer!

F: dann erzähl mal alles, was passiert!

A: ..ich suche mir die Stelle...an der ich am besten herankomme.....für das Eis durchzuhauen!........Ich fang an ein....Loch...in die Eisschicht zu schlagen! (wirkt angestrengt, verzieht leicht das Gesicht)........Ich schlage jetzt mal an einer anderen Stelle.......schlage immer fester zu!...(wirkt angestrengt).........Das Eis ist......an manchen Stellen...sehr dick...und an manchen weniger!

F: ist der See so stark zugefroren?

A: ja...es ist sehr kalt!!....Es gibt nichts umher!....Ich versuche..ahmm (wirkt belastet und nervös)...ich bekomme kein richtiges Loch in das Eis!! (verzweifelt)........Ich versuch es jetzt.....weiter im See!

F: gehst Du weiter raus?

A: ja!.........Aber das geht auch nicht!! (sehr verzweifelt, belastet).........Ich probiere es noch ein Stück weiter vorne.............das........ich komme einfach nicht durch diese Eisdecke!!! (leicht ärgerlich, belastet)..........Hab schon an ein paar Stellen probiert......jetzt versuche ich es weiter vorne (weinerlich)....vielleicht ist dort die Eisdecke nicht so dick.....damit ich ein paar Fische fange!! (weinerlich, schwach, belastet)................Oooooh!! (spricht plötzlich erschrocken ganz schnell)....Ich habe einen Fehler gemacht!!! (zieht die Augenbrauen stark nach oben).....Ich habe......zu....ich habe zu viele Kanten...rundherum ins Eis geschlagen....und habe dadurch....eine größere Bruchstelle hervorgerufen!!! (wirkt völlig entsetzt)

(Zeichnung Frau B.) Bodans Fehler, der zu seinem Tode geführt hatte.

.......ahhhhhhmm....das Eis bricht!!!! (laut)...Ich verliere den Halt....und falle in das kalte Wasser.........ahhhhhhhh......sooo kalt!!!.........(Augen rollen ganz stark unter den Augenlidern hin und her)..................Ich spüre nur eine Eisdecke...über mir (ganz nervös, Augen rollen unter den Lidern.)......ich taste mich an dem Rand vorbei (wirkt extrem belastet)........und.............schaffe   es.............ich......ich   komme hoch..............es...(schluckt schwer, klingt ganz geschwächt).....(klingt so, als könne nicht mehr richtig geatmet werden).........es drückt so!!!!....Aaaaahhm...in der Lunge!!!! (extrem belastet, atmet schwer und immer langsamer werdend)

F: drückt in der Lunge?

A: ......jjjhhaaa....ahhhh........kann mich...........ahhhhhm...etwas her-aus......heben.......aber........wird.......immer   schwerer.........
so.........kalt...........(bewegt plötzlich den Kopf hin und her)......es geht nicht richtig..............(die Bewegung verstummt schlagartig)..............ich spüre nichts mehr........mein Körper ist nicht mehr..........kann nicht mehr atmen.........hab keine Kraft mehr (vollkommen geschwächt)...ich habe keine Kraft mehr......(wird immer ruhiger, spricht immer leiser wer-dend)..................(ganz still).............

Das war der Moment, in dem Bodan verstarb. Kurzfristig geriet er unter die Eisdecke, konnte sich aber durch den ertasteten Rand wieder nach oben ziehen. Er hatte es tatsächlich noch fertig gebracht, seinen Oberkörper aus dem Wasser zu heben, jedoch für den Rest reichte seine Kraft nicht mehr aus. Das Einbrechen der Eisdecke und der damit verbundene Eintauchreflex hatte Bodan das Eiswasser einatmen lassen. Es liegt nahe, dass verschiedene Faktoren zu seinem Tode führten. Wahrscheinlich bekam er das Wasser nicht mehr vollständig aus seiner Lunge und der damit verbundene Sauerstoffmangel führte letztendlich zu einem Kreislaufversagen. Bodan war völlig durchnässt und die tiefen Temperaturen sorgten schnell für das Versagen seiner motorischen Fähigkeiten. So endete sein Leben in dem See, den er von Anfang an so geliebt hatte. Können wir hier ein göttliches Schicksal erkennen? Wohl eher nicht! Lediglich die Tatsache, dass hier wieder Ursache und Wirkung verantwortlich waren. Bodan war geschwächt und vermutlich sogar stark erkältet. Von Hunger getrieben, schlug er unüberlegt in völliger Verzweiflung überall Löcher in die Eisdecke und schuf mit der Zeit eine Sollbruchstelle und damit sein eigenes Grab. Was jedoch wirklich an diesem Tag verstarb, war nur die Hülle, die ihn zeitlebens umgab. Wie bereits durch meine vorherigen Bücher bekannt, zeigte sich auch hier wieder exakt der gleiche Sterbevorgang! So machte sich Frau B´s Unterbewusstsein ein weiteres Mal auf den Weg, um eine neue Persönlichkeitsform auszubilden. Ich kürze den Prozess in den Zwischenzustand ab, da ich ihn bereits mehrfach in den anderen Publikationen beschrieben hatte.

F: was ist jetzt mit Dir?
A: ....ich spüre nichts mehr..(wirkt völlig ruhig und entspannt)...
F: warum nicht?
A: .....ich weiß es nicht..(ganz entspannt, leise)...
F: was siehst Du denn?
A: ...es ist dunkel, aber es ist nicht mehr kalt...
F: wie fühlst Du Dich nun?
A: ...(atmet lange und entspannt aus)..........ich fühle mich gut...
F: weißt Du jetzt noch, was mit Dir passiert war?
A: .....nein...
F: bist Du allein?
A: ..ich bin ich...
F: hast Du einen Körper?
A: nein...ich bin da...
F: und wer bist Du, hast Du einen Namen?
A: ..ich.....ich bin ich...
F: weißt Du was passiert?
A: ..ich warte...
F: Du wartest?
A: ..ja...
F: auf was?
A: ich weiß es nicht...
F: Du wartest, aber Du weißt nicht auf was?
A: ..nein...

Hier zeigte sich gegenüber den vorherigen Persönlichkeiten ein kleiner Unterschied. Es war das erste Mal, dass dieses „Es" nicht wusste, wiedergeboren zu werden. Der Grund dafür bleibt wohl im Verborgenen. Ich beschleunige hier wieder etwas und gehe zum Moment der Inkarnation über.

A: ...es ist...ich nehme wieder etwas wahr......ich nehme was wahr!
F: ja? Was denn?
A: ...ich weiß nicht...irgendwas um mich herum...es ist anders!

F: ja, gehe mal noch ein wenig weiter in der Zeit vor!

A: ....

F: weißt Du, wo du nun bist?

A: ..ich spüre wieder was...ist warm...warm!

Ich kürze hier ab und gehe direkt zur Geburt über.

A: ....ich höre......Stimmen....durcheinander...Stimmen!

F: gib mal alles wieder was passiert!

A: ....es ist kalt!!!...Ist so hell!!

F: hör mal hin, wie man Dich nennt! Wie ist Dein Name?

A: .....bist ein Mädchen...

F: sagt das Deine Mutter?

A: ...ich weiß es nicht!

F: wie ist Dein Name?

A: ..Mad...Mad..leine....Made..leine.....die Madeleine...

Der Name klang französisch und um mir die Gewissheit zu verschaffen, ging ich in der Zeit weiter nach vorn.

F: wir gehen jetzt in der Zeit vor, bis Du eine erwachsene Frau bist! Wie ist Dein Name?

A: ..Madeleine Triange!

F: und wo lebst Du?

A: ..Frankreich!

F: und wo in Frankreich?

A: ist Metz!

F: Metz?

A: ja!

F: kannst Du mir sagen, in welchem Jahr Du lebst?

A: ...ohh..(hebt die Augenbrauen an)...ich hab es nicht so mit Zahlen!

F: dann gehe mal zu einem Zeitpunkt, wo Du sicher weißt, in welchem Jahr Du Dich befindest!

A: ...siebzehn....zwei und vierzig...

F: 1742!

Und so materialisierte sich Frau B. erneut in der Welt, nur dieses Mal als eine weibliche Person. Diese Madeleine Triange, besaß kein Wissen darüber, dass ihr Unbewusstes zuvor mit der Persönlichkeit Bodan Caswell verknüpft war und einst zu den ersten Siedlern Nordamerikas zählte.

Am Ende dieser Lebensgeschichte können wir ganz klar sehen, dass es *weder ein Sterben noch ein Paradies, auch keinen Platz an Gottes Seite gibt und weder Engel noch Lichtwesen existieren. Es findet sich **nur** dieses Unbewusste, welches immer wieder materielle Verbindung sucht, eine neue Persönlichkeit entstehen lässt und sich damit Ausdruck verleiht!*

Veritas

Liebe Leserinnen und Leser, noch heute erinnere ich mich gut daran, aus welchem Grund ich in meinem ersten Buch überhaupt ein derartiges Kapitel erschuf. Es sollte für die Wahrheit stehen, die sich im Zusammenhang mit all den gemachten Angaben von Frau B., tatsächlich vor Ort feststellen ließen. So bin ich sehr froh darüber, dass ich diesem Anspruch *bislang* in *jeder* meiner Publikationen gerecht werden konnte. Umso mehr schmerzt es mich, Ihnen sagen zu müssen, dass es mir mit diesem Buch leider nicht gelang! Der Grund lag nicht an Frau B. oder dem Mangel an Indizien, sondern vielmehr an den noch zurzeit herrschenden Umständen weltweiter Corona-Politik! Für einen Hin- und Rückflug nach Kanada hätten wir einen knapp zwanzigstündigen Maskenirrsinn ertragen müssen, was für uns beide nicht zur Debatte stand. Ganz zu schweigen von den noch zu erwartenden Maßnahmen, die wir womöglich vor Ort erlebt hätten. Es vergingen Wochen des Hoffens auf eine Normalität, aber diese war bis zur Drucklegung des Buches nicht zu erkennen. So verloren wir die kostbare Zeit und auch die Möglichkeit, das alte Cantuck wieder vor Ihren Augen auferstehen zu lassen. Und das wäre uns auch tatsächlich gelungen, denn ich hatte diese alte Siedlung in unzähligen Stunden häuslicher Recherchen tatsächlich ausfindig machen können.

Dennoch möchte ich hier, wenn auch in wirklich sehr knapper Ausführung, Recherchematerial mit Ihnen teilen, sodass Sie in der Lage sind, insofern Ihr Interesse besteht, sich eigenständig davon zu überzeugen. Das Buch ist gespickt mit Hinweisen und sehr guten Argumenten, dass diese Auswanderungen viel früher stattgefunden hatten, als es unsere Geschichtsschreibung lehrt! Die einzige Möglichkeit, die Dinge vollständig und nachvollziehbar zu überprüfen, ist das Programm Google Earth Pro. Dort geben Sie in die Suchmaske die Namen ein und so sind Sie in der Lage, die entsprechenden Orte aufzufinden. Die wichtigste Bezeichnung vorweg ist **Gaspé**, bei Quebec in Kanada! Was Sie sofort beim Hereinzoomen feststellen werden, ist die deutlich große vorgelagerte Insel vor dem Sankt-Lorenz-Strom, die der kleine Bodan auf der Hinfahrt genannt hatte. Sobald Sie Gaspé erreicht haben, werden Sie sehr schnell feststellen, dass es eine geschützte Bucht besitzt, ebenso die Anhöhe, die Bodan beschrieb und noch viel wichtiger, der etwas weiter gelegene See! Dieser liegt auch genau wie beschrieben, in unmittelbarer Nähe des Flusses. Selbst der Felsen, an dem man einen Seemann hinrichtete, indem man ihn an einem Seil hinabstieß, ist direkt weiter vorne an der Küste vorhanden. Betrachten Sie hierzu die vielen Fotos, die es von Gaspé und der Umgebung gibt. Der Fels wurde von Frau B. ziemlich eindeutig identifiziert. Auch der See wurde von ihr bestätigt, der von einer bestimmten Position die Berge zeigt, die Sie auch auf ihrer Zeichnung vermerkte. Der See trägt die heutige Bezeichnung „**Lac Fromenteau**". Auch die Küste mit ihren leicht felsigen Anteilen konnte Frau B. über Fotos abgleichen.

Hierzu muss ich noch meine Vorgehensweise kurz erläutern, nicht das ein falscher Eindruck entsteht. Wie gleich unten beschrieben, hatte ich anfänglich schon unzählige Bereiche an der Ostküste (Virginia) akribisch untersucht und dazu etliche Fotos gesichert. Ebenso dann später an der vermeintlichen „Westküste" (Nordost) im Raum Gaspé. Um mir selbst sicher zu sein, die richtige Position gefunden zu haben, zeigte ich Frau B. zuerst einmal die vorhandenen Fotos und diese völlig unsortiert. Und jetzt kommt´s! Von ca. 30 Fotos unterschiedlicher Regionen wählte Frau B. exakt fünf Fotos aus, die ihrer Meinung nach, die Umgebung von der ehemaligen Siedlung zeigten. Und so fand sich genau das, was ich mir sicher war gefunden zu haben, die Siedlung Cantuck in der heutigen Ortschaft Gaspé! Alles ist absolut passend und selbst die zeitlichen Angaben über die Wegstrecke zu Montreal (San Moral) standen im Einklang mit den gemachten Aussagen. Nehmen Sie sich hierzu verschiedene Passagen des Buches heraus und vergleichen Sie die Aussagen mit der Umgebung, Sie werden sicherlich zu dem gleichen Schluss gelangen. Nehmen Sie auch hierzu die Karte im Buch, die der kleine Bodan von seinem Vater gesehen hatte. Diese zeigt meines

Erachtens ganz eindeutig die Einfahrt nach Gaspé durch die vorgelagerte größere Meeresbucht. So vermute ich, dass es sich nicht um eine richtige Karte handelte, sondern lediglich um eine Wegfindung für die Siedlung Cantuck, da man zuerst in eine vorgelagerte Bucht hineinfahren musste. Eigentlich hatte ich vor, ausreichendes Bildmaterial von Google Earth zur Verfügung zu stellen, allerdings hätten die Genehmigungen viele weitere Wochen die Veröffentlichung des Buches hinausgezögert und das war für mich aus zeitlichen Gründen leider nicht mehr hinnehmbar. So liegt es diesmal an Ihnen, den Dingen auf den Grund zu gehen.

Aber wie hatte sich das überhaupt zugetragen, dass ich genau an diesem Ort landete. Nun, das war anfänglich gar nicht mal so einfach, denn dummerweise hatte ich mich an der Geschichtsschreibung orientiert und begonnen, die gesamte Ostküstenregion von Amerika über Google Earth abzuklappern. Das kostete unendlich viel Zeit und noch dazu Ärger, denn auch gar nichts wollte zu den gemachten Aussagen von Frau B. passen. Zudem besaß ich von Anfang an, keine große Hoffnung mit irgendetwas fündig zu werden. Glücklicherweise erinnerte ich mich, dass Bodans Vater eine „Westküste" nannte. So segelte ich mit meinem Finger auf der Karte von Bristol aus gegen Westen und hielt mich Richtung Sankt-Lorenz-Strom. Dieser stellte einen ersten Anhaltspunkt da, denn Bodan hatte Wale gesehen und es befinden sich heute noch sehr viele Arten davon in dieser Region. Von dort aus suchte ich nun akribisch die Küstenbereiche ab. Letztendlich stieß ich auf Gaspé und fand dort die entsprechenden Hinweise. Dann orientierte ich mich an diesem San Moral, welches nur die heutige Stadt Montreal in Kanada sein konnte. Das war für mich absolut sicher, denn der „heilige königliche Berg / **sainte montagne royale**", steht nun eben mal genau dort und gab der Stadt ihren Namen! Interessanterweise decken sich die Aussagen von Frau B., was die Untiefen angeht mit älteren Überlieferungen. Bedauerlicherweise ist es mir nicht mehr möglich, den Verweis zu einer alten Karte zu geben, die ich im Internet fand. Ich hatte dummerweise den Namen der Seite nicht gespeichert.

Sie war, soweit ich mich noch erinnere, um 1750 n. Chr. und zeigte ankommenden Schiffen eine bestimmte Route, die absolut einzuhalten war, um nicht auf Untiefen zu stoßen. Es war eine englische Karte mit schriftlicher Anweisung, entsprechende Positionen gezielt anzusteuern. Sofort musste ich an die Aussagen des kleinen Bodans denken, der berichtete, dass man mit einer weißen Fahne schwenkte und Zeichen gab. Daraufhin blieb das Schiff stehen und man ging mit Ruderbooten an Land. Die exakte Position des damaligen San Moral, hätten wir sicherlich auch nicht vor Ort mehr ausfindig machen können, denn Montreal ist heute eine Millionenstadt! Es ist wichtig zu erwähnen, dass die Aussagen von Jacques Cartier von geschichtlicher Seite her mit Frau B´s Aussagen korrelieren. Ihm spricht man zu, als erster Europäer 1535 n. Chr. den Sankt-Lorenz-Strom erkundet zu haben. Ebenso bereits 1534 n. Chr., er hatte zwei Expeditionsfahrten unternommen, ließ er in der Nähe der östlichen Spitze der Gaspé-Halbinsel ein riesiges Kreuz mit französischem Wappen errichten. Ebenso spricht man ihm zu, der Namensgeber des Berges bei Montreal gewesen zu sein, den er Mont-Royal nannte (Cartier J. (2017): Die Entdeckung Amerikas 1534-1542. (Hrsg.): Sautter. U., 2. Auflage, Edition Erdmann Verlag).

Das klingt alles so weit ganz nachvollziehbar, jedoch zeigen sich in dieser Hinsicht auch viele Ungereimtheiten. So findet man einige Hinweise, wie zum Beispiel, dass die Eingeborenen die Europäer überhaupt nicht scheuten und schon bereits gewohnt waren, Handel mit ihnen zu betreiben. (Cartier J./ Sautter U. (2017)). Bei der Anlandung von Kolumbus im südlichen Amerika sah die Sache völlig anders aus, dort verehrte man sie anfänglich als Götter, da man zuvor noch nie einen Europäer gesehen hatte. Auch gibt es jede Menge Erwähnungen über europäische Fischer, die bereits in und um die Region des Sankt-Lorenz-Stromes unterwegs waren. Das alles klingt nicht wirklich nach einer Neuentdeckung! Dennoch wird Jacques Cartier als der Entdecker Kanadas angesehen. Ungeachtet dessen war bereits John Cabot (Giovanni Caboto) 1497 n. Chr, an dem nordamerikanischen Festland angelandet. Über die genaue Route und den Ort seines Landganges weiß man heute nichts zu sagen. So kehrte er aber von seiner Expedition zurück und wurde von dem britischen König für seine Unternehmung geehrt und zum Großadmiral gemacht. Seine zweite Reise scheint mir am interessantesten, denn 1498 n. Chr. fuhr er erneut zur See mit der Absicht, noch weiter zu segeln. Eines seiner Schiffe geriet dabei in Seenot und schaffte es knapp zurück zum Ausgangshafen. Von da an hörte man von John Cabot und seinen Schiffen nie wieder etwas, ihr Schicksal ist unbekannt. Allerdings gibt es auch Anlass zu vermuten, dass er vielleicht doch noch das nordamerikanische Festland erreicht hatte, denn der portugiesische Seefahrer Gaspar-Corte-Real, soll 1501 n. Chr. ein zerbrochenes italienisches Schwert sowie goldene Ohrringe auf dortigem Boden gefunden haben (Quelle: Wikipedia).

Auch wenn das alles nicht wirklich zu einer Beweisführung von Frau B´s Aussagen führt, so zeigt es doch zumindest, wie viel an Schiffsverkehr in Richtung Nordamerika unterwegs war. Und so ergibt es für mich auch nicht den geringsten Sinn, aus welchen Gründen man sich entschied, erst über hundert Jahre später dort sesshaft zu werden, während spanische Siedlungen wie Pilze aus dem Boden sprossen. Es gäbe noch sehr vieles in dieser Hinsicht zu sagen. Trotz all dieser Anhaltspunkte bleibt eine Begehung vor Ort unausweichlich, um die vielen Schilderungen, die sich in diesem Buch befinden, auch adäquat abgleichen zu können. Ob sich irgendwann einmal die Gelegenheit dazu bietet, ist schwer zu sagen. Frau B. hatte sich vor kurzem beruflich verändert und ich befinde mich noch für weitere drei Jahre in einem Studium. So fehlt uns beachtlich an Zeit, unsere weiteren Bestrebungen im Moment durchführen zu können. Aber trotz allem hatten wir bereits letzten Sommer in Frankreich, ganz erfolgreiche Recherchen über ein weiteres Vorleben von Frau B. beginnen können. Wir werden sehen, wie es in den kommenden Jahren für uns weiter geht. Bis dahin wünschen wir Ihnen liebe Leserinnen und Leser, alles Gute und viel Gesundheit!

Schlusswort

Liebe Leserinnen und Leser, herzlichen Dank für Ihr Interesse an diesem Buch. Von allen Vorgängern war dieses am zeitaufwendigsten, da es unglaublich viele geschichtliche Facetten abdeckte, die zu Ergründen waren. Letztendlich jedoch bin ich der festen Überzeugung, dass sich die Mühe gelohnt hat, um uns wieder einen bemerkenswerten Einblick in eine längst vergangene Zeit zu gewähren. Vielleicht ist es mir auch gelungen, die Diskussion über die Wiedergeburt weiter anzuregen, um möglichst viele Menschen mit den Informationen zu erreichen, die ich mit Frau B., über die vielen Jahre hervorgebracht habe. Alle Informationen dieses Buches entsprechen den Aussagen von Frau B. in tiefer Hypnose. Nichts wurde verfälscht oder in irgendeiner Weise manipuliert. Ich habe mir lediglich wieder erlaubt, manche Schilderungen zu kürzen oder kleine Unverständlichkeiten in der Ausdrucksweise gering zu korrigieren. Fehler können bei solch einer Datenmenge immer passieren, so hoffe ich auf Ihr Verständnis, insofern ich einem unterlag.

Für Fragen oder Hinweise stehe ich Ihnen wie immer gerne zur Verfügung.

Herzlichst
Detlef K.H. Würth

DetlefKHWuerth@gmail.com
www.würth-heilpraktiker-hypnosetherapie.de

Danksagung

Wie in jedem meiner Bücher, so auch in diesem, geht mein größter Dank an die Frau, der wir all diese wunderbaren Erkenntnisse zu verdanken haben und die wie immer unermüdlich an dem Entstehen dieses Buches mitgearbeitet hatte – Frau B.! Danke für diese wunderbare Zeit und diese tolle Freundschaft, die wir in den letzten Jahren hatten. Sie ist, war und wird es wohl immer sein, eine große Bereicherung für mein Leben!

Ein riesiger Dank geht an meine Freundin Petra, die unentwegt meinen Tätigkeiten zu diesem Buch ausgesetzt war und mich dennoch tatkräftig in allen Belangen unterstützte! Ich glaube, Sie kennt jede Seite dieses Buches auswendig. :-)

Ebenso geht ein ganz spezieller Dank an meinen langjährigen Freund Hans Schneider, der sich bereitwillig zur Verfügung stellte, meinem Buch ein Gesicht zu geben.

Zu guter Letzt möchte ich mich noch bei all den Leserinnen und Lesern für die vielen Zuschriften zum vorherigen Buch bedanken. Es hatte mich wieder sehr gefreut, so viele Reaktionen zu erhalten!